De la même autrice chez le même éditeur :

Ce que Majella n'aimait pas, 2023.

Du fil à retordre

COLLECTION DIRIGÉE PAR JOËLLE LOSFELD

Titre original : *Factory Girls*

ISBN : 978-2-07-307180-4

Michelle Gallen

Du fil à retordre

Roman

Traduit de l'anglais (Irlande)
par Carine Chichereau

ÉDITIONS JOËLLE LOSFELD

Pour toutes les personnes qui travaillent en usine

Y te laissent faire des rêves pour mieux les briser
T'es qu'un barreau sur l'échelle du patron
Mais y a des rêves qu'il te prendra jamais.

DOLLY PARTON
Nine to Five

Nous sommes des dieux dans notre chrysalide.

ELBERT HUBBARD
cité dans
*Comment se faire des amis
et influencer les autres*

JEUDI 2 JUIN 1994

74 jours avant les résultats

Maeve Murray avait tout juste dix-huit ans lorsqu'elle a rencontré Andrew Strawbridge, n'empêche, elle a compris que c'était un connard à la minute où elle l'a vu. En fait, elle s'y attendait. C'était un Anglais qui ne mettait les pieds en ville que pour le boulot. Personne ne le connaissait, et en même temps tout le monde savait qui il était. D'après les rumeurs, il choisissait des filles à l'usine, leur proposait de les ramener chez elles dans sa Jaguar, et puis il s'arrêtait dans un petit chemin creux pour se faire tailler une pipe par sa passagère. Maeve avait tenté de ne pas prêter attention à ces racontars, parce qu'elle savait que les gens qui débitaient ce genre de conneries sur Andy auraient pu en dire autant du père Goan, lui qui n'était même pas capable de trouver son zguègue pour pisser.

Seulement quand Maeve s'est retrouvée face à Andy, dans son bureau à l'usine, elle a aussitôt su que tout était vrai – et que c'était même sûrement très en dessous de la vérité. Elle s'était bien préparée, entrant dans le bureau d'un air détaché comme si elle avait déjà travaillé sur place, les cheveux tirés en queue-de-cheval, sans une trace de maquillage. Elle avait enfilé un jogging gris trop grand et une de ces polaires que sa mère achetait par douzaines en solde chez Primark. Avec ces fringues-là, elle avait l'air d'un boudin.

N'empêche, Andy l'a reluquée comme s'il avait envie de la baiser. Comme s'il l'avait déjà baisée !

Elle lui a tendu la main. « 'Jour, m'sieur Strawbridge. J'm'appelle Maeve Murray. »

Andy s'est renfoncé dans son fauteuil, avec un petit sourire, son entrejambe gonflé empaqueté dans le pantalon le plus chic que Maeve ait jamais vu. Il avait un stylo coincé entre les dents, à la façon du cigare d'Hannibal dans *L'Agence tous risques*. Maintenant, Maeve comprenait pourquoi Maria McCanny, Dervla Daly et toutes les autres disaient de la merde sur Andy Strawbridge. Par contre, elle se demandait pourquoi personne ne l'avait prévenue qu'il était plus que baisable. Tout à coup, elle s'est aperçue qu'elle avait toujours la main tendue et qu'Andy n'avait aucune intention de la lui serrer. Elle a aussitôt piqué un fard du cuir chevelu jusqu'aux fesses.

« Eh bien, Maeve Murray. Que puis-je faire pour vous ? »

C'est cet accent britannique arrogant qui l'a réveillée. *Va te faire foutre*, a-t-elle pensé – *va te faire foutre, toi et pis ton ch'val.* Elle s'est assise, a sorti son CV et l'a négligemment posé sur le bureau. Puis elle a allumé une clope comme si c'était elle, le boss.

« Je cherche un job d'été à l'usine. Mon CV vous dira ce que vous avez besoin de savoir. Si vous voulez une référence, vous pouvez appeler le proviseur à St Jude. »

Mais Andy n'a pas touché au CV. Il s'est contenté de la dévorer des yeux.

Maeve avait l'habitude de se faire reluquer par des types de cet âge en ville, dans les pubs. Mais la plupart de ces gars, la trentaine bien tassée, étaient gras et dégueus. Andy, lui, était bien foutu. Et il le savait.

« Parlez-moi plutôt de ce qui n'est pas dans votre CV. »

Maeve a soufflé un nuage de fumée vers le bureau, jouant la montre, réfléchissant à ce qu'elle croyait savoir d'elle-même.

Elle redoutait d'avoir très mauvais goût en matière de mecs. Elle espérait être plus intelligente qu'elle en avait l'air, et plus sophistiquée que ses propos le laissaient entendre. Elle pensait être douée pour les pipes – technique qu'elle avait peaufinée très tôt pour distraire les mecs du Saint Graal de sa Virginité Bénie. En secret, elle rêvait d'écrire dans un magazine à la mode, dans un bureau chic de Londres le jour, et de passer ses nuits auprès d'un musicien déprimé aux yeux noirs qui se sentirait vivant seulement lorsqu'il serait seul avec elle. Elle avait plus que tout hâte de se barrer de ce trou pourri où elle avait grandi et, grâce à sa sœur Deirdre, elle avait appris toutes les techniques nécessaires pour brûler les ponts derrière elle.

Mais ce n'était sans doute pas une bonne idée d'en dire trop là-dessus à Andy Strawbridge. « Les résultats de l'examen de fin d'études sont pas encore sur mon CV. Quand j'aurai tous mes A, je foutrai le camp d'ici. »

Andy se balançait sur son fauteuil, au risque de basculer en arrière. Sa chemise était ouverte dans le cou. Le regard de Maeve a sauté de bouton en bouton, comme d'une pierre à l'autre, jusqu'en bas. Andy a surpris son regard. Évidemment.

« Vous êtes très sûre de vous, me semble-t-il ? »

Tout à coup Maeve a compris qu'il n'était pas doué pour deviner à quoi pensaient les filles.

« Vous paraissez tellement certaine d'obtenir de bonnes notes. D'obtenir ce que vous voulez. »

Maeve l'a regardé en relevant un sourcil – elle avait passé des années à s'entraîner devant la glace – et a répondu en mentant effrontément : « En général, c'est le cas. »

Andy n'a plus rien dit pendant ce qui a paru une éternité à Maeve, puis il a laissé tomber son stylo sur le bureau. « Alors dites-moi. Pourquoi devrais-je prendre la peine de vous embaucher et de vous former si vous projetez de partir dès que vous aurez obtenu vos résultats ? »

Maeve a repris mot pour mot ce que sa mère lui avait dit au petit déjeuner, tel un perroquet : « Je dirais que tout ça vous coûtera pas beaucoup plus cher que des ados qui vivent encore chez leur maman. »

Andy a plissé les yeux, puis il a bâillé. Le bruit du cuir crissant sous son cul a eu un drôle d'effet sur le jardin secret de Maeve. Elle a croisé les jambes en serrant les cuisses pour étouffer les sensations – ce qui était une erreur.

« Vous pouvez commencer dès lundi. Allez voir Mary, en bas. Elle vous mettra au parfum. »

Maeve a écrasé sa clope dans le cendrier, à croire qu'elle avait pour habitude de les fumer seulement à moitié plutôt que de tirer jusqu'à la dernière taffe. Puis elle s'est levée et a regardé Andy droit dans les yeux : « À lundi.

— Si vous avez de la chance, Mizz Murray, vous me verrez. »

Jamais personne ne l'avait appelée « Mizz Murray ». Les profs disaient « Miss Murray » pour se montrer sarcastiques. De même que les voisins qui savaient bien qu'elle était la fille de Seán Murray mais ne se souvenaient plus si elle était *la pauv' petite qu'est morte* ou *celle qu'a b'soin qu'on lui apprenne à se tenir*. Maeve ignorait ce que signifiait « Mizz Murray », mais elle était convaincue qu'Andy se foutait d'elle. Elle a pris son sac et elle est sortie.

La porte battante s'est refermée derrière elle avec un bruit sec, et elle a aspiré une grande goulée d'air comme quand on s'est pris un coup dans le ventre. Craignant toutefois qu'Andy écoute, elle a descendu l'escalier bruyamment pour aller se mettre en sécurité auprès de Caroline et Aoife.

Maeve a frappé à la porte du bureau en disant : « Salut.

— Entrez », a grommelé Mary sans relever la tête, clope au bec, derrière les piles de documents et de dossiers qui encombraient son bureau. Sur les chaises et au sol s'entassaient des échantillons de tissu, des chemises et des patrons. De même que son cardigan, le bureau de Mary donnait l'impression d'appartenir à une femme qui depuis longtemps se fichait des apparences.

Maeve s'est assise près d'une rangée d'armoires de classement vert caca d'oie qui lui ont fait penser aux soldats britanniques – se faisant gauchement tout petits, où qu'ils soient postés. Caroline était assise en face d'elle, elle contemplait le formulaire en fronçant les sourcils et en tirant sur ses boucles rousses. Aoife tenait un porte-bloc sur ses genoux, jambes croisées, battant d'un pied à croire qu'elle était à une *feis*. Maeve l'avait envoyée dans le bureau d'Andy en éclaireuse parce que ça lui foutait la gerbe de la voir fringuée comme ça, avec sa jupe droite beige et son chemisier en dentelle couleur crème.

Putain, un chemisier !

Sûr que c'était sa mère qui l'avait habillée. Mais le pire, c'est que ça lui allait bien, depuis les escarpins rose-rouge jusqu'à son chignon d'un blond naturel.

Aoife.

En cours, elles avaient appris qu'*Aoife* signifiait « rayonnement agréable », alors que *Maeve* voulait dire « celle qui enivre » (ce qui montrait à quel point ses parents comprenaient le gaélique lorsqu'ils l'avaient baptisée en 1976).

Mary a regardé Maeve tel un colis suspect. « Y t'a engagée ?

— Ouais. Y m'a dit de v'nir vous voir pour la paperasse. »

Mary s'est levée en soupirant. Elle faisait partie de la dernière génération de ces aînées qui portaient systématiquement le prénom de Mary, les filles suivantes s'appelant Bridget, Kathleen, Margaret, Elizabeth ou Anne. Depuis que Maeve la connaissait, elle l'avait toujours vue avec les mêmes cheveux gris, les mêmes lunettes à monture marron basique, le même cardigan bleu et la même langue acérée dans n'importe lequel des nombreux endroits où elle avait travaillé en ville – elle était passée par la pharmacie, la cantine de l'école, chez l'avocat et dans plusieurs boutiques. Mais elle ne restait jamais longtemps. D'après la mère de Maeve, elle avait raté sa vocation parce qu'on avait fermé trop tôt les couvents pour filles de mauvaise vie.

Mary a pris un papier et l'a considéré comme s'il était empreint de péché. « Ça, c'est le formulaire de l'égalité des chances. Tu dois l'remplir, mais tu peux êt' sûre que c'est anonyme et confidentiel. Personne ira jamais voir c'que t'as écrit. » Elle en a ensuite attrapé un autre, plus long. « Ça, c'est pour l'usine. Ça donne une idée de ce que tu es. » Elle les a accrochés sur un porte-bloc puis les a tendus à Maeve. « J'vais m'chercher une tasse de thé. Remplis-moi tout ça d'ici que j'sois rev'nue. »

Maeve a lu les questions du formulaire de l'égalité des chances au sujet de l'ethnicité, de la religion et de l'orientation sexuelle, puis elle a coché « Homme », « Noir », « Juif » et « Lesbienne ». Ensuite elle a inscrit sur les formulaires de l'usine son nom, son adresse, son âge, son statut marital, le nombre d'enfants qu'elle avait et le nom de sa plus proche parente, créant le genre de dossier que les factions paramilitaires obtenaient de force des employés de bureau. « Voilà ! a-t-elle dit en laissant tomber le porte-bloc sur le bureau de Mary. Me v'là embauchée en tant qu'ouvrière.

— Moi aussi, a ajouté Aoife en déposant gentiment le sien par-dessus celui de Maeve. Mais c'est seulement pour l'été. On sera étudiantes à l'université en septembre, hein ? »

Le souffle a soudain manqué à Maeve. Elle n'était pas certaine de pouvoir réellement devenir étudiante ; de pouvoir troquer cette ville pour Londres et d'échapper au chômage en poursuivant une carrière de journaliste. Seuls les grands murs gris de l'usine paraissaient réels.

Le claquement des chaussures Scholl de Mary a retenti quand elle est revenue avec une tasse de thé si fort que Maeve l'a senti malgré les relents de tabac froid.

« Z'avez fini ? »

Caroline – « Femme », « Blanche », « Catholique romaine », « Hétérosexuelle » – a posé son porte-bloc sur le bureau à son tour.

« Bon, a fait Mary en s'asseyant lourdement. Z'allez faire quarante heures sur quat' jours. »

Maeve se souvenait de son père, travaillant cinq jours par semaine à l'élevage intensif de porcs. Il était bien payé. Mais cinquante heures à bosser, plus dix heures passées à se faire trimballer matin et soir dans le bus enfumé des ouvriers, serrés comme des truies, ça aussi, ça se payait. Elle était contente de travailler dans la rue à côté de chez elle, et de faire des semaines courtes parce qu'il n'y avait pas assez de boulot pour tenir la semaine complète.

« On pointe à huit heures pétantes tous les matins, a continué Mary. On finit à six heures et d'mie. Z'aurez une pause de quinze minutes le matin et l'après-midi. Une demi-heure pour déjeuner. Vot' salaire de base, c'est 70 liv' la s'maine. »

Toutes ces histoires d'horaires et de pauses et de pointeuse, ça faisait vraiment chier Maeve. Par contre, penser au pognon, ça l'excitait. 70 livres, chaque semaine, durant les treize semaines qui la séparaient du jour où elle partirait à Londres. Elle pensait aux CD, aux fringues et aux bouquins qu'elle pourrait s'acheter ici. Par contre elle préférait ne pas imaginer combien de temps il lui faudrait pour claquer tout ça à Londres.

« Les heures sup, c'est seulement quand on vous d'mande – vous touch'rez rien de plus en allant glander dans les toilettes après six heures et d'mie. L'jeudi soir, j'calcule combien que vous avez gagné, salaires et primes. Pis vous v'nez le vendredi matin chercher vot' chèque. Des questions ? »

Maeve attendait qu'Aoife prenne la parole. Il fallait toujours qu'elle pose des questions.

« Quelles seront nos tâches ?

— T'es née d'la dernière pluie si tu sais pas qu'on fabrique des ch'mises, ici. C'est Andy qui décide qui fait quoi. Rien d'aut' ? » Elle les toisait, pour les intimider. « Bon, si vous avez rien d'aut' à dire, fichez-moi l'camp que j'puisse boire mon thé tranquille.

— Mille mercis », ont-elles répondu en chœur avant de sortir. En franchissant les portes de l'usine, bras dessus, bras dessous avec Caroline et Aoife, Maeve a eu l'impression qu'Andy les observait de derrière le store de son bureau. Et ça lui a plu.

En débarquant là-bas, Maeve s'est attribué d'office la chaise près de la fenêtre dans l'ancien magasin McHugh's Chaussures – une vieille boutique tristounette et humide qu'une bombe avait achevé d'euthanasier. Après que la poussière avait fini de retomber, les McHugh avaient muré les fenêtres, peint en rouge SOLDES EXPLOSIFS sur le contreplaqué et constaté que leur stock se réduisait à rien parce que les chaussures étaient hérissées d'éclats de verre. Évidemment, la mère de Maeve avait dit qu'après un passage à la pince à épiler et un bon coup d'aspirateur il n'y aurait plus aucun problème avec ces godasses, puis elle avait fait main basse sur les tirelires et les sous mis de côté dans la boîte à biscuits pour Noël, et elle avait acheté autant de paires qu'elle pouvait en rapporter chez elle.

Après que l'assurance avait dédommagé les McHugh, ils avaient abandonné la vente de chaussures pour ouvrir le premier café de la ville. Le jour de l'ouverture, la mère de Maeve s'était demandé quel couillon irait payer 30 pence une tasse de thé quand on pouvait s'offrir trente tasses à la maison pour le même prix. Et quelle andouille irait dépenser 50 pence pour un petit pain sur une assiette alors qu'on pouvait en avoir six pour 49 pence au magasin. Mais au bout de quelques semaines, McHugh's Café était plein de bonnes femmes qui chuchotaient en dégustant un petit pain recouvert de glaçage et s'enfilaient théière sur théière. La mère de Caroline avait finalement convaincu celle de Maeve d'y aller en lui disant que ça avait tous les avantages d'une bonne veillée mortuaire, mais sans le cadavre sous le nez.

Et puis, là-bas, il y avait aussi Philomena Maguire. « Qu'est-ce vous voulez, les gosses ? »

Philomena – qui n'était pas un perdreau de l'année – portait une chemise à petits carreaux, un short coupé dans un jean, un collant American Tan 40 deniers, et elle affichait une expression genre *te fous pas d'ma gueule*. Ce n'était pas cet « uniforme » qui attirait les dames d'âge mûr, mais ça confirmait la rumeur d'après laquelle le propriétaire du café était fan de Daisy Duke dans *Shérif, fais-moi peur*.

« Du thé pour trois, deux p'tits pains avec glaçage et un scone aux fruits, s'te plaît, Phil.

— Ça marche, les filles. J'vous apporte ça dans une minute. »

Dès que Phil a eu tourné les talons, Maeve s'est penchée vers Aoife et Caroline : « Alors ? Votre verdict sur Andy-Bandit ? »

Aoife a paru ne pas comprendre. « Andy ? Ça va, non ? »

Caroline a jeté un coup d'œil autour d'elle avant de répondre : « Je sais que c'est un salopard, mais il est pas mal pour son âge !

— Il a de très belles mains. Des ongles propres et bien coupés. »

Évidemment Aoife avait remarqué ses ongles, tandis que Maeve avait maté son entrejambe. « J'parie qu'Andy, y s'est jamais sali les mains. »

Elle avait chronométré l'entretien d'Aoife : dix minutes. Ensuite, celle-ci était ressortie tranquillement en levant le pouce. Maeve lui avait souri, les mains enfoncées dans les poches. Aoife était super intelligente, mais elle était complètement à l'ouest.

« Tu le trouves mignon ? »

Aoife a secoué la tête. Maeve a soupiré. Si Aoife était tombée dans un tonneau rempli de pénis, elle en serait ressortie en suçant son pouce. Elle se fichait complètement de séduire les mecs : elle attirait naturellement les garçons gentils et sensibles – des gars aux cheveux longs avec des petites bites et des tee-shirts Pantera ou Metallica qui parfois se retrouvaient chez elle. Maeve s'entraînait à rouler des pelles sur eux, seulement, pour des mecs qui se prétendaient satanistes, on s'emmerdait vite avec eux – il suffisait qu'elle les serre entre ses cuisses comme il fallait pour qu'ils jouissent dans leur pantalon.

Maeve doutait qu'Andy se contente de ça. « Alors, ton entretien, comment ça s'est passé ?

— Andy a regardé mon CV et m'a posé quelques questions », a répondu Aoife d'un ton enjoué tel un carillon à l'entrée d'une boutique.

Maeve a eu envie de cracher des clous sur son joli petit visage. Tout se passait toujours de manière si différente pour elle et pour Aoife, ça la faisait vraiment trop chier. La famille d'Aoife avait de l'argent. C'était l'élève dont rêvaient les profs. Du genre dont ils disaient qu'elle *saurait se débrouiller* (à croire que les résultats d'Aoife ne dépendaient que de son travail et pas également du fait qu'elle vivait dans une belle maison, avec des parents aimants qui pouvaient lui payer des leçons de piano, l'emmener manger dans des restaurants chics, lui offrir des vacances à l'étranger et de la patience). « Quel genre de questions ?

— Oh, il voulait savoir dans quelles facs j'ai déposé ma candidature. Il m'a raconté qu'il avait fait ses études d'ingénieur à Oxford, mais qu'il préférait le management. Je lui ai répondu que je voulais m'inscrire en droit à Cambridge mais qu'Oxford était mon deuxième choix. »

Maeve se souvenait du bruit des talons d'Aoife dans l'escalier métallique. Puis Caroline s'était levée et elle s'était engouffrée dans le bureau d'Andy. Pour penser à autre chose, Maeve avait écouté *Things Can Only Get Better* de D:Ream, sur le vieux walkman de Deirdre. Mais Caroline était ressortie en trombe du bureau, toute rouge et en sueur, avant même que la chanson soit terminée. Elles avaient tressailli toutes les deux quand la porte s'était refermée.

« Et toi, Caroline, comment ça s'est passé avec Andy-Bandit ? » a demandé Maeve.

Caroline a haussé les épaules et s'est mise à déchirer sa serviette en papier.

« Ben, il a pas trop r'gardé mon CV. Y m'a d'mandé si j'allais bien en cours, tu vois – les jours d'absence et tout ça. Y voulait savoir de quel quartier j'viens, et j'ai dit que toi et moi, on est d'Riverview. »

Ça emmerdait Maeve qu'Andy sache où elle vivait. Les maisons de leur lotissement avaient les chiottes à l'intérieur seulement depuis la dernière rénovation décidée par le conseil municipal : habiter là, c'était juste un cran au-dessus du parc aux caravanes derrière l'église.

« Et toi, Maeve, est-ce qu'il a été poli avec toi ? »

Elle s'est souvenue que Caroline lui avait lancé un silencieux *bonne chance* au moment où elle rangeait son casque et son walkman dans son sac. Puis cet instant où elle avait poussé la porte du bureau d'Andy. Elle avait envie de raconter à Aoife et Caroline ce qui s'était passé ensuite, de les choquer par son audace et les conneries d'Andy. Mais ce n'était pas possible. Elle ne voulait pas qu'Aoife découvre qu'Andy n'avait pas pris la peine de lire son CV. Et elle n'avait pas envie que Caroline lui dise qu'Andy finirait par l'avoir si elle faisait pas gaffe. Quand elle pensait à lui, elle se sentait sale. Elle savait bien qu'il pourrait faire ce qu'il voudrait avec elle et s'en tirer. Ce job à l'usine – comme celui de Philomena au café – incluait une consigne implicite qui ne lui octroierait ni bonus ni heures sup : reste loin des sales pattes du patron.

Le lendemain matin, perchée sur l'appui de fenêtre de l'épicerie, Maeve attendait qu'Aoife et Caroline en ressortent. Elle leur avait demandé de lui prendre un Coca et des chips parce qu'elle était trop sur les nerfs pour y entrer et enchaîner les « Salut », « 'Jour », « Ça va, c'matin ? ».

Elle était déchirée entre l'envie de voir la ville rester à jamais dans son jus, exactement telle qu'elle était ce matin-là, et celle de prendre vingt kilos de Semtex pour tout faire sauter.

Tout à coup, plus de semaines vides s'étirant sans fin, plus d'heures interminables passées allongée à contempler le lit vide de Deirdre sans la moindre raison de se lever. Plus d'après-midi à glander à travers la ville sans un sou en poche, ou à traîner au bord de la rivière. L'été lourd d'ennui, qui jusque-là bâillait devant elle, était à présent segmenté en jours de travail, tandis que son temps libre frétillait de billets. Bientôt, elle serait pareille à ces filles plus âgées qu'elle avait observées pendant des années cheminant vers l'usine, clope au bec et sac à main remplaçant le sac à dos gavé de devoirs. Un seul truc ne changeait pas : la bombe à retardement des résultats des examens, qui allait exploser en août.

Maeve tremblait, aussi elle a sorti une cigarette de son sac, l'a allumée et a soufflé la fumée vers le ciel bleu hors de portée. C'est là qu'elle a remarqué le panneau au-dessus de l'épicerie.

T3 À LOUER
JP DEVLIN
78234

Elle s'est mise à psalmodier *septhuit-deuxtroisquatre, septhuit-deuxtroisquatre,* encore et encore dans sa tête, jusqu'à ce qu'Aoife et Caroline ressortent. Elle leur a immédiatement désigné l'écriteau.

« À louer ? a dit Aoife. Et alors ?

— Il est temps que j'me tire de chez moi, a répondu Maeve en écrasant sa clope.

— Tu as les moyens ?

— Toute seule, non. Mais ensemble, on pourrait. » Et Maeve a pris Caroline par le bras.

« Oh, Maeve, j'en sais rien ! »

Entraînant Caroline avec elle, elle est allée jusqu'à la cabine téléphonique et a ouvert la porte. Ça puait la pisse et les frites. D'un coup de pied, elle a viré un reste de bouffe, puis elle a vérifié qu'il n'y avait pas de chewing-gum collé sur le combiné avant de le plaquer contre son oreille. La ligne ronronnait et grésillait.

« Aoife ?

— Ouais ?

— T'as pas 20 pence ? »

Maeve a inséré la pièce dans la fente, puis a composé le numéro de JP.

« Septhuit-deuxtroisquatre, bureau de JP Devlin. Louise à l'appareil, que puis-je faire pour vous ? »

À midi et demi pétant, les filles sont arrivées devant l'épicerie où elles devaient retrouver JP. À une heure moins dix, elles attendaient toujours. Tout à coup, un peu plus loin, des chiens se sont mis à aboyer. Maeve a senti les poils se hérisser dans sa nuque et ses tétons durcir. « Les Rosbifs », a-t-elle soufflé à Caroline entre ses dents, tout en lui flanquant un coup de coude dans les côtes.

Caroline s'est redressée tel un chiot tout joyeux. « Où ça ? Où ça ? a-t-elle dit en tirant presque la langue.

— Arrête de mater comme ça ! » a marmonné Maeve, puis elle a désigné du menton la patrouille qui arrivait. Caroline et elle ont alors croisé les bras sous leurs nichons pour les remonter un peu. Mais Aoife est restée là à les regarder passer, la bouche ouverte, à la manière de ces Américaines qu'on expédiait de temps en temps en voyage pour promouvoir la paix. Maeve observait la patrouille du coin de l'œil, faisant son possible pour avoir l'air indifférente tout en affichant une pointe d'hostilité. Quelques soldats leur ont lancé des clins d'œil, à croire qu'ils tentaient quelque chose de dangereusement sexy, tandis qu'un des plus jeunes, genre coq de basse-cour, a pointé leur fusil vers elles – geste qui a rappelé à Maeve l'époque où Header Doherty agitait sa bite en classe, avant que Dolan-Gras-Double l'expédie dans un établissement spécialisé.

Maeve a jeté un œil au plus vieux. C'était un costaud qui ressemblait aux cartilages que grand-mère Murray aimait mâchouiller après le rôti du dimanche. À sa façon de manier son arme, on voyait qu'il avait quelques heures de vol derrière lui. Ce genre de mecs ne s'amusaient pas à reluquer les filles ou à pointer leur arme sur elles : c'étaient ceux-là qu'il fallait avoir à l'œil.

Les chiens suivaient la patrouille dans la rue en grondant et en aboyant, mais à distance respectable. Les soldats se sont arrêtés assez loin pour que les filles ne puissent pas les entendre, et chacun s'est accroupi en position, en différents points d'observation pour bien surveiller les alentours. Caroline a lâché un long soupir. « Pfff ! Vous avez vu ce Black ? »

Maeve a fait la grimace. Caroline était toujours surexcitée quand elle découvrait un noir ou un homme bronzé sous la tenue de camouflage des soldats parce qu'en ville, tout le monde était d'une blancheur aveuglante. Mais ça faisait chier Maeve de voir des gens de couleur dans l'armée britannique. Comme s'ils avaient choisi d'être du mauvais côté. Elle aurait voulu qu'ils rejoignent les forces qui luttaient pour la liberté au lieu de se montrer aussi cons que tous leurs ancêtres, tellement occupés à se foutre sur la gueule entre eux qu'ils n'avaient pas réussi à empêcher les Anglais de leur piquer leurs terres.

« Je trouve ça triste », a dit Aoife en regardant le soldat accroupi le plus proche.

Maeve avait le pressentiment qu'elle allait les laisser tomber. « Qu'est-ce qui est triste ?

— La façon dont recrute l'armée britannique.

— Mais de quoi tu parles ?

— Le Royaume-Uni est le seul pays d'Europe qui laisse s'enrôler les mineurs. »

Maeve a fermé les yeux. Aoife était en roue libre. « Et alors ?

— Ils recrutent des garçons dès l'âge de seize ans. Et ceux qui signent à seize ou dix-sept ans doivent servir jusqu'à vingt-deux. »

Caroline fixait le soldat accroupi au coin de la rue en se liquéfiant de désir. « La vache. T'imagines t'engager dans l'armée avant même d'êt' autorisé à boire ou à regarder un film de cul ?

— Et imagine être coincée dans l'armée pendant six ans ! a répliqué Aoife comme si elle s'exprimait dans un documentaire au nom d'Amnesty International. Les règles de recrutement de l'armée britannique sont les mêmes que celles du Zimbabwe, de l'Iran et de la Corée du Nord ! »

Maeve voyait bien où Aoife voulait en venir, et ça ne lui plaisait pas. D'une part, certes, elle comparait le Royaume-Uni à des pays dirigés par des dictateurs, ce qui était assez juste ; mais d'autre part, elle semblait dire que les connards qui paradaient à travers leur ville avec leurs fusils avaient besoin d'une espèce de protection, et ça, c'était vraiment prise de tête. « Aoife, si y a une Corée du Nord, c'est qu'y a une Corée du Sud. Pareil que l'Allemagne de l'Ouest et l'Allemagne de l'Est, OK ? »

Aoife a acquiescé.

« Chaque fois que j'entends parler d'un pays qu'a une indication de boussole dans son nom, je sais qu'y a une frontière. Et les frontières, ça a besoin de soldats. Plus y sont jeunes, plus y sont naïfs. C'est pour ça que les Rosbifs filent des armes à des gamins. L'IRA fait pareil. Parce que ça marche. »

Aoife a froncé les sourcils. « Je ne dirais pas que ça marche pour qui que ce soit. »

Le soldat au coin de la rue a relevé son fusil pour les regarder dans son viseur. Maeve lui a fait un doigt d'honneur. Exactement au moment où JP arrivait dans sa BMW.

« Et merde », a-t-elle fait en baissant le bras.

JP est descendu de voiture et s'y est appuyé pour jauger les filles, comme du bétail au marché. Maeve a tenté de se donner l'air timide, rôle qu'elle n'avait pas essayé de jouer depuis sa première communion.

« Miss Murray. Miss Jackson. Et Miss O'Neill ? »

Rien d'étonnant à ce que JP sache déjà qui elles étaient, ni à ce qu'il soit surpris de se trouver face à Aoife.

« Comment allez-vous, m'sieur Devlin ? a dit Maeve.

— Super, super », a-t-il répondu en plissant les yeux face au soleil voilé.

Elle a saisi l'occasion pour faire étalage de sa maturité en faisant un commentaire sur le temps : « Ah bien sûr, il fait un temps super aujourd'hui. »

JP a considéré Maeve, qui a senti son regard l'évaluer, depuis ses bottes râpées des « soldes explosifs » jusqu'à son blouson au cuir craquelé.

« Ouais, c'est pas si mal, a-t-il répondu avec une certaine réticence pour lui faire comprendre que le temps n'était pas à la hauteur de ses standards personnels au point de mériter l'étiquette de “super”. Donc, vous aut', vous voulez j'ter un coup d'œil à ce T3 ?

— Ouais, c'est ça.

— Et qui c'est qu'est intéressée ? a-t-il demandé en regardant Aoife. Pas toutes les trois, tout de même ?

— Non, m'sieur Devlin, c'est juste moi et Caroline. On va travailler à l'usine et ce serait super pratique pour nous d'habiter ici.

— À l'usine, hein ? Sous Andy Strawbridge ? »

Maeve a acquiescé en essayant de ne pas s'imaginer *sous* Andy Strawbridge.

JP a relevé la tête comme s'il portait un jugement, mais n'a rien dit de plus. Il a verrouillé sa voiture et s'est approché de la porte d'entrée, s'arrêtant devant un tas d'ordures pour examiner un trousseau. Enfin, il a ouvert et grimpé l'étroit escalier, Maeve juste derrière lui. En haut, il a fait halte brutalement pour chercher la clé de l'appartement, et Maeve s'est arrêtée maladroitement juste à la hauteur de ses fesses, détournant la tête pour ne pas respirer l'odeur de son cul.

Quand enfin il est entré, elle s'est appuyée quelques secondes au chambranle de la porte pour reprendre sa respiration.

« Première chambre, a dit JP en la montrant du doigt. Cuisine. Salle de bains. Deuxième chambre. Et le salon. »

Une odeur de peinture fraîche flottait dans l'atmosphère, mais la moquette grise ressemblait à des poils pubiens collés sur une épaisse couche de moisissures noires. La première chambre se trouvait dans l'ombre de la maison d'en face, elle était encombrée d'un lit double en pin moucheté, d'une armoire et d'une commode. Maeve a laissé Caroline regarder sous le lit et elle est allée jeter un coup d'œil à la cuisine. Pas de fenêtre, mais l'équipement de base : micro-ondes, machine à laver, cuisinière, grille-pain, bouilloire. Puis elle a passé le nez dans la salle de bains. C'était tellement petit qu'elle a songé qu'elle pourrait vomir dans le lavabo et chier en même temps.

En entrant dans la seconde chambre, elle a aussitôt compris qu'elle était faite pour elle. Une grande fenêtre donnait à l'ouest. Une mauvaise armoire s'appuyait contre une commode, et le lit double avait déjà rendu les armes. Mais l'essentiel, c'était ce que la chambre ne contenait pas : une statuette de la taille d'une poupée représentant l'Enfant Jésus de Prague, et le lit vide d'une sœur défunte.

Dans le salon se trouvaient un canapé fatigué, deux fauteuils à l'air robuste et une table basse qui semblait avoir survécu à un interrogatoire musclé dont elle était ressortie bancale et couverte de brûlures de cigarettes.

Depuis la fenêtre, JP regardait sa BMW avec une expression semblable à celle de la Vierge Marie contemplant l'Enfant Jésus. Maeve a jeté à son tour un coup d'œil dehors. Strawbridge & Associates Shirt Factory était planté juste en face. Les rideaux étaient tirés dans le bureau d'Andy, mais elle voyait le reste de l'usine déserte. Au loin, un grain arrivait, noyant les collines qui ondulaient telles des vagues jusqu'à l'océan Atlantique.

« Et donc, m'sieur Devlin, c'est combien ? »

JP s'est arraché à la contemplation de sa voiture. « 25 par semaine. Y me faut deux s'maines d'avance et deux s'maines de caution. Le chauffage et la lumière sont en plus. »

Maeve a fait ses calculs. Ça faisait 100 livres.

« Pas de fêtes et pas de drogue. »

Maeve lui a décoché un regard courroucé l'air de dire *pour qui vous m'prenez ?* – plutôt que le plus sincère *j'aimerais bien*.

« La ch'minée marche ?

— À vot' place, j'essayerais pas.

— On peut accrocher des affiches ?

— Avec du Blu Tack, mais pas de clous. »

Dans la pièce voisine, Aoife a tiré la chasse d'eau et actionné la douche. Puis elle s'est ramenée dans le salon en chaussettes. « Mr Devlin.

— Miss O'Neill.

— Je me demandais, quel est le système de chauffage dans cet appartement ?

— Tout est électrique, tarif économique. Le ballon d'eau chaude et les radiateurs emmagasinent la chaleur pendant la nuit.

— Mais ça revient cher, non ?

— C'est un système basique. »

Aoife et JP ont hoché la tête, l'une et l'autre, comme s'ils venaient d'échanger une volée respectable au tennis. Puis celle-ci s'est tournée vers Maeve. « La pression de l'eau n'est pas terrible. Tu veux voir ? »

Chez elle, Aoife disposait de ce que Mrs O'Neill appelait une salle de bains « privative ». Elle n'avait jamais besoin de faire le pied de grue devant ce qui passait pour une salle de bains chez Maeve, où la pression de l'eau et sa température étaient comparables au jet d'urine de Pépé Murray avant qu'on lui règle son problème de prostate.

« Je suis sûre que ça ira très bien », a répondu Maeve avant de battre en retraite dans la cuisine. Caroline l'y a suivie et a prudemment ouvert un placard, à croire qu'il risquait d'être piégé. Soudain, un lit s'est mis à grincer en rythme. Caroline a porté la main à sa bouche en regardant Maeve, l'air horrifiée.

Au bout de quelques secondes, le bruit s'est arrêté et Aoife les a rejointes dans la cuisine. « Je crois que ce lit est un peu rouillé.

— Bah, faut juste qu'y me tienne l'été, a répondu Maeve. J'essayerai d'y aller mollo.

— C'est toi qui vois », a conclu Aoife, l'insinuation de Maeve glissant sur elle comme de l'eau sur les plumes d'un canard.

« Et donc, combien qu'il en veut ? » a fait Caroline.

Son front s'est ridé à mesure que Maeve lui expliquait les conditions. Celle-ci savait que ce n'était pas l'interdiction des fêtes et de la drogue qui gênait ainsi son amie.

« Merde, c'est cher.

— 25 livres la semaine, c'est le prix du marché, a dit Aoife. Et quand on veut louer à court terme, on n'est pas en position pour négocier. »

Maeve s'apprêtait à répondre à Aoife mais, à la dernière minute, elle s'est abstenue et s'est tournée vers Caroline. « J'ai l'argent sur mon compte à la banque. J'peux payer le loyer et la caution. Une fois que t'auras touché ta paye à l'usine, tu m'rembourseras.

— Mais c'est l'argent de ton prix ! Tu veux pas l'garder pour l'Angleterre ? »

Cette récompense, c'était la meilleure chose qui était jamais arrivée à Maeve. À quatorze ans, elle avait remporté la finale régionale du concours d'écriture organisé par Royal Mail en rédigeant une lettre destinée à convaincre Bill Clinton de tout faire pour ramener la paix en Irlande du Nord. Un journaliste avait débarqué à l'école avec un célèbre poète local qui fleurait bon les moutons qu'il immortalisait dans ses strophes rimées. Un photographe avait fait le portrait de Maeve au moment où le poète lui remettait un chèque de 250 livres tout en lui pinçant les fesses. Une fois digérée la sensation de ses gros doigts sales sur elle, elle s'était sentie pareille à une star. Jamais elle n'avait eu autant d'argent. Mais avant qu'elle ait pu dépenser le moindre centime, sa mère l'avait traînée à la banque et lui avait ouvert un compte épargne. Par la suite, pendant des mois, Maeve en avait voulu à cette greluche anglaise snob sortie de son école privée pour riches qui avait gagné le concours national. Lors d'une interview, après avoir remporté le trophée, elle avait déclaré qu'elle allait claquer les 1 000 balles du prix dans une nouvelle selle pour son poney, Phoebe.

« On mettra de côté l'argent de l'usine, a insisté Maeve. Et j'récupérerai la caution à la fin, quand on partira à la fac.

— On économiserait plus en restant à la maison ! »

Maeve a pensé à ses frangins qui pétaient sur le canapé, à sa mère, plantée telle une épine sur son fauteuil, et au poids du lit vide de Deirdre au-dessus de leurs têtes. Elle s'est vue en train de cocher les jours l'un après l'autre sur son calendrier de charité Trócaire, à la manière des grévistes de la faim qui marquaient les jours sur les murs de leurs cellules à Long Kesh. « Ma mère va m'demander de payer des trucs à la maison dès que j'vais commencer à bosser à l'usine. Alors autant que j'ai mon prop' appart ! »

Caroline a baissé la tête, vaincue.

Maeve est revenue dans le salon où JP agitait les clés tel un gardien de prison, et elle lui a dit qu'elles prenaient l'appartement.

En rentrant chez elle, Maeve est allée au salon, où sa mère était assise dans son fauteuil près de la cheminée, tandis que ses deux plus jeunes frères, Paul et Chris, regardaient la télé sur le canapé. Elle s'est aussitôt approchée du feu car comme toujours elle se gelait le cul. Avant de s'aliter, Deirdre avait coutume de dire que le gras était plus froid que le muscle et Maeve répondait qu'elle, au moins, elle avait un cul. Ensuite leur mère s'exclamait : « Ah j'vous préviens, vous deux ! », et elles en étaient réduites à s'échanger des regards noirs.

Les infos diffusaient les dernières nouvelles concernant le crash d'un hélico en Écosse. L'équipe de la police scientifique ratissait les lieux de l'accident, pendant ce temps un envoyé spécial racontait qu'une vingtaine de Rosbifs avaient été tués sur le coup et qu'on avait arrêté de chercher des survivants.

« Eh ben, a dit la mère de Maeve. Les gars qui sont morts, c'est pas les mêmes qu'on se tape en ville. Z'ont sûrement jamais senti un cocktail Molotov, sans parler d'éviter de s'prend' une balle. »

Un expert de l'armée avec une grosse moustache, qui occupait tout l'écran, insistait sur ce point : cette tragédie était très certainement un accident causé par une défaillance mécanique.

« Ça leur écorcherait la gueule de dire qu'c'est l'IRA », a fait Paul.

Ce qui a rappelé à Maeve une vieille blague. « J'ai entendu dire qu'une patrouille de la RUC s'était mangé un arbre à Fermanagh, c'matin !

— Tu déconnes ? a fait Chris, ravi.

— Ouais. Y z'ont été zigouillés tous les quatre.

— Mon Dieu, quelle histoire, a dit la mère de Maeve en secouant la tête.

— Ouais. Et c'est l'IRA qu'a revendiqué avoir planté l'arbre. »

Paul lui a décoché un regard meurtrier. « Tu t'crois drôle, hein ?

— Je l'crois pas, a répliqué sa sœur en rejetant ses cheveux en arrière. Je l'suis. »

Paul et Chris, dégoûtés, se sont lentement retournés vers la télé.

« Où qu'y sont, Mickey et Deci ? »

La mère de Maeve a écrasé son mégot dans le cendrier juché sur le bras de son fauteuil. « En ville, avec ton père. »

Maeve a pris le cendrier et l'a vidé dans la cheminée tandis que sa mère se frottait le front comme si elle avait mal au crâne.

« Est-ce qu'y a du nouveau après c'te bonne surprise d'hier ? »

Sa mère ne se montrait pas ironique, Maeve en était à peu près sûre : personne ne s'attendait à ce qu'elle décroche un job d'été. Paddy Slevin – ce connard – avait même refusé son offre de travailler gratuitement pour lui au Town Times en prétendant qu'elle lui coûterait trop cher en thé et en petits gâteaux. De toute façon, il ne se passait jamais rien en ville, et tous les boulots étaient réservés aux familles de ceux qui en avaient déjà un. Chez Maeve, ni ses parents, ni ses oncles et tantes, ni même leurs voisins ne travaillaient, donc elle ne pouvait compter sur personne pour l'aider. Cette place à l'usine représentait la meilleure nouvelle qu'ils pouvaient espérer avant la publication des résultats des examens, en août.

Toute la ville attendait ça. On avait déjà décidé qui partirait et qui resterait en carafe, quelles familles pouvaient espérer engendrer des profs, des médecins ou des avocats, et lesquelles devraient faire de la lèche à Woody Duffy dans l'espoir de placer un apprenti en menuiserie.

« Ben, moi, j'ai encore du nouveau. »

Maeve était ravie de la façon dont sa mère la regardait à présent. « Et c'est quoi ?

— Mmmh. Ce vieux JP loue l'appart au-dessus d'l'épicerie. Un T3. »

Les yeux de sa mère se sont de nouveau posés sur l'écran de télé. « Ah, ouais. J'ai vu les p'tits McHugh qu'installaient le panneau. Je m'demandais à qui qu'y voulaient louer. »

Tout à coup Maeve a sorti les clés de sa poche et s'est mise à les agiter. Ses frères sont restés bouche bée, puis Chris a mis un coup de poing dans le ventre à son frère. « J'prends l'lit à Maeve.

— Ah non ! a soufflé Paul. C'est moi ! »

Maeve les a regardés se foutre sur la gueule par terre. Ses quatre frères dormaient tous dans la même chambre, dans des lits superposés. Ils se partageaient une commode et fourraient le reste de leurs affaires sous leurs lits. Maeve et Deirdre s'étaient toujours senties privilégiées de coucher dans des lits jumeaux, séparés par un meuble de chevet et un crucifix, avec une armoire rien que pour elles. Mais Maeve s'était moins réjouie d'avoir la chambre pour elle toute seule après qu'on eut emmené Deirdre sur un brancard. « Alors, t'en penses quoi, m'man ? »

Sa mère a allumé une autre clope en relevant les sourcils, observant bien en cela sa devise : *Quoi que tu dises, ne dis rien.*

« Comment qu'ça va s'passer, tu crois, quand j'serai p'us à la maison ? »

Sa mère a pris quelques petites taffes rapides, puis a soufflé.

« J'imagine qu'ça va faire un peu d'place dans la salle de bains l'matin. »

Sa mère avait aussi pour principe : *Parfois il faut être cruelle pour être gentille.*

« J'déménage demain matin. »

Sa mère a relevé un sourcil. Maeve détestait qu'elle lui fasse ce coup-là.

« Qui déménage le samedi ne fait pas son nid.

— Ben, j'espère pas m'attarder, toute façon. Ça s'ra bon jusqu'à c'que j'ai mes résultats, tu t'rappelles ? J'serai bientôt à Londres pour étudier l'journalisme. » Sa mère la regardait en plissant les yeux, et Maeve s'est tue. Elle l'entendait presque lui dire : *Tu crois que chais quèque chose sur l'université main'nant ?* Elle ne parlait pas souvent des études qu'elle avait commencées dans les années 1960, mais sa fille savait bien qu'elle avait été la première de la famille à aller à la fac. Elle étudiait pour travailler dans le social, mais elle avait dû renoncer à l'issue d'une manif pour les droits civiques qui s'était mal terminée. Elle avait fini à l'usine de porcs où elle avait rencontré le père de Maeve. Là-bas non plus, elle n'était pas restée longtemps. Elle avait abandonné son travail lorsqu'elle était tombée enceinte de Deirdre parce qu'elle ne pouvait pas supporter les trajets en bus.

« M'man ! Dis à ce gros débile que c'est moi qui va prend' le lit à Maeve ! s'est exclamé Chris en plaquant un coussin sur le visage de Paul.

— La ferme, vous aut'. J'déciderai qu'est-ce qu'on fait après qu'vot' frangine aura mis les bouts. »

Chris a repoussé Paul, et Maeve, qui tentait de se taire, a finalement lâché : « Mais où que j'vais dormir quand j'reviendrai à Noël ? »

Sa mère a levé les yeux avec un air de commisération. « Chuis sûre qu'ta copine, Caroline, è s'ra encore dans l'appartement à Noël. C'est une Jackson, et les Jackson, ça bouge pas. Résultats ou pas, è quittera pas la ville. »

Maeve a senti sa gorge se serrer. Parfois, elle avait l'impression d'être la version féminine d'Icare, passant des heures à rassembler ses plumes, à les coller à la cire chaude pour fabriquer les ailes dont elle avait besoin pour s'enfuir. Sauf qu'au lieu de l'aider, comme le père d'Icare, sa mère passait son temps à trifouiller ses ailes, à en arracher des plumes, de même que les poules en bonne santé arrachent celles des oiseaux malades. « J'croyais qu'ça t'f'rait plaisir que j'essaye de m'débrouiller toute seule. »

Sa mère l'a toisée durement, s'intéressant enfin à elle. « J's'rai contente le jour où t'auras enfin compris qu'c'est pas dans la rue qu'on apprend la vie. » Elle a écrasé son mégot et s'est retournée vers la télé, où une petite grenouille mâle grimpait sur le tronc d'un arbre très haut pour aller s'accoupler avec une femelle.

David Attenborough expliquait à Chris et Paul que cette brave petite grenouille avait entrepris un si périlleux voyage juste pour féconder la femelle choisie, entreprise qui nécessitait beaucoup de force et de volonté.

Maeve aurait voulu qu'une nana du genre Oprah Winfrey débarque pour expliquer ce que la pauvre femelle – qui allait bientôt arriver au bout de son arbre – essayait peut-être de faire comprendre au mâle.

Finalement, Maeve n'a pas déménagé le samedi car la mère de Caroline n'était pas d'accord. « Chez les Jackson, on déménage pas du jour au lendemain », elle avait dit, le cul vissé sur le canapé, dans ce comté que ses ancêtres occupaient déjà à l'époque où ils étaient vêtus de peaux de bêtes et dormaient dans les buissons. Donc Maeve avait passé toute sa journée à glander chez elle en essayant de rassembler ses affaires.

Emballer les trucs de base était assez rapide car elle ne possédait pas grand-chose. Seulement elle n'avait pas pensé aux affaires de Deirdre. À la mort de Mémé Walsh, Maeve avait appris qu'on était censée trier les affaires des défuntes quand le moment était venu – pas trop tôt pour ne pas passer pour un charognard, mais pas trop tard non plus pour ne pas avoir l'air bizarre.

Au début, la mère de Maeve avait dit qu'elle trierait tout ça après la messe du souvenir, un mois plus tard. Mais la cérémonie était passée et sa mère n'avait rien fait. Les semaines suivantes, les tantes de Maeve étaient venues, une par une, puis deux par deux, et enfin toutes ensemble, mais sa mère avait refusé leur aide pour « trier » les affaires de Deirdre en prétextant qu'elles seraient utiles à Maeve. Seulement, chaque fois qu'elle apparaissait vêtue d'un tee-shirt ou d'une jupe ayant appartenu à sa sœur, la tête de sa mère laissait entendre autre chose.

Maeve a ouvert la boîte à bijoux de Deirdre pour y prendre le bracelet à breloques que leurs parents lui avaient offert pour son dixième anniversaire. Maeve l'avait proposé à ce minable de Joe Whelan, des pompes funèbres, lorsqu'il avait préparé le corps pour la veillée. Mais il avait dit que ce n'était pas convenable dans un cercueil et avait demandé à la place un rosaire. Maeve était remontée dans la chambre, avait glissé la main sous l'oreiller de Deirdre et en avait retiré le rosaire que Tatie Mary avait rapporté de Terre sainte au retour de son voyage en car de Strabane à Jérusalem. Le jour où Mary le lui avait offert, après son départ, Deirdre avait balancé le rosaire sur son lit en disant : « Ben ouais, elle allait pas me rapporter un sucre d'orge de Jéricho. » Maeve avait détesté la manière dont Joe avait noué le rosaire autour des doigts froids de Deirdre, comme pour les empêcher de bouger.

Elle a refermé la boîte à bijoux et l'a rangée dans leur table de chevet. Puis elle a fourré dans sa poche le bracelet de Deirdre et s'est préparée pour sortir.

Une fois prête, elle a débarqué dans le salon où son père était assis sur le canapé, une main derrière la tête. Il lui a lancé un clin d'œil et Maeve a attendu que sa mère lui dise : « Et qu'est-ce tu portes sous ton manteau, ce soir ? » ainsi qu'elle le faisait toujours. Mais elle est restée avachie dans son fauteuil à contempler la clope coincée entre ses doigts.

« Tu veux pas savoir qu'est-ce que j'porte sous mon manteau, m'man ?

— Tu peux sortir à poil en ville, pour c'que ça m'fait », a-t-elle répondu en laissant sa cendre tomber dans le feu.

Maeve ne savait pas ce qui bouffait les nerfs de sa mère, mais s'en préoccuper était au-dessus de ses forces. Elle a tourné les talons et quitté la maison, furieuse. Puis elle a franchi la courte distance qui la séparait de la maison de Caroline et sonné à la porte. Mrs Jackson lui a ouvert avec une espèce de sourire béat.

« Oh, dame, Maeve, comment qu'tu vas ? »

La mère de Caroline affichait toujours cette expression, comme Maeve lorsqu'elle prenait du Valium. Mais d'après Caroline, Mrs Jackson se contentait de son rosaire – drogue qui, selon Maeve, passait à côté de l'essentiel.

« Très bien, m'dame, très bien. Tout va super bien ! Et vous ?

— Oh, pour sûr, ça va très bien. » Mrs Jackson a fait entrer Maeve dans le salon, où le père de Caroline et Mémé Jackson étaient assis près de la cheminée.

« 'Soir, m'sieur Jackson. 'Soir, Mémé Jackson !

— Maeve.

— Oh, c'est Maeve ! »

La chaleur enveloppait Maeve, et elle a dû réprimer l'envie de se laisser tomber sur le canapé, de crainte de se réveiller à cinquante ans passés, vêtue d'un cardigan en laine d'Aran, l'air gentiment à l'ouest.

« L'a fait beau aujourd'hui, hein ?

— Ah ouais, pour sûr, béni soit l'Seigneur. P'têt ben qu'l'été est enfin arrivé ?

— Ah, ouais, on peut l'espérer, hein ?

— Enfin, une belle journée, c'est mieux que rien.

— Et la météo est bonne. RTÉ dit qu'ça va êt' au beau.

— Pour sûr, mais UTV a prévu d'la flotte.

— Enfin, ce Fish, à la BBC, l'avait l'air confiant. »

En ville, tout le monde se livrait plusieurs fois par jour à une triangulation entre les bulletins météo irlandais, nord-irlandais et britannique afin d'essayer de déterminer quelle espèce de pluie leur arrivait dessus. D'après le consensus patriotique, RTÉ donnait les prédictions les plus fiables, et la BBC les pires. UTV était plutôt bien considéré par la majorité protestante qui vivait à l'est du fleuve Bann, mais pas par la majorité catholique installée à l'ouest. La mémé de Maeve était convaincue que les prévisions délirantes de la BBC n'étaient qu'une manœuvre trompeuse, et que les Britanniques voulaient que les catholiques soient pris de court par le mauvais temps, aussi, pour leur faire la nique, elle portait hiver comme été un bon manteau bien chaud.

« Ah, ouais, on verra. Fait encore frais, la nuit.

— Ouais. Vous, les filles, va falloir vous couvrir quand vous allez sortir.

— Pour sûr. Fait déjà frais, même.

— Ah, c'est sûr. »

Dans le silence qui a suivi, on entendait le tic-tac de la pendule compacte sur la cheminée. Un cheval en porcelaine portant des œillères s'y démenait pour tirer une lourde charrette en bois chargée de fûts de bière miniatures. Mémé Jackson a tendu ses doigts tout tordus vers le feu en soupirant. Là-haut, une porte a claqué et Mrs Jackson a levé les yeux avec tendresse.

« V'là not' Caroline qui sort de sa douche.

— Elle en sort que main'nant ?

— Bah, tu la connais, not' Caroline. È s'rait même en r'tard à son enterrement ! »

En entendant le mot « enterrement », Mémé Jackson s'est signée et a secoué la tête et ses boucles bleutées.

« Bon, ben j'vais voir où qu'elle en est », a dit Maeve en se levant. Elle a quitté le salon et frappé à la porte de la chambre de Caroline. « T'es visible ?

— Ouais. Entre ! »

Maeve a ouvert et aussitôt refermé la porte pour garder la chaleur à l'intérieur. Les rideaux étaient tirés et la lampe de chevet allumée. Enroulée dans une serviette, Caroline se séchait les cheveux avec le radiateur soufflant. Son lit était un fatras de vêtements, maquillage et parfum, tandis qu'à côté, surplombé par un Christ en croix, celui de Mémé Jackson était aussi parfait qu'une étendue de neige fraîche. Maeve avait déjà entendu Mémé Jackson ronfler quand elle s'endormait dans le canapé après dîner et elle se demandait comment Caroline pouvait bien dormir la nuit avec un vacarme pareil. Elle n'avait pas la moindre idée non plus de la manière dont celle-ci appréhendait le risque grandissant de jour en jour de retrouver au matin Mémé Jackson morte dans son lit. Maeve a frissonné, puis retiré son manteau. Elle portait un pantalon noir, un body violet, une veste en velours côtelé noir, et en guise de collier un ruban noir noué autour du cou agrémenté d'un pendentif violet, avec les Docs violettes montantes de Deirdre.

« Waouh ! Mortel, le look ! »

Maeve a rentré le ventre et bombé le torse.

« Ouais, chuis pas mal, c'soir, hein ?

— T'as p'us qu'à t'faire tes peintures de guerre et pis à t'coiffer. Vas-y, assois-toi sur l'lit à mémé. »

Maeve n'aimait pas s'asseoir sur le lit de Mémé Jackson – elle avait peur que l'odeur de vieille dame imprègne sa culotte et lui dessèche les fesses. Par chance, la sonnette a retenti. Maeve s'est précipitée pour ouvrir. C'était Aoife, avec son tee-shirt Nirvana.
« Ooooooh ! *J'adore* ce tee-shirt Nirvana. »

En fait, elle n'aimait pas vraiment le tee-shirt d'Aoife. Il ravivait en elle une jalousie terrible chaque fois qu'elle le voyait. Aoife était allée voir Nirvana en concert lorsqu'ils étaient venus à Belfast en 1992. Maeve aurait vendu son sein gauche pour avoir une place, sauf qu'alors Deirdre était morte et qu'elle avait été obligée de se taper un truc qui s'appelait le *deuil* – expérience qui d'après elle revenait à peu près à être enterrée vivante dans une fosse commune.

« Oooooh, merci ! » Aoife a exécuté une espèce de pas de danse qui ressemblait à une révérence.

Maeve continuait à sourire même si elle bouillait intérieurement. Elle devait souvent se rappeler qu'un des gros avantages à être amie avec Aoife consistait à pouvoir s'entraîner à parler anglais avec un accent chic, manger de la bouffe de riches et apprendre à accepter les handicapés – compétences qui, elle l'espérait, seraient pratiques quand elle vivrait en Angleterre.

En remontant l'escalier, elle s'est demandé pourquoi Aoife était amie avec elle.

Dans la chambre, Maeve a passé les Smashing Pumpkins sur la chaîne stéréo, puis leur a versé trois vodka-Coca. Elle adorait le fait que Mrs Jackson croie encore qu'à leur âge elles étaient dingues de Coca – allant jusqu'à leur apporter un bac de glaçons lorsqu'il faisait chaud.

« Alors, Aoife, ça baigne ?

— Bof. James est là pour le week-end. Papa et lui réparent le bateau. »

Maeve a étalé une goutte de fond de teint Pale Porcelain sur son front tout en pensant au grand frère d'Aoife. Il faisait sa médecine à Queen's University. Elle aimait bien James, mais ils ne jouaient pas dans la même cour. Il était pareil à la belle vaisselle qu'elle voyait dans la bijouterie John the Jook, où un petit écriteau hautain prévenait : « Ne touchez pas ce qui est au-dessus de vos moyens. » Maeve espérait que regarder ne lui coûterait rien. « Y sort, ce soir ?

— Nan. On a une *feis* demain. Moi, j'y vais cool ce soir. Lui, il a préféré ne pas sortir. »

Le frère et la sœur étaient depuis des années déjà embarqués dans tous ces trucs celtiques, quand un beau jour Aoife avait été ravie par le grunge. À présent, elle était dingue de tout ce qui touchait à Kurt Cobain, et elle demandait toujours à James de lui trouver des disques ou des enregistrements rares à Belfast. C'était le genre de grand frère dont rêvait Maeve – rien à voir avec les quatre brutus qui vivaient avec elle, qui grognaient au lieu de parler et qui puaient le déo bon marché vaporisé pour masquer l'odeur d'une semaine de branlette.

Maeve a pris une gorgée de vodka, puis s'est plantée devant la glace, cigarette à la main façon Kate Moss (si Kate Moss pesait une douzaine de kilos de plus et achetait ses fringues chez Primark). Son pantalon en synthétique lui rentrait dans le gras du ventre, son body dans la raie des fesses et ses seins menaçaient d'exploser le soutif trop petit qu'elle avait hérité de Deirdre. Malgré tout, Maeve savait qu'elle avait de l'allure et qu'elle se bradait auprès des minables qu'elle rencontrait en ville. Une sale pulsion lubrique a envahi son bas-ventre, et soudain elle a eu envie de se brader auprès d'Andy. C'était pareil que lorsqu'elle fantasmait sur le fait d'être surprise en flagrant délit par le père Goan en train de sucer un Rosbif en uniforme derrière la caserne. Tout ça n'était pas franchement très sain. Alors elle s'est concentrée sur sa vodka et, très vite, leurs flasques ont été vides. Maeve a tendu des chewing-gums aux autres et elles se sont traînées jusqu'au salon.

« Oh, que tu es belle !

— T'as mis l'temps !

— Vous allez pas avoir froid avec ces p'tites vestes ? »

Maeve adorait le fait que jamais les Jackson ne disaient des trucs comme : « Avec cette jupe, on voit c'que t'as bouffé au p'tit dèj », « Le noir, ça t'va pas, t'as l'même teint qu'Tatie Mary ». Elle adorait le fait que Mrs Jackson les accompagne jusqu'à la porte d'entrée puis aille se poster à la fenêtre pour leur faire au revoir. Elle adorait aussi lui répondre avant de prendre Aoife et Caroline par le bras pour s'en aller jusqu'au pub.

Alors qu'elles passaient devant les garages, Mickey Campbell leur a crié : « Lesbiennes ! » Maeve s'est retournée pour lui faire un doigt d'honneur et lui répondre : « Nique ta mère. » Elle s'est baissée pour éviter la pierre qu'il lui a lancée en retour, et s'est éloignée en riant dans la direction de l'Old School Bar.

Le lendemain matin, la mère de Maeve a ouvert d'un coup les rideaux de la chambre en annonçant : « Il est neuf heures et d'mie. » C'était la version sténo de : *Bouge ton cul de feignasse pour êt' à l'heure à la messe à dix heures avant que j'fasse un truc qu'on va longtemps regretter toutes les deux.*

Maeve a collé l'oreiller sur sa tête. Elle était au bout de sa vie. Mais aller à la messe le dimanche, c'était comme se lever quand retentissait l'hymne national irlandais : non négociable, peu importait qu'on soit handicapé, shooté, qu'on ait la gueule de bois ou envie de baiser.

Dès qu'elle a entendu la chasse d'eau, Maeve s'est arrachée à son lit pour aller monter la garde devant la porte de la salle de bains afin d'y passer avant ses frères. L'odeur de toasts qui montait d'en bas lui a donné des haut-le-cœur.

La porte s'est ouverte en grinçant et son père l'a regardée avec une petite lueur dans les yeux.

« On a vu du monde tard dans la nuit ?

— Oh, p'pa… » Elle a appuyé la tête contre le mur.

« J't'ai chauffé la place ! » a-t-il ajouté en lui tapotant l'épaule de sa grosse main.

Elle s'est engouffrée dans la salle de bains. Évitant le miroir, elle s'est installée sur le siège. Son estomac se rappelait à elle. La messe serait un cauchemar si elle ne réglait pas ça tout de suite. Après avoir pissé ce qui ressemblait à de la vodka pure, elle a attrapé sa brosse à dents, a pris une grande inspiration et plongé le manche dans sa gorge. Elle a vomi un flot de bile jaune et de petits pois gris – il y avait plus de petits pois dans la cuvette que Maeve ne se rappelait en avoir vu dans son curry la veille. Elle a frémi puis tiré la chasse. Retournant la brosse à dents, elle a fait sortir un vermisseau de dentifrice et s'est lavé les dents.

Maeve a réussi à tenir et à rester debout, à s'asseoir, à s'agenouiller et à survivre à la litanie des Amen prononcés en chœur par toute la congrégation. Mais quand le père Goan a commencé à débiter les petites annonces de la paroisse, son attention s'est dissipée. Et puis, alors qu'on en était aux dernières bénédictions, Damien O'Hare est arrivé au pas de course en passant par les bas-côtés. Il a fait une génuflexion devant l'autel et puis l'a contourné pour s'approcher du père Goan. Un frisson d'excitation a parcouru l'assistance quand le prêtre a tendu l'oreille vers la bouche de Damien : les annonces de dernière minute étaient en général intéressantes ou utiles, par exemple un décès soudain ou une alerte à la bombe.

Le père Goan a attendu que Damien se soit assis, puis il s'est éclairci la gorge. « On vient de m'informer que l'armée britannique bloque l'entrée de l'église. »

Tout le monde a soupiré. On pouvait rester coincé là pendant des heures. Le père Goan a lancé un regard éloquent à Macken-la-Moisie, l'organiste, qui déjà frétillait comme un chien qui attend son nonosse. « Miss Macken, pendant que nous attendons, vous pourriez peut-être nous jouer *Seek Ye First* ? Les trois couplets. »

Macken-la-Moisie a hoché la tête et joué les premières mesures sur l'orgue de l'église.

Songs of Praise, l'émission de musique religieuse de la BBC, avait réussi à donner l'impression à Maeve que les orgues d'église étaient l'équivalent protestant du cilice, instrument de torture soft. Ils lui évoquaient des Anglais rougeauds, chantant avec cœur combien le Bon Dieu aimait les Moutons, l'Angleterre, les Anglais et le Mauvais Temps. Tout le monde en ville préférait entendre Peader Breen jouer de la guitare avec sa chorale folk (en dehors de la messe, son répertoire comptait un nombre impressionnant de chansons révolutionnaires).

« Et maintenant, levons-nous pour chanter en chœur. »

Maeve s'est remise debout, soulagée que le père Goan ait choisi un cantique que tout le monde connaissait par cœur. Seuls les membres de la chorale avaient des livres de chant, et la situation devenait compliquée dès qu'on dépassait les deux premiers couplets. Les réformés, eux, évidemment, disposaient tous de livres de chant, non seulement la chorale, mais toute la congrégation. Maeve l'avait découvert lors d'une visite intercommunautaire dans une église protestante d'Enniskillen. Les réformés les avaient regardés d'un drôle d'air tandis que Maeve et sa classe empruntaient les bas-côtés pour aller s'installer sur les bancs de l'autre côté de l'allée centrale. Pendant que le prêtre et le pasteur faisaient assaut de politesses en prêchant tour à tour, Maeve avait feuilleté le livre de cantiques. Il y avait des pages et des pages de chouettes chansons qu'elle n'avait jamais entendues. Toutes celles qu'elle reconnaissait avaient des paroles légèrement différentes, ou bien on y avait rajouté des trucs, par exemple dans la version réformée du *Notre Père*. C'était le genre de chose qui l'énervait lors de ces excursions thématiques « Apprenons à connaître les protestants ». Ces sorties obligatoires n'étaient pas considérées comme des cours, elles n'étaient pas notées, mais elle avait toujours l'impression qu'on la testait. Au cours de ces rencontres forcées, elle faisait tout ce qu'on lui avait appris depuis qu'elle était toute petite, seulement les protestants réagissaient de manière un peu différente, et elle avait l'impression qu'on retirait la chaise derrière elle au moment où elle allait s'asseoir pour qu'elle s'étale par terre.

Le père Goan et Macken-la-Moisie se sont lancés dans *Saint Patrick's Breastplate*, puis *Be Not Afraid*, avant de leur infliger *Faith of Our Fathers* (« Sainte foi ! En dépit du donjon, du feu et de l'épée ! »).

Enfin, Damien O'Hare est venu leur annoncer que les Rosbifs avaient mis les voiles. La congrégation a promis d'aller en paix et d'obéir au Seigneur avant de filer fissa. Linus McMurphy et quelques autres mous du bulbe ont couru derrière les Britanniques pour rigoler.

Maeve a faussé compagnie à ses frères, que ses parents emmenaient dehors faire le tour des tombes. Elle ne supportait pas cette façon de commencer à prier devant les sépultures des morts les plus anciens de la famille – des gens enterrés des années avant sa naissance –, pour remonter de tombe en tombe jusqu'à la plus récente, celle de Deirdre. Maeve a pris la direction de l'épicerie, s'est acheté une bouteille de Coca, puis elle s'est assise sur l'appui de fenêtre dans le soleil aveuglant. Elle a décapsulé la bouteille et l'a posée contre sa tête. Cela ne guérirait pas ce dont elle souffrait mais, depuis qu'on avait versé de l'eau bénite rapportée de Lourdes dans la gorge de Deirdre, elle savait que les miracles se présentaient rarement dans une bouteille.

Maeve contemplait son déjeuner dominical : des patates desséchées, un *yorkshire pudding* pareil à du carton, et un petit morceau de bœuf qui refroidissait sous une épaisse couche de sauce figée. Sa mère flanquait les portions dans les assiettes, tandis que son père lisait son journal en le tenant à bout de bras. Il avait vraiment besoin de lunettes, mais il aurait préféré se faire greffer des extensions aux bras plutôt que d'en porter. Sa mère a donné à Paul un petit coup sur la tête pour qu'il enlève ses coudes de la table, puis elle a posé sans ménagement son assiette devant lui.

Le père de Maeve l'a regardée, alors qu'elle essayait de ne pas respirer l'odeur de la nourriture plantée sous son nez. « T'as pas d'appétit, aujourd'hui ? »

Maeve lui a décoché un regard noir, puis a pris son couteau et sa fourchette avant que sa mère commence à parler des petits noirs en Afrique « qui savent pas c'que c'est qu'une assiette pleine, et encore moins un verre de vodka ». Elle a avalé tout rond son déjeuner, heureuse que ce ne soit pas son jour de vaisselle. Quand Deirdre était encore là, c'était facile : chacun d'entre eux avait son jour pour faire la vaisselle, nettoyer la salle de bains, passer la serpillière. Même son père faisait la vaisselle, alors qu'il n'était pas courant de voir un homme à la cuisine, sans parler de le voir s'y rendre utile ! Mais la mort de Deirdre avait tout foutu en l'air.

Maeve se rappelait le premier lundi après l'enterrement : sa mère s'était levée après le repas, avait débarrassé et tout mis dans l'évier. Maeve avait eu envie de s'arracher les yeux en la voyant laver les assiettes dont Deirdre aurait dû s'occuper. Mais elle n'avait pas eu le courage de se lever pour l'aider. Donc, sa mère passait la serpillière à la place de Deirdre le lundi, avant de javelliser les toilettes et de récurer la baignoire. Elle retirait les draps et les enfournait dans la machine à laver, puis les étendait – une corvée de moins. Elle n'aimait pas trop le lundi avant la mort de sa fille. Elle l'aimait encore moins après.

« Bon, a dit Maeve. J'ferais mieux d'emm'ner mes affaires à l'appart.

— Ouaaaaaais ! On peut changer d'chambre ! » a dit Paul en se levant d'un bond.

Sa mère a pointé son couteau vers son nez. « Reste assis sur c'te chaise si tu veux pas qu'ça barde pour toi. »

Paul s'est rassis, la lèvre tremblante.

« Chuis sûre qu'ta sœur a laissé sa chambre en bordel. Alors vous, bande de chiards, vous déménagerez pas tant qu'j'aurai pas tout rangé. »

Maeve a pensé aux vêtements de Deirdre pendus dans l'armoire ; à ses vieux cahiers empilés sous le lit. Elle se demandait ce que sa mère allait en faire. Impossible de les donner à Saint-Vincent-de-Paul de crainte de les retrouver sur le dos des Maudits Murphy. Peut-être qu'elle allait tout coller au grenier, avec les décorations de Noël et la vieille machine à coudre à Mémé Walsh. Si c'était Maeve qui avait décidé, elle aurait viré toutes les affaires de Deirdre dans le jardin et y aurait mis le feu. Rien à foutre des voisins.

« T'es vraiment obligée d'partir tout d'suite ? » a demandé son père.

Maeve a haussé les épaules.

« Reste donc tranquille pour l'instant. J't'emmènerai plus tard, après l'match. »

Maeve n'avait pas envie d'attendre si longtemps. Elle voulait se tirer de cette vieille baraque, fermer la porte sur le tic-tac de la pendule, l'odeur de bidoche, les rideaux miteux, le papier peint ingrain et les granulés d'Ajax sous ses pieds dans la baignoire. N'empêche, elle a suivi son père dans le salon et s'est installée avec ses frères pour voir l'équipe de Liverpool entrer en courant dans le stade ennemi.

Caroline était en train d'accrocher des rideaux à pois roses dans sa chambre quand Maeve et son père sont arrivés à l'appartement.

« Coucou Caroline !

— Oh, coucou Maeve ! 'Jour, m'sieur Murray.

— Chouettes, les rideaux !

— Oh, c'est m'man qui m'les a offerts comme cadeau d'déménagement », a dit fièrement Caroline en caressant le tissu.

Maeve est allée voir Mrs Jackson qui nettoyait la cuisine. Puis elle a jeté un coup d'œil au salon, où le père de Caroline examinait la cheminée. Mémé Jackson était assise sur le canapé et fixait des yeux l'endroit où la télé aurait dû se trouver en fredonnant le générique de *Coronation Street*. Maeve se demandait comment ils avaient réussi à la faire monter jusque là et, plus encore, comment ils allaient la faire redescendre.

Puis elle est allée mettre ses sacs dans sa chambre. Son père est arrivé derrière elle, a posé un carton et contemplé la pièce. Son regard s'est attardé trop longtemps sur le lit double avant de revenir sur Maeve. « Ce plumard a besoin d'une bonne sieste, on dirait », a-t-il déclaré en lui lançant un petit sourire.

Maeve était aux anges car elle adorait avoir son père pour elle toute seule. Puis ils sont revenus au salon et celui-ci s'est installé dans le fauteuil près de la fenêtre. Caroline s'était nichée dans le canapé près de sa mémé, tandis que Mr Jackson regardait par la fenêtre en hochant la tête.

« Sacrée vue, hein ?

— Y a qu'les Angliches qu'en voyent plus, a répondu le père de Maeve.

— Nos p'tits trésors sont presque aussi haut qu'un hélicoptère ici. Est-ce qu'è s'sont pas rudement bien débrouillées ?

— Même si avec un peu d'chance, è vont pas moisir longtemps ici. En deux coups de cuillère à pot, les résultats des examens vont tomber, et è vont s'tirer d'ici ! »

Tout à coup, Maeve a senti son cœur se contracter sous l'effet de la peur. Et si ses notes n'étaient pas bonnes ? Et si elle se retrouvait coincée dans cet appartement, à bosser à l'usine ? Et si tout foirait et qu'à son tour elle brise le cœur de sa mère ?

« Ben, y a plus grand-chose à faire à part attend', main'nant, a dit Caroline.

— Ouais, a soupiré Mr Jackson. Vous allez entrer dans un aut' monde, les filles. Y a plus d'opportunités pour les jeunes, de nos jours. Vous pass'rez pas vot' vie au chomdu comme nous aut', ou à la gâcher à l'usine.

— Tu sais, p'pa, l'usine, c'est pas si mal en fait ! » a dit Caroline en fronçant les sourcils.

Son père a renversé la tête en arrière une fois de plus, ni vraiment d'accord, ni tout à fait en désaccord non plus, ce qui chez les Jackson était la version du conflit la plus proche de la guerre ouverte.

« Y a pas d'mal à aller à l'usine si c'est ton choix. Tu peux faire plein d'choses, tant qu'c'est toi qui choisis.

— Et c'est ça la différence, les filles, a renchéri le père de Maeve. Vous avez l'choix. Nous aut', on l'avait pas. »

Après que Mémé Jackson a été descendue, à moitié en la portant, à moitié en la faisant glisser, Caroline et Maeve ont commencé à déballer leurs affaires. Puis elles ont installé la chaîne stéréo et allumé des bougies chauffe-plat dans le salon. Pourtant, en s'asseyant, Maeve a éprouvé ce sentiment d'être piégée, comme quand elle faisait la queue pour aller à confesse, sans rien d'autre pour se distraire l'esprit que la liste de ses péchés imaginaires.

Le père Goan n'avait plus le cœur à entendre les vrais péchés depuis les attentats de Warrington.

« Tu sais, a dit Maeve, je crois qu'c'est la première fois que j'me r'trouve dans une maison où y a pas de télé.

— Oh, mon Dieu. Moi aussi. C'est dingue, hein ? »

Pas de *Top 50*, ou de *Doctor Who*. Pas de *Loïs & Clark*, de *Cagney & Lacey*. Pas de *Craquantes* ni de *MacGyver*. Pas de *EastEnders* ni de *Coronation Street*. Rien que les pigeons qui roucoulaient sur le toit, les gamins hurlant dehors, et une jeep dévalant la rue en contrebas. Maeve a brusquement été prise de panique à l'idée de passer tout l'été sans télé pour s'occuper. La génération de sa mère était à fond dans la défense des droits civiques et des manifs avant que les antennes-relais améliorent le signal et qu'une réception de qualité leur remette les idées en place.

Soudain, la sonnette a retenti. Maeve et Caroline ont échangé un regard surpris et Maeve a jeté un coup d'œil par la fenêtre. « C'est Aoife.

— J'descends lui ouvrir », a dit Caroline en se levant d'un bond.

Aoife est entrée, elle avait le teint gris, et elle a dû s'appuyer au chambranle de la porte du salon.

« Alors, a dit Maeve, comment ça va, la tête, aujourd'hui ?

— Pas génial. J'ai raté la messe. Je m'en suis tirée de justesse à la *feis.* »

Ça rendait Maeve malade de se dire que les parents d'Aoife considéraient la messe du dimanche comme une activité sociale optionnelle et non un saint rituel. Contrairement à ses parents à elle qui croyaient que rater la Sainte Communion vous exposait au danger de Brûler en Enfer pour l'Éternité, et que la messe en soi était une punition suffisante quand on avait la gueule de bois.

« L'appart est cool maintenant que vous avez apporté vos affaires », a dit Aoife.

Maeve a tenté de cacher sa joie. « Ouais, ça fait moins vide.

— Je peux voir ta chambre ?

— Viens donc. »

Maeve se demandait ce qu'Aoife penserait de ses posters de Che Guevara, Rosie la riveteuse, Gandhi et « Smash the H-Blocks ». Ils n'avaient pas été accrochés depuis la première – et dernière – année de Deirdre à l'université. Dans sa chambre, Aoife avait trois grandes photos en noir et blanc encadrées de Kurt Cobain accrochées à un rail. Elle avait des posters de KD Lang et de Sinéad O'Connor dans son armoire parce que Mrs O'Neill ne voulait pas de taches de Blu Tack sur ses murs.

« J'adore tes posters !

— Oh, merci !

— Tu n'as pas encore de rideaux ?

— Nan. Mais pour commencer, je vais coller du papier journal.

— Tu veux que je t'apporte les journaux de mon père ? »

Maeve a tressailli. Accrocher le *Times* à sa fenêtre, c'était comme écrire sur un panneau géant : DES AMIES DES ANGLICHES HABITENT ICI, MERCI DE LES CAILLASSER.

« Oh, non, ça ira, Aoife. »

Puis Caroline est entrée avec trois tasses de thé.

« Désolée, les filles. On a pas d'gâteaux. »

Aoife a cherché quelque chose dans son sac : « Alors c'est très bien que maman ait pensé à me donner ça pour vous en guise de cadeau de déménagement. »

Aoife appelait encore Mrs O'Neill « maman », et son père

« papa », quand elle parlait aux autres, et pas seulement dans sa tête. Maeve trouvait ça dingue que personne ne se moque d'elle pour ça. Que personne ne l'ose.

Elle a regardé Aoife sortir une boîte de biscuits, du même genre que ceux apportés par les membres de la famille et les voisins – poings fermés, lèvres serrées – lors de la veillée pour Deirdre. Maeve revoyait sa mère les regardant s'empiler dans la cuisine : « Y a assez pour faire une barricade », avait-elle déclaré, et Tatie Mary l'avait prise par le bras en disant : « Oh, non, pas des barricades ! » Il leur avait fallu plusieurs mois pour en venir à bout, et Maeve ne s'était plus jamais sentie la même face à un *jammy dodger*.

« Oh mon Dieu ! Toute une boîte de p'tits gâteaux ! a dit Caroline en tapant dans ses mains.

— Et j'ai un cadeau pour vous, moi aussi. » Elle a déposé sur le canapé un sac rempli de cassettes.

« Céline Dion ! » s'est exclamée Caroline en fouillant.

Maeve a lancé un regard façon *c'est quoi ce bordel* à Aoife tandis que Caroline s'agenouillait devant la chaîne stéréo.

« C'était la collection de maman », a-t-elle dit en devenant toute rose.

Non seulement Aoife avait un lecteur de CD, mais elle avait toute une collection de CD, alors qu'ils coûtaient 16 livres la pièce. Ses parents et James avaient également leurs propres collections. La demeure des O'Neill contenait plus de livres que la bibliothèque municipale, et de bien meilleurs disques.

Maeve a pris une clope, s'est levée et l'a allumée à la fenêtre. Puis elle a soufflé un cône de fumée en direction de l'usine, en contrebas, tandis que Céline Dion évoquait des lumières lointaines et des tempêtes du soir. « Donc, les filles, demain, on commence à bosser sous Andy Strawbridge.

— J'essayerai de pas m'retrouver sous lui si j'peux ! » a dit Caroline en riant.

Aoife n'a pas ri.

« Je me demande quelles tâches il va nous confier. »

Maeve a lâché sa cendre à l'extérieur. « J'parie qu'y va nous mett' sur les machines à coudre. »

Aoife a froncé le nez, à croire qu'elle avait senti que les choses étaient en train de changer. Maeve savait qu'elle allait dire un truc bizarre. « Je préférerais les réparer. »

Maeve l'a regardée d'un air *non, sans blague ?* Aoife était vraiment particulière. Et pas seulement parce qu'elle était intelligente. Elle était tordue. Elle aimait les maths et les ordinateurs, démonter des machins pour les remonter ensuite. Maeve adorait jouer à des jeux sur l'ordinateur d'Aoife, comme tout le monde, mais son amie, elle, aimait carrément coder ses propres jeux. Elle lisait des manuels et des magazines d'informatique. Avant de savoir conduire, elle avait appris à démonter et remonter un moteur de bagnole. Malgré sa taille, elle savait se servir d'un cric et changer une roue. Il était prévu qu'elle récolte des A à tous ses examens et elle avait reçu des propositions de toutes les universités où elle avait postulé. Pourtant Maeve devait souvent lui expliquer des trucs évidents.

« C'est les hommes qui réparent les machines, ma vieille. »

Aoife a incliné la tête, à croire qu'elle avait de l'eau dans les oreilles. « Mais je suis douée avec les machines. Je préférerais les réparer plutôt que m'en servir.

— Ah, Aoife, a dit Caroline. C'est les femmes qui font la couture. Les mecs font le reste. C'est comme ça qu'ça marche. Moi, ça m'dérange pas. Apprend' à coudre, ça peut servir. »

Maeve a regardé par-dessus les bâtiments gris de l'usine en direction du Donegal, où le soleil était en train de se coucher derrière les collines. Ça ne lui déplaisait pas d'apprendre à coudre, même si, à tout prendre, elle aurait préféré ne pas avoir à faire ça. Elle aurait été contente de passer son été à l'appartement, à écouter de la musique, lire des bouquins et discuter. Mais alors que Maeve avait envie qu'elle reste encore un peu, Aoife a bâillé et annoncé qu'elle rentrait chez elle. Elle l'a raccompagnée à la porte puis elle est passée à la salle de bains pour se brosser les dents et se débarbouiller. Après avoir dit bonne nuit à Caroline, elle est allée dans sa chambre. Elle a pris le réveil Mickey Mouse que Deirdre avait gagné en collectionnant les points dans les paquets de corn flakes, et l'a programmé pour qu'il sonne à sept heures et demie. Puis elle s'est faufilée dans son duvet et a serré contre elle son oreiller qui sentait la clope, le feu de bois et le rôti. Elle a jeté un coup d'œil à Rosie la riveteuse qui la regardait d'un air farouche dans la lumière orange des lampadaires, tout en écoutant le réveil de Deirdre qui déclinait les secondes la séparant du moment où les portes de l'usine s'ouvriraient pour l'avaler.

LUNDI 6 JUIN 1994

70 jours avant les résultats

Maeve était si nerveuse qu'elle s'est réveillée à six heures et demie. Il y avait trop de lumière dans la chambre et elle était dégoûtée qu'il fasse aussi froid alors que – techniquement au moins – c'était presque l'été. Elle s'est levée pour aller dans le salon, où elle s'est recroquevillée sur le fauteuil, dans son duvet. Elle trouvait ça génial de surplomber la ville de trois étages, avec le ciel qui s'étendait comme un drap bleu tout propre jusqu'à la mer. Elle a regardé Donal McGrath remonter tranquillement la rue pour aller ouvrir son magasin. Aideen O'Neill et Donna Shiel sont arrivées cinq minutes plus tard pour prendre leur service. Des chiens se sont mis à aboyer, trahissant la présence d'une patrouille d'Angliches derrière la caserne. Un tracteur s'est amené en faisant teuf-teuf et s'est arrêté au beau milieu de la rue. Un fermier en est descendu, est entré dans l'épicerie et en est ressorti quelques minutes plus tard, un lourd sac en plastique bleu à la main. Dans l'appartement, la température montait à mesure que le soleil levant chauffait le toit.

Mais chaque fois que Maeve regardait l'usine, elle frissonnait. Elle avait le sentiment qu'une bombe à retardement était enclenchée tout près de là. Elle voyait le bâtiment s'écrouler autour d'elle, s'effondrant en un tas de gravats. Soudain, le réveil de sa sœur a sonné. Elle a bondi pour aller l'arrêter, puis s'est traînée jusqu'à la salle de bains. Elle s'est aspergé le visage d'un peu d'eau, a mis du déo, puis elle est retournée dans sa chambre et a enfilé un tee-shirt, une polaire et un jean. Ensuite elle a ouvert sa trousse de maquillage et évalué les possibilités. Elle a décidé de rester discrète et s'est contentée d'un peu de poudre et d'un trait d'eye-liner sur ses paupières, qu'elle a rehaussé de mascara – juste assez pour ne pas se sentir toute nue. Une fois prête, elle est allée frapper à la porte de Caroline. « Allez, Caro. C'est l'heure de s'lever pour aller à l'usine. »

Puisqu'elle ne répondait pas, Maeve a passé la tête à l'intérieur. Caroline s'est retournée pour fuir la lumière comme une limace rebutée par du sel, ce qui a donné à Maeve une petite idée de la manière dont sa mère s'y prenait pour réveiller les ados. « OK. J'vais préparer le p'tit dèj. Mais j'm'habille pas tout de suite. Allez faut qu'tu t'lèves. »

Quand Maeve a apporté le thé et les toasts dans le salon, posée sur le canapé, bien ficelée dans sa polaire et son jean, Caroline contemplait la moquette. Elle a pris un toast qu'elle s'est mise à mastiquer sans dire un mot. Maeve n'était pas en état de manger. Elle a bu lentement son thé en se demandant comment elle trouverait le courage d'aller à Londres si elle avait tellement peur de ce premier jour chez Strawbridge & Associates. Elle aurait voulu aller pleurnicher auprès de sa maman pour qu'elle lui flanque une bonne claque afin qu'elle reprenne du poil de la bête. À la place, elle s'est mordu l'index jusqu'au sang, ce qui était tout de même nettement plus intelligent que de sauter par la fenêtre.

À huit heures moins cinq, la sonnette a retenti. Maeve s'est levée et a suivi Caroline dans l'escalier. Aoife les attendait dehors, elle portait un jean et son tee-shirt Elastica sous son blouson de cuir noir. Maeve était verte qu'Aoife – pourtant toujours à côté de la plaque – ait réussi à se trouver une tenue cool pour venir bosser à l'usine.

En traversant la rue, Maeve a tourné la tête car le soleil se reflétait sur la Jaguar d'Andy. Non seulement sa voiture était la plus luxueuse du parking, mais sans doute aussi de toute la ville, et de loin. Elle s'est demandé comment ça sentait à l'intérieur. Et ce que ça ferait de s'asseoir sur les sièges en cuir. Elle imaginait qu'Andy conduisait trop vite sur les petites routes de campagne et qu'il klaxonnait les tracteurs. Elle savait qu'il n'était jamais retenu pendant des heures aux barrages militaires, et qu'on ne le collait pas contre une jeep, bras et jambes écartés, tandis qu'on fouillait sa bagnole du coffre au capot.

En voyant le visage sévère de Mary près des portes de l'usine, Maeve est revenue à la réalité.

« Bon, les filles, vous v'nez avec moi. »

Elles ont franchi le portail puis se sont arrêtées devant un tableau rempli de cartes.

« V'là vos cartes. Y a vot' nom d'ssus, et è sont rangées dans l'ordre alphabétique. Vous trouvez la vôtre, vous pointez ici, et vous la r'mettez à sa place. »

Maeve a pris la sienne et l'a introduite dans la machine. Elle a entendu un petit bruit sec quand l'heure s'y est inscrite :

7 h 57

Aoife a pointé et examiné sa carte avant de la ranger. Caroline a bidouillé avec la sienne, puis elle a fait ses excuses à la femme qui s'impatientait derrière elle. Les vieux de la vieille ont pointé, puis poursuivi leur chemin, la lassitude se lisant sur leurs visages résignés. Une fois le gros des troupes passé, Mary leur a ordonné d'un ton bougon d'entrer dans l'usine. Il était évident que Mary n'était pas du matin, et Maeve soupçonnait qu'elle n'était pas non plus de l'après-midi, du soir, ni de la nuit.

Elles traversaient l'usine lorsque la sonnerie a retenti, et Mary s'est arrêtée net. « Bien, mesdames et messieurs, a-t-elle gueulé. Il est huit heures, vous savez qu'est-ce que ça veut dire ! » Elle a toisé les groupes de bonnes femmes qui discutaient à voix basse, et qui se sont alors dispersées. Les couturières se sont installées à leurs postes et le crépitement des machines à coudre a commencé à se réverbérer sur les murs nus de l'usine.

Maeve avait l'impression que les aiguilles vrombissantes lui cousaient la peau sur les os. Elle a enfoncé les poings dans les poches de sa polaire pour lutter contre cette sensation et laissé Mary la cornaquer jusqu'à son bureau. Elle s'est presque effondrée de soulagement quand la porte s'est refermée, atténuant le bruit.

Mary a pris une feuille sur son bureau, l'a lue, puis a regardé Caroline en fronçant les sourcils. « Miss Jackson : Andy veut qu'toi, tu travailles sur une machine. Formation de base pendant une semaine, ensuite on verra si tu peux passer à la production.

— Ah, super. Merci, Mary, a répondu Caroline en tirant sur ses boucles.

— Vous aut', Andy vous envoie au r'passage. »

Maeve a ouvert la bouche un instant avant qu'Aoife dise : « Au repassage ?

— Oui, a repris Mary en fronçant si fort les sourcils qu'ils se sont touchés. Au *repassage*. Toutes les ch'mises doivent êt' repassées avant d'sortir d'ici. Andy pense que vous prendrez vite le coup d'main. Et si c'est trop dur, vous savez où qu'est la porte. »

La mère de Maeve lui avait appris que le repassage était une perte de temps parce que la plupart des vêtements – repassés ou froissés – avaient à peu près la même gueule au bout d'une heure de toute façon. Elle ne sortait son fer que dans les grandes occasions, le posant sur leur vieille table à repasser, où il dégoulinait un peu avant de cracher des croûtes grises sur les fringues.

« J'ai d'mandé à Marilyn Spears d'vous montrer les planches et les fers. »

Marilyn Spears, c'était bien un nom de réformée, ça. Une nouvelle expérience intercommunautaire se profilait à l'horizon.

« Vous devriez atteind' la base en fin d'matinée. »

Maeve attendait qu'Aoife réagisse.

« La base ? De quoi s'agit-il ? »

Mary a soupiré et sorti une cigarette. « La base c'est vot' quota à l'heure. » Elle s'est tue pour allumer sa clope. « Z'êtes payées une somme fixe pour chaque heure qu'vous travaillez ici, même si vous faites jamais des exploits. » Mary s'est mise à tousser. La quinte a été si violente que Maeve a eu l'impression d'avoir le goût de ses poumons sur la langue. « En plus d'la base, tout le monde a un objectif. Si vous atteignez vot' objectif, vous avez droit à une prime. Mais vous prenez pas la tête avec ça main'nant. Tant qu'vous êtes en formation, faut vous en t'nir à la base. »

Aoife a fermé la bouche.

« Miss Jackson a pas grand-chance d'atteind' son objectif avant que son apprentissage soit loin derrière elle. La couture, c'est un travail dur. Un travail de pro.

— Pourquoi qu'Andy m'envoie à la couture, Mary ? a demandé Caroline en s'enfonçant davantage dans sa polaire. Chuis là qu'pour l'été. Y a rien d'plus facile que j'pourrais faire ? Par exemple l'emballage ? J'pourrais plier les ch'mises et les mett' dans les boîtes ?

— Miss Jackson, c'est Andy qui décide. Et y vous envoie à la couture. »

Maeve était dégoûtée que Caroline ne soit pas plus enthousiaste à l'idée de coudre à la machine – compétence qui lui serait utile toute sa vie, qu'elle se fabrique des rideaux ou ses propres vêtements. Repasser, c'était comme nettoyer les chiottes – le genre de truc que toute femme était censée savoir faire mais que personne ne respectait. Maeve n'avait nulle intention d'ajouter « Repassage » à la rubrique « Compétences » de son CV.

« Main'nant, vous deux, a-t-elle dit en plissant les yeux. Au bout d'la chaîne, le rythme de travail est moins régulier qu'au début. Les ch'mises peuvent arriver une par une, au compte-gouttes, ou bien toutes ensemble. Donc si y a des commandes à finir, vous d'vez faire des heures sup pour terminer l'boulot même si la sonnerie est passée.

— Combien sont payées les heures sup ? a demandé Aoife.

— Une fois et demie le taux horaire, sauf circonstances exceptionnelles », a répondu Mary en reniflant. Maeve savait qu'Aoife ne pourrait résister à la tentation.

« Et quelles pourraient être ces circonstances exceptionnelles ? »

Mary a secoué la tête et écrasé son mégot avant de lui répondre : « On verra ça quand on y s'ra. C'qui vous faut savoir main'nant c'est que si vous avez rien à faire pendant la journée, z'êtes censées donner un coup d'main aux aut'.

— En faisant quoi ?

— D'après ton CV, Miss O'Neill, t'es du genre futée. Alors fais preuve d'initiative. Si y a b'soin d'un coup d'balai, tu donnes un coup d'balai. Si Billy a b'soin d'un coup d'main pour couper l'tissu, tu vas l'aider. Si tu m'voyes faire un inventaire, d'mande donc si tu peux faire quèque chose. Utilisez vot' cervelle toutes les deux. » Mary a soupiré, comme si sa vie tout entière avait été longue et difficile et que la rencontre avec Maeve, Aoife et Caroline n'avait pas allégé sa charge d'un iota. « Bon. On va faire un tour des locaux. »

Lorsque la porte s'est rouverte, Maeve s'est sentie agressée par le fracas des aiguilles, des moteurs et d'un présentateur anglais à la radio. Elle espérait qu'elle s'endurcirait face au bruit ainsi qu'elle s'était habituée au fracas du collège. Mary a commencé par les emmener voir les rouleaux de tissu prêts à être déroulés pour qu'on y taille des chemises. Puis elle les a conduites à travers les rangs de machines à coudre et elle leur a fait une démonstration de l'usage des presses dont les plaques chauffantes permettaient de souder ensemble les parties séparées des cols et des poignets. Ensuite, elle leur a montré les étagères, les planches à repasser et les tables dans les secteurs où on vérifiait et repassait les chemises avant de les ranger dans des boîtes.

Mary leur apprenait à utiliser le pistolet détacheur quand Maeve a senti ses poils se hérisser dans sa nuque. En levant les yeux, elle a vu qu'Andy se tenait au-dessus d'elles, sur la mezzanine. Il lui a souri en relevant les sourcils. Rougissante, elle a baissé la tête, dans les vapeurs de nettoyants chimiques, prise de vertige.

Enfin, Mary les a ramenées à son bureau, où elle les a laissées prendre connaissance du guide de sécurité sanitaire de l'usine. Celui-ci passait en revue les endroits où se trouvaient les sorties et les trousses de secours, expliquait quel type d'extincteur était prévu pour quel type de feu, et citait les personnes entraînées à porter les premiers secours. Elles ont découvert qu'elles n'étaient pas autorisées à manger à l'intérieur de l'usine (pour éviter les taches) ni à avoir de rapports sexuels où que ce soit (règle qui, soupçonnait Maeve, n'avait pas pour seul objectif de ne pas souiller les chemises). Elles ont passé en revue la longue liste des « objets controversés » qui faisait état de ce qu'elles ne pouvaient pas porter ni arborer, dans le but de préserver « un environnement de travail harmonieux d'excellente qualité ».

« Caroline, a demandé Maeve en refermant bruyamment le guide. Est-ce que l'Union Jack sur une machine à coudre c'est controversé ?

— Est-ce que l'pape est catholique ?

— Aoife : porter un tee-shirt de Nirvana ?

— Kurt est une icône internationale ! Comment pourrait-il être controversé ?

— Du calme. Il est neutre. Caroline : un maillot des Rangers ?

— Controversé *et* triste.

— Correct. Aoife : un passe-montagne et des lunettes de soleil.

— Peut-être que c'est permis s'il fait moins vingt et qu'il y a du soleil.

— Ouais, donc y a pas grand-chance. Caroline, est-ce qu'un haut à motifs celtiques c'est controversé ?

— Plutôt suicidaire.

— Et une petite culotte avec l'Union Jack exhibée à l'intérieur de l'usine ?

— Provocateur *et* provocant », a ricané Caroline alors que la sonnerie retentissait.

À travers la vitre, Maeve a vu les couturières qui depuis des heures étaient vissées à leur poste de travail arrêter leur machine. Elles se sont levées pour se hâter vers la cantine.

Paddy Quinn, qui était à fond pour l'IRA quand ils étaient à l'école – il décorait son sac et ses cahiers de dessins de fusils Armalite techniquement brillants –, a ouvert la porte du bureau. « C'est l'heure de la pause, les filles. Ça passe plus vite qu'on croit, vous d'vriez vous bouger l'cul fissa », a-t-il dit en repartant.

Maeve, Caroline et Aoife se sont aussitôt levées, n'empêche, elles ont tout de même été les dernières à arriver dans la cantine enfumée. Elles ont pris place au bout de la queue tandis que les tables se remplissaient de gens qui serraient des tasses de thé près de déborder, mastiquaient des toasts et fumaient. Maeve n'avait jamais vu autant de gens en train de bouffer, boire et cloper avec une telle concentration. Très vite, elle a eu à son tour des toasts – ramollis par la margarine – et une tasse de thé brûlant entre les mains. Elle s'est assise à une table où il n'y avait personne et s'est mise à manger. Elle avait à peine entamé son second toast lorsque la sonnerie a retenti de nouveau.

À travers la salle, les gens ont soufflé leur fumée, écrasé leurs mégots, fait grincer leurs chaises en reculant puis se sont levés et étirés. Tout le monde se dirigeait vers la porte et Maeve a enfourné son toast dans sa bouche, puis elle a jeté un coup d'œil à l'assiette d'Aoife. « T'as pas faim ?

— J'aime pas la margarine », a répondu Aoife en tordant le nez.

Maeve a pris l'un de ses toasts, et Caroline s'est jetée sur l'autre. Puis elle a soufflé sur son thé, tenté de boire une gorgée, mais ça lui a brûlé les lèvres. « Fait chier !

— Mets-y plus de lait », a dit une voix à l'accent paysan derrière elle, la faisant sursauter. Le gars s'est approché de la table, conforme à ce que ses mots laissaient deviner. « Ton thé, faut qu'y soye tiède pareil que quand la vache lâche d'l'eau. Là, tu pourras l'boire.

— Eh ben, v'là un truc qu'y nous ont pas appris à l'école, a-t-elle répondu en souriant.

— Y a plein d'trucs qu't'as pas appris à l'école et qu'tu vas apprend' ici à la dure », a grommelé une vieille avec une gueule semblable à un gant de cuir qu'on aurait fait sécher sur un radiateur trop chaud. Elle s'est levée et s'est dirigée clopin-clopant vers la porte.

« Qu'est-ce que ça veut dire quand la vache lâche de l'eau ? » a murmuré Aoife.

Maeve a soupiré. Il fallait souvent lui traduire le parler de la campagne. « C'est la vache qui pisse. »

Aoife affichait toujours une expression neutre.

« Il dit donc que ton thé devrait avoir la même température que de l'urine de bovin ? »

Maeve a pris le temps de savourer la tête que faisait Aoife, puis elle s'est dirigée vers les portes de la cantine, où Mary et Marilyn discutaient. Elles se sont tues et ont regardé avec effroi le toast de Maeve comme s'il s'agissait là d'un objet particulièrement controversé.

« Règle numéro trois, a murmuré Aoife à Maeve en lui donnant un coup de coude.

— Hein ?

— On ne mange pas dans l'usine. »

Maeve a enfourné le toast dans sa bouche et s'est mise à mâcher, mais elle n'avait plus de salive et le pain est resté collé à son palais, pareil que la sainte hostie les dimanches où elle avait la gueule de bois.

« Miss Jackson, toi, tu viens avec moi, a dit Mary. Vous aut', vous allez avec Marilyn. »

Caroline s'est éloignée et Maeve a senti la panique la gagner. Elle ne savait pas comment se comporter de manière naturelle avec les réformés. Grâce aux quartiers, aux écoles, aux églises, aux magasins, aux pubs, aux vendeurs de bouffe et aux sapins de Noël ségrégués, elle avait été très peu en contact avec les quinze cents protestants qui habitaient de l'autre côté de la ville, même s'il y avait dix-huit ans qu'elle vivait avec eux. Mais, animée d'un esprit de paix et de réconciliation, elle a adopté ce qu'elle espérait être un grand sourire joyeux.

« Salut Marilyn ! Moi, c'est Maeve, et cette nana-là, c'est Aoife. »

Marilyn la regardait de biais, comme si elle faisait n'importe quoi. « Faut qu'vous sachiez, tant que j'vous forme, vous aut', j'touche que la base. Alors vous pouvez met' le turbo ? »

Marilyn s'est engouffrée à travers les portes en les laissant revenir en plein dans la figure de Maeve, lui enseignant ainsi la leçon numéro un de l'usine : *Si tu bosses ici suffisamment longtemps, tu deviendras une vraie connasse.*

Maeve a essuyé les miettes de toast sur son visage, puis elle s'est mise en route vers le repassage. Les planches étaient attachées à des barres de métal solidement fixées au sol par de grosses vis. D'épais matelas argentés recouvraient les planches. Elle y a appuyé le pouce. Le creux qu'elle venait de former a disparu telle une empreinte de pas sur le rivage.

Marilyn a tapé sur la planche. « Vous savez comment qu'ça marche ici ? »

Aoife a secoué la tête.

Maeve avait à moitié envie de tuer Marilyn, mais elle se délectait à l'idée qu'elle ne touche que la base le plus longtemps possible.

« Donnez-moi la force, a soufflé Marilyn. Bon. Billy s'occupe du découpage et il…

— Pardon, Marilyn… Billy ? C'est qui ? » Maeve affichait un visage innocent. Marilyn a poussé un soupir long comme la saison des parades loyalistes.

« C'est lui. Avec le tatouage. Billy », a dit Marilyn en désignant un type au crâne rasé vers le fond.

Maeve a examiné le bras du gars, décoré d'une main ensanglantée entre le drapeau de l'Ulster et l'Union Jack. Sa main gauche était dissimulée sous un gant en mailles métalliques. « Ah oui, je le vois. Et le gant, y sert à quoi ? Il a pourtant pas la tête d'un fan de Michael Jackson.

— Billy découpe les ch'mises. Les lames pourraient lui arracher la main. C'est un gant de protection. »

Maeve a regardé Billy dérouler le tissu sur la table à découper. Il dégageait un truc étrangement sexy avec son gant métallique, ses tatouages paramilitaires et sa haine des catholiques à peine voilée.

« Billy découpe les dos, les d'vants, les manches, les poignets et les épaulettes, a repris Marilyn. Y fait ça par lots. Nous, les filles, on coud les morceaux. Mickey, là-bas, soude les cols et les poignets. Karen s'occupe des boutons.

Maeve a supposé qu'avec ses cheveux blonds et son visage bien propre, Karen était une réformée.

« Quand les ch'mises sont terminées, on les envoie à Fidelma pour le contrôle qualité. »

Fidelma Hegarty, qui coupait des fils dépassant d'une chemise sur un portant, s'est arrêtée et a regardé dans leur direction, l'air pas contente. Maeve la connaissait de vue car elles étaient dans la même école, à quelques classes d'écart. Fidelma vivait dans une caravane derrière l'église et elle était célèbre parce qu'elle était toujours mal lunée et qu'elle aimait la bagarre. Elle n'avait pourtant jamais pris de cours de boxe, mais elle avait un don naturel. Maeve l'avait vue plusieurs fois en pleine action, se battant avec des gars de sa classe pour rigoler. Elle avait entendu dire qu'après avoir quitté l'école Fidelma avait cassé la gueule à des hommes adultes. Maeve la voyait parfois avec un coquard ou une lèvre fendue, mais elle n'avait jamais entendu dire qu'elle ait perdu un combat.

« Après que Fidelma a fini, vous r'passez les ch'mises pour qu'è soient prêtes à êt' pliées et rangées dans les boîtes. Pigé ? »

Maeve et Aoife ont hoché la tête.

« Voyons voir, a repris Marilyn en faisant craquer ses doigts. Vous avez d'jà r'passé ?

— Oui j'le fais à la maison », a menti Maeve.

Marilyn l'a dévisagée comme pour lui dire *Ah, c'est bien*. Puis ses yeux se sont posés sur Aoife, qui était toute rouge.

« Pour être honnête, je n'ai jamais fait beaucoup de repassage. »

Maeve savait que Kitty Kelly s'occupait de la maison des O'Neill toutes les semaines, afin de laisser à Mrs O'Neill le temps dont elle avait besoin pour son « travail » d'artiste. Tandis que Mrs O'Neill peignait dans son atelier, dans le jardin, Kitty Kelly repassait des hectares de blouses, de chemises et de draps de lin blanc. Maeve n'avait jamais vu Mrs O'Neill – et encore moins Aoife – tenir un fer.

« Bon, OK, *Maeve*, c'est ça, hein ? Faut qu't'oublies tout c'que tu crois savoir, pa'ce que l'repassage professionnel, c'est complètement aut' chose. »

Maeve a ressenti des picotements dans les oreilles tandis que Marilyn ajustait la planche à repasser à sa hauteur.

« Première chose que tu dois savoir, c'est l'aspiration. » Marilyn a appuyé sur une pédale qui a déclenché un phénomène de succion : la planche à repasser avalait l'air avec une espèce de souffle profond terrifiant.

« Ça permet d'coller la ch'mise à la planche, a-t-elle continué en remontant ses manches. Comme ça, è reste à plat quand on r'passe. » Elle a posé l'avant-bras sur la planche, qui a d'abord aspiré puis relâché sa peau flasque, une expression de plaisir flottant presque sur son visage. « Main'nant, les fers. Y sont différents d'ceux qu'vous avez chez vous. »

Les fers étaient alimentés par des câbles qui remontaient en se tortillant au-dessus de leurs têtes afin qu'ils ne se prennent pas dans les planches ou les chemises. Maeve en a soulevé un, s'attendant à ce qu'il pèse lourd dans sa main. Mais il était aussi léger qu'une bouilloire vide et glissait sur la planche matelassée, à croire qu'il était huilé. Un nuage de vapeur a soudain surgi devant le visage de Maeve.

« T'es pas encore formée, a dit Marilyn en brandissant un fer. Pose-moi ça. »

Maeve a lentement remis le fer sur son support, puis a croisé les bras.

« La vapeur arrive automatiquement dès que ton fer est branché, mais si t'as besoin de donner un p'tit coup de plus, t'appuies sur c'bouton. » Marilyn a fait jaillir la vapeur dans les airs, puis elle a reposé le fer et poussé du pied un grand réservoir en plastique situé sous la planche. « Ça, c'est l'réservoir de flotte. Faut aller l'remplir à la cantine quand il est vide. » Puis Marilyn a retiré sa polaire et sorti de sa poche un chronomètre. Elle l'a donné à Aoife. « Toi, tu comptes combien j'mets de temps. »

Dès qu'Aoife a appuyé sur le bouton, Marilyn a pris une chemise sur le chariot, elle a retiré la gommette attachée par une épingle, qu'elle a pincée entre ses lèvres, puis a collé la gommette sur son épaule gauche. Ensuite elle a étalé la chemise sur la planche et appuyé sur la pédale d'aspiration. La chemise s'est aplatie et Marilyn a commencé à repasser le col. Elle a relâché la pression et retourné la chemise pour la faire adhérer à la planche. Elle a repassé le devant, relâché la pression, et retourné la chemise pour repasser le dos. Puis elle a repassé les manches et les poignets, avant d'accrocher la chemise sur le portant.

Aoife a arrêté le chrono : « Trente-deux secondes ! »

Maeve a détesté le ton impressionné d'Aoife. Quant à elle, elle arborait l'expression *ça me saoule*.

« Bon, a dit Marilyn en essuyant une goutte de sueur sur son front. Z'avez pigé ? »

Maeve a hoché la tête car ce n'était pas le moment de balancer la vérité. Elle n'a pas aimé le petit regard rusé que Marilyn portait sur elle.

« Alors faites donc voir ça », a enchaîné Marilyn d'un air satisfait.

Maeve a senti son cœur sombrer, mais elle a pris une chemise et s'est mise à repasser comme si sa vie en dépendait. Elle avait l'impression d'être de retour à l'école, en compétition avec Aoife, sauf que la pression était encore plus grande car il lui fallait prouver à Marilyn que les catholiques pouvaient être aussi rapides et minutieuses que les protestantes. C'est donc avec un immense plaisir qu'elle a déposé la première sa chemise sur le portant. Puis elle a attendu l'approbation de Marilyn.

« Mais qu'est-ce tu glandes, espèce d'andouille ? lui a dit Marilyn en examinant la chemise. T'es à l'usine, là ! Faut qu'tu continues à bosser ! »

En attrapant la chemise suivante, Maeve a senti la sueur lui couler entre les seins. Mais s'arrêter pour retirer sa polaire risquait de lui faire perdre l'avance qu'elle avait prise sur Aoife.

« Pas mal », a grommelé Marilyn en étendant la chemise repassée par Maeve sur la table de pliage. « Ça passe chez Primark. Mais avec un fini pareil, tu ferais pas l'affaire chez Ben Sherman. »

Maeve a accroché sa deuxième chemise au portant et attrapé la troisième.

« Putain, c'est quoi ça ? » a soudain hurlé Marilyn en désignant la deuxième chemise de Maeve.

« Chais pas. Qu'est-ce qu'y a ?

— Y *manque un bouton* ! »

Marilyn semblait dans une telle colère qu'on aurait pu croire qu'elle avait trouvé une bite sectionnée dans la poche de la chemise. Maeve n'avait pas cousu ces saloperies de boutons, aussi d'une voix très *c'est pas mes oignons*, elle a ajouté : « Et... ?

— On r'met pas en circulation une chemise qu'a un défaut. Faut qu'è r'tourne à l'atelier d'réparation. » Marilyn a flanqué la chemise dans un panier, puis a beuglé : « Ce genre de conneries, ça d'vrait pas arriver, Fidelma.

— Ah, bordel, personne est parfait ! a rugi Fidelma sans quitter des yeux la chemise fixée sur sa planche.

— Ouais, ben t'es seulement payée pour les ch'mises parfaites, alors enlève cette gommette de ton tableau et fais donc attention, t'as d'la merde dans les yeux ou quoi ? »

Jamais Maeve n'avait entendu quiconque parler sur ce ton à Fidelma Hegarty. Soit Marilyn était très courageuse, soit elle était beaucoup plus conne que Maeve l'avait cru.

« Bien. Vous aut', vous pouvez arrêter. »

Maeve a posé son fer avec soulagement. Il était moins massif que celui de la maison, mais à chaque chemise il lui paraissait un peu plus lourd.

« Faut qu'vous ayez l'œil pour ce genre de trucs, a repris Marilyn. Fidelma d'vrait pas laisser passer les ch'mises sales ou qu'ont un défaut. Si elle le fait, faut aller lui dire d'enl'ver une de ces gommettes de son tableau. Pa'ce qu'è les a pas méritées. »

Maeve s'est demandé combien de vodkas il lui faudrait avaler pour se sentir capable de se confronter ainsi à Fidelma Hegarty.

« C'est grâce à ces gommettes qu'on sait qui a fait quoi, c'est ça ? a demandé Aoife en regardant une feuille qui en était couverte.

— C'est ça. Mary peut r'monter tout l'circuit qu'la chemise a suivi en passant par chaque personne – épaulettes, poignets, col, boutons, c'que tu veux. Pis ça lui dit combien qu'vaut chaque unité, et si t'as atteint ton objectif, t'as droit à une prime.

— Sur la mienne, y a écrit 2,5 pence par ch'mise », a dit Maeve en essayant de calculer le total dans sa tête. *70 livres par semaine divisées par quatre jours, divisées par dix heures.*

Mais Aoife a été plus rapide. « Donc, on doit repasser soixante-dix chemises à l'heure pour atteindre le niveau de base ?

— T'es un vrai p'tit génie, toi », a ricané Marilyn.

Aoife a rougi et s'est raidie, comme si elle avait subi un électrochoc.

« Non mais franchement ? Soixante-dix chemises à l'heure ? Ça fait plus d'une à la minute. »

Marilyn a croisé ses bras potelés sur sa poitrine. « C'est ça. Tu m'as vue en r'passer une en trente secondes. Tu crois pas qu't'es capable de faire pareil ? »

Maeve doutait que Marilyn puisse garder un tel rythme toute la journée, mais elle a préféré se taire.

« Bon, a repris Marilyn. Faites bien attention à transférer la gommette de la ch'mise sur vot' feuille. Mary fait les calculs tous les soirs. Z'avez des questions ? »

Maeve a secoué la tête, pris une chemise et s'est mise au travail, soulagée que l'aspiration et les jets de vapeur du fer étouffent le fracas des machines à coudre.

Quand la sonnerie du déjeuner a retenti, Maeve a posé son fer et regardé la série de chemises accrochées au portant à côté d'elle. Elle avait des crampes dans les jambes, ne sentait plus son bras droit et avait envie de vomir. Elle ne savait pas du tout si Aoife en avait repassé plus ou moins qu'elle. Et ça, c'était pire que ses douleurs physiques.

« Qu'est-ce que vous faites à midi, vous deux ? lui a demandé Aoife en se massant l'épaule.

— Sandwiches à l'appart. Tu veux v'nir ? »

Lorsqu'elles sont sorties de l'usine, les anciens avaient déjà tous filé. Elles ont traversé la rue et grimpé les escaliers. Caroline et Aoife se sont écroulées sur le canapé. Elles ressemblaient à ces témoins d'un attentat qui ont les oreilles qui sifflent, mais qui se tenaient suffisamment en retrait pour ne pas avoir été blessés.

« Fromage et cornichons, ça vous va ? »

Aoife et Caroline ont acquiescé. Maeve aurait pu leur proposer une infusion d'oignons et de crotte qu'elles auraient répondu : « Ah, si c'est tout c'que t'as, vas-y. » Elle a apporté des sandwiches et du thé au lait, qu'elle leur a servi.

Caroline a été la première à finir. « Comment qu'ça s'passe, le r'passage ? » a-t-elle demandé en ouvrant la boîte de gâteaux.

Maeve a regardé les ampoules sur le dos de sa main, là où la vapeur l'avait brûlée. « Bah, c'est pas facile. J'ai super mal aux bras. Et toi, la machine à coudre ?

— Ah pour l'instant, j'm'entraîne sur des bouts d'tissu. Y m'laisseront pas coud' les épaulettes avant que j'sois prête.

— Mais putain, c'est quoi une *épaulette* ?

— C'est une pièce qu'on coud sur les épaules des belles chemises. J'trouve ça un peu nul, si tu veux savoir. Mais les Anglais, y z'adorent.

— Ah ouais, les Anglais », a répété Maeve avant de boire une grande gorgée de thé pour ravaler ce qu'elle avait peur de lâcher : qu'elle était scotchée de voir combien le rythme de travail à l'usine était rapide, et épuisée par tous les obstacles qu'elle rencontrait. C'était comme entrer au collège une seconde fois – courir pour rester au niveau des garçons et des filles plus âgés, et faire semblant de très bien savoir ce qu'on fait alors qu'on a l'impression d'être la dernière des connes. Maeve avait déjà envie de démissionner. Mais elle ne pouvait pas. Elle avait besoin de cet argent pour payer le loyer, et d'économies en prévision de Londres.

La sonnerie a retenti pour annoncer la pause de l'après-midi, et Maeve a reposé son fer sur son support pour se traîner vers la cantine. De nouveau, elle était la dernière, mais cette fois, elle savait comment ça se passait. Elle a versé du lait dans son thé à ras bord, et a commencé à enfourner les biscuits dans sa bouche avant même de s'être posée sur une chaise. Elle léchait la crème sur ses doigts lorsque la fin de la pause a sonné. En se relevant, elle a fait la grimace. Pendant les quelques minutes où elle avait été assise, ses pieds avaient gonflé. Maintenant, elle comprenait pourquoi Fidelma Hegarty avait le pas si lourd – c'est dur de marcher en sautillant comme un poulet de printemps quand on se retrouve avec des escalopes spongieuses et brûlantes en guise de pieds. Elle est revenue en clopinant à sa table de repassage et a contemplé la montagne de chemises qui s'empilaient dans le chariot. Aoife a croisé son regard, et elle a pris la pose, façon Rosie la riveteuse. Maeve lui a adressé un petit sourire en retour, a repris une grande inspiration et attrapé une chemise.

La dernière heure lui a paru durer une éternité. À la radio, le présentateur anglais s'emballait à propos des conditions de circulation et des temps de trajet, encourageant les automobilistes anglais tel un officier dans un film de guerre exhortant ses hommes à foncer sous le feu ennemi. D'un geste mécanique, Maeve attrapait, étalait puis accrochait les chemises, sachant que si jamais elle s'arrêtait, elle s'écroulerait et ne réussirait plus à se redresser. Lorsque la fin de la journée a sonné, elle s'est débarrassée de la dernière chemise et s'est penchée sur la planche au moment où Marilyn Spears passait, affichant un sourire forcé. Maeve a posé le visage contre le matelas de la planche à repasser. Puis quelqu'un lui a touché les cheveux. Elle a bondi en repoussant violemment cette main.

« Tu as une gommette dans les cheveux, a dit Aoife. Tiens.

— Oh, pardon, Aoife. J'croyais qu'c'était quelqu'un qui… »

Elle a ramassé la gommette et l'a collée sur sa feuille. Un peu plus tôt dans la journée, elle avait pris cette histoire de gommettes pour une blague, un truc de gosses. Mais alors que ses premières rangées étaient bien droites, à la fin, on aurait dit qu'on avait laissé un enfant de trois ans jouer avec. Elle a plié la feuille pour que personne ne voie le bazar qu'elle avait fait, puis elle est allée au bureau de Mary pour la déposer dans une boîte en carton. Tout le monde n'avait pas le même nombre de feuilles. Certaines couturières en avaient des liasses, raidies par le nombre de gommettes qu'elles y avaient collées parce qu'elles travaillaient sur plusieurs pièces à la fois comme les poches, les poignets, les épaulettes. Billy n'avait qu'une seule feuille. Il semblait n'avoir qu'une gommette par paquet de pièces découpées.

Dans la presse en direction de la sortie, Maeve a perdu Aoife et Caroline, aussi elle a attendu dehors en fumant une clope.

Aoife est arrivée et lui a montré la grille : « Papa m'attend. »

Maeve s'est retournée et elle a vu John O'Neill qui patientait dans la voiture. « C'est sympa d'rentrer en bagnole quand t'es crevée.

— Ouais, a acquiescé Aoife. Bon. À demain ? »

Maeve a relevé un sourcil, se demandant si Aoife lui posait *vraiment* la question, plutôt que de juste la saluer. Elle a soufflé sa fumée par-dessus l'épaule de son amie. « J'crois pas que j'ai vraiment le choix.

— OK, a dit Aoife en s'écartant à cause de la fumée. À demain.

— C'est ça, a répondu Maeve en écrasant son mégot contre le mur de l'usine. À demain. »

Lorsqu'elle est enfin arrivée chez elle, Maeve s'est laissée tomber dans le fauteuil et elle a regardé par la fenêtre. Andy rangeait son bureau. Il a pris un dossier, éteint sa lampe et quitté la pièce. En sortant par la porte à double battant du bâtiment, il s'est arrêté pour bavarder avec Mary. Maeve a été choquée de la voir sourire en levant les yeux vers Andy et en se tripotant les cheveux. Il a ri, lui a tapoté le bras et a couru vers sa voiture. Il n'avait pas l'allure d'un homme qui passe ses journées assis dans un bureau ou derrière un volant. Il devait s'entretenir.

Une fois la Jaguar sortie, Paddy Quinn a verrouillé les portes principales et Billy a installé la chaîne pour fermer le portail extérieur.

Tout le monde est parti de son côté, et Maeve s'est détournée de la fenêtre. Elle s'est demandé ce que ses frères allaient manger pour le dîner. Peut-être des haricots sur des toasts avec un œuf par-dessus. Ou des saucisses et du bacon avec des gaufres de pomme de terre. Tout était bon du moment qu'ils n'avaient pas à le préparer eux-mêmes.

« Ohhhhhhhhh. »

Caroline, qui était allongée sur le canapé, a regardé Maeve. « Ça va ?

— Oh, c'est juste que chuis tellement crevée après l'boulot, et après vous avoir préparé l'déjeuner à toi et Aoife. »

Caroline a fait la grimace en se relevant.

« Toast, œuf et fayots, ça t'va ?

— Génial ! » a répondu Maeve. Puis elle a observé la pluie qui s'en venait sur les collines en essayant d'imaginer l'épisode d'*EastEnders* qu'elle ratait ce soir-là.

Le mercredi, Maeve avait déjà établi la routine du déjeuner : chaque matin, elle préparait dans le salon trois assiettes de sandwiches au fromage et aux cornichons, des tasses et la boîte de biscuits. Dès que la sonnerie de midi retentissait, elle courait vers la porte et traversait la rue le plus vite possible avec Aoife et Caroline. Une fois dans l'appartement, Caroline mettait la bouilloire à chauffer, Aoife allumait la radio et Maeve se laissait choir dans son fauteuil bruyamment.

« Mon Dieu. On a fait plus de la moitié de not' première semaine.

— Ça devient un peu plus facile, non ? a demandé Aoife en mettant la radio.

— C'est pas plus facile, a crié Caroline depuis la cuisine. C'est qu'on s'endurcit ! »

Aoife a mis RTÉ, qu'elle trouvait moins « agressive » que Radio Ulster. Il n'y avait pas de musique. C'était le bulletin d'informations, et on conseillait aux habitants et aux entreprises de république d'Irlande d'inspecter avec soin leurs maisons et locaux à la recherche de bombes incendiaires. Aoife est devenue très sombre, comme si elle venait d'entendre Winston Churchill annoncer le déclenchement de la Seconde Guerre mondiale.

« Qu'est-ce qui s'passe ? a demandé Caroline en arrivant avec le thé.

— Bah, ceux du Sud ont les boules parce que des paramilitaires loyalistes disent qu'y z'ont posé des bombes de l'aut' côté d'la frontière.

— Ce n'est pas une fausse alerte, a dit Aoife d'un ton sec. Ils en ont déjà trouvé une.

— C'est vrai, a ajouté Maeve en prenant un sandwich. Et où c'est qu'y l'ont trouvée ? » Aoife n'a pas répondu. « Dans une salle de billard, a-t-elle précisé pour Caroline.

— Ça m'énerve vraiment de vous entendre ricaner toutes les deux dès qu'il se passe quelque chose au Sud ou en Angleterre. On dirait que vous êtes jalouses.

— Ah putain que oui, je suis jalouse ! Mais pas des bombes.

J'demande juste qu'y fassent autant attention à nous quand y s'passe des trucs bien pires ici. »

Aoife a posé son assiette et considéré la moquette en fronçant les sourcils. « Ils ont eu leur lot de bombes aussi dans le Sud, Maeve. À Dublin. Monaghan. Il y a eu tout de même plus de trente morts, non ? »

Ça rendait Maeve malade de savoir que, même si Aoife vivait dans le Nord depuis l'âge de onze ans, elle se l'était coulée douce dans le Sud avant ça. Elle rappelait tout le temps à Maeve les trucs que les autres avaient vécus en République, ou pourquoi ils gardaient leurs distances lorsque des événements graves se produisaient dans le Nord, voire même – le pire – quand ils prétendaient que ça n'arrivait pas.

« Écoute, Aoife, les loyalistes savent pas fabriquer des bombes tout seuls : ils ont besoin des Rosbifs pour ça. Et une bombe incendiaire dans une salle de billard, c'est pas dans la façon de faire aux Angliches. En général, ils ont plus de classe que ça : ils préfèrent les cibles en mouvement. » Maeve a fini son sandwich et attrapé son thé. « Si tu veux mon avis, les accords de paix, ça rend dingues les loyalistes. Ils ont peur que la paix s'installe, parce que là, ils seront au chômage.

— Y pourront s'faire du pognon avec la drogue et la prostitution, a ajouté Caroline.

— Et l'IRA ? Est-ce qu'ils ne sont pas déjà jusqu'au cou dans le racket et le trafic d'*angel dust* ? » a assené Aoife tandis que les infos se terminaient.

Maeve a été soulagé d'entendre *Riverdance*. Elle se souvenait d'en avoir vu la toute première représentation à l'Eurovision cette année-là. Elle avait adoré voir le public se lever à la fin et leur faire une ovation, comme si quelque chose avait changé, qu'une énergie puissante avait été libérée. Elle avait le sentiment que *Riverdance* avait procuré aux Irlandais du Sud la même sensation qu'elle avait éprouvée le jour où elle était allée voir

Au nom du père au cinéma, au moment de la scène de l'émeute, quand les roulements de tambour avaient commencé et que les briques s'étaient mises à pleuvoir.

Alors, Maeve avait eu l'impression d'être capable d'affronter n'importe qui !

Hélas, le repassage n'avait pas le même effet sur elle. Au bout de quelques heures, elle n'en pouvait plus des chemises. Elle a posé son fer et pris la direction des toilettes. La porte s'est refermée, elle a poussé un soupir de soulagement. Les murs bleus, les carreaux blancs et l'odeur de détergent donnaient une atmosphère à mi-chemin entre celle d'une église et celle d'une piscine publique. Elle est entrée dans le dernier WC, a fermé la porte, puis appuyé le front contre le carrelage froid, frissonnant dans le courant d'air qui filtrait depuis la fenêtre ouverte sur son cou en sueur. Elle avait super envie de pisser mais, avant qu'elle soit prête, la porte principale a grincé et une femme est entrée en toussant si fort que ça l'a fait péter.

« Bah, vaut mieux qu'ça sorte ! »

Maeve n'a pas reconnu cette voix. Sa vessie s'est verrouillée lorsqu'elle a compris qu'une protestante venait d'entrer dans les toilettes : elle n'avait jamais fait pipi à côté d'une réformée.

La femme a toussé et pété de nouveau en entrant dans un WC. Elle s'est déboutonnée, s'est laissée tomber sur le siège et a pissé comme un cheval. « Ah, a-t-elle fait d'un air satisfait. Pisser un bon coup, ça fait vraiment du bien ! » Enfin le flot s'est tari jusqu'à s'arrêter, elle a tiré la chasse et ouvert la porte.

Maeve a profité de la cascade de l'eau pour uriner à son tour, soulagée, tandis que l'autre s'en repartait sans avoir touché au robinet. Maeve enfin est sortie et s'est lavé les mains religieusement. Elle s'est alors demandé s'il s'agissait là d'un de ces rituels cathos bizarres dont se passaient les réformés, comme par exemple boire le sang du Christ ou en pincer un peu pour le pape. Elle finirait sûrement par le découvrir.

Le jeudi, surgissant de très loin entre la peau brûlée, les crampes et les pieds noyés de sueur, Maeve a senti un regain d'énergie. Elle a compris qu'elle réussirait à tenir le choc, à repasser en restant debout, à supporter les longues journées ponctuées de courtes pauses, le thé au lait et les protestants pas marrants ; qu'elle ne tiendrait pas seulement jusqu'à la fin de la semaine, mais jusqu'au début de l'automne ; qu'elle apprendrait que cathos et réformés avaient quelques trucs en commun : les deux camps s'enthousiasmaient en pensant à leur paye, et ils aimaient aussi parler du temps – le pied, c'était quand on arrivait à mélanger les deux.

« Demain, c'est jour de paye.

— J'serai là à l'aube !

— T'as bien bossé cette semaine ?

— Pas trop mal, Dieu merci. Y avait pas mal de boulot.

— Ça compenserait presque cette foutue flotte, hein ?

— Tu parles, ça compenserait si on était pas payés au lance-pierre ! »

Mary avait passé le plus clair de sa journée dans son bureau à examiner les feuilles de gommettes de la semaine. À la cantine, on parlait de l'argent qui servirait à payer des trucs qui avaient déjà été portés, bus ou mangés, et de ce qu'on mettrait de côté pour payer le nécessaire. Maeve se représentait ses revenus, gonflant de semaine en semaine au fil de l'été, lui pavant la voie vers Londres de pièces de monnaie.

À cinq heures, Andy est descendu de son étage pour faire un tour d'usine. De temps en temps, il convoquait des gens dans son bureau – des filles, surtout. Elles en ressortaient toujours dans un certain état d'agitation. Maeve avait entendu les gars rigoler en citant les noms des nanas qu'ils appelleraient, s'ils étaient à la place d'Andy. Les femmes ne plaisantaient jamais sur ce sujet. À présent qu'il faisait son tour, tout le monde semblait en alerte. Maeve a vu Sharon Rogers s'arrêter près de Fidelma Hegarty pour lui murmurer : « J'me d'mande qui c'est qu'y va s'faire, aujourd'hui. »

Fidelma a ricané et jeté un coup d'œil à Maeve, qui a baissé la tête, tout en gardant un œil sur Andy. Il avançait en suivant la ligne de production, s'arrêtant parfois pour dire un mot à quelqu'un ou pour examiner le travail accompli. Elle l'a perdu de vue quand il est entré dans la ligne derrière elle. L'instant d'après, Sharon Rogers a glapi et filé aux toilettes, les bras croisés sur la poitrine. Maeve a continué de repasser : elle ignorait ce qui pourrait lui faire lâcher son fer, au risque de rater ses objectifs, mais clairement, une réformée en panique, ça ne suffisait pas.

« Dégagez de là, Andy Strawbridge, a grogné Fidelma. J'vous préviens. »

Andy s'est mis à rire. Soudain son ombre s'est profilée sur la table de repassage de Maeve. À travers toute l'usine, les regards se sont braqués sur elle. Son cœur battait la chamade et elle sentait quelque chose de pas désagréable dans sa culotte.

Andy l'a regardée travailler pendant un moment qui lui a paru très long. « On dirait que vous maîtrisez l'ouvrage, Mizz Murray. »

Putain, encore ce truc de « Mizz Murray ». « Ben, c'est pas de la science aérospatiale ! »

Andy s'est approché de Maeve par-derrière. « Non, en effet, a-t-il dit par-dessus son épaule. Mais vous êtes douée, Maeve. » Puis il a glissé deux doigts sous ses bras et exécuté un mouvement circulaire qui lui a chatouillé les côtes. Elle a senti ses tétons durcir et s'est retournée d'un seul coup. C'est là qu'elle s'est aperçue que son soutif était dégrafé. Andy la regardait.

Tout le monde sauf Aoife avait vu ce qui s'était passé, mais personne ne disait rien.

Maeve a croisé les bras sur sa poitrine et elle est partie aux toilettes, plus rouge qu'une tomate.

Au même moment, Sharon Rogers est sortie des WC et a jeté un coup d'œil à Maeve. « Y te l'a fait à toi aussi ? »

Maeve a hoché la tête.

« Quel connard. Fais bien attention à toi.

— Ouais », a dit Maeve en entrant à son tour dans un WC pour remettre son soutif. Elle ne savait pas ce qui la déconcertait le plus, le geste d'Andy ou le fait d'entendre une réformée lui dire « Fais bien attention à toi » par solidarité et non pour la menacer.

En revenant à son poste, elle a vu Fidelma Hegarty redescendre au pas de charge l'escalier. Puis celle-ci a empoigné une chemise comme si elle lui en voulait, et Maeve s'est demandé ce qui s'était passé dans le bureau d'Andy.

Elle s'est réveillée à sept heures et demie pile sans avoir mis l'alarme. C'était vendredi, et c'était jour de paye. La lumière traversait les journaux qu'elle avait fixés sur la fenêtre, et un gros titre en noir se détachait sur le fond clair.

DERNIÈRES IMAGES DU MEURTRE
ET INFORMATIONS COMPLÉMENTAIRES

C'était un titre habituel pour un journal nord-irlandais, toujours valable de semaine en semaine, bon an mal an. Maeve n'en trouverait jamais de meilleur. Elle s'est levée et a allumé la radio dans l'espoir d'entendre Placebo. Mais un journaliste parlait d'un travailleur catholique tué par balle sur le chantier naval de Harland & Wolff. Puis un représentant syndical a déroulé son couplet sur la *solidarité ouvrière*, disant que son syndicat ne laisserait pas un *incident isolé* remettre en question les relations entre les deux mille hommes qui constituaient la force de travail intégrée du chantier.

Maeve savait bien que cent d'entre eux seulement étaient

catholiques. Réformés et cathos ne se mélangeaient pas comme la farine et le beurre chez Harland & Wolff ; les cathos n'étaient qu'une pincée de sel dans le grand saladier de la pâte réformée. Cet homme devait être désespéré pour avoir accepté un boulot pareil.

Seamus Heaney avait écrit un poème qui avait effrayé toute sa génération. Ça s'intitulait *Docker*. Dans ce poème, ni armes ni explosifs – Heaney avait écrit sur la période où les parents de Maeve en avaient vraiment chié, avant les Troubles, à l'époque où les catholiques étaient encore considérés ainsi que des citoyens de seconde zone, où la violence était moins réfléchie et beaucoup plus personnelle. Ça racontait l'histoire d'un docker protestant qui avait *lâché un marteau sur un catholique.* Mr Bradley avait demandé aux élèves ce qu'ils pensaient de ce texte et Charley Kelly avait répondu que laisser tomber un marteau, c'était une technique un peu hasardeuse pour s'en prendre à quelqu'un. En le lâchant d'une certaine hauteur, on pouvait tuer – mais plus on montait, plus on risquait de rater sa cible. De près, on pouvait faire suffisamment de dégâts pour que la victime soit handicapée à vie et incapable de revenir sur le chantier. Bradley avait remercié Charley pour ses réflexions et demandé si quelqu'un d'autre avait une remarque à ajouter. Alors Maeve avait déclaré que le poème semblait avoir été écrit en des temps plus cléments, quand les réformés devaient se montrer discrets pour s'en prendre à un catholique, c'est-à-dire en faisant croire à un accident. Mr Bradley, qui tout au long de l'année s'était peu à peu dégonflé comme un matelas pneumatique percé d'un petit trou, avait refermé son livre de poésie et demandé à la classe d'écrire un poème en formant un acrostiche avec le mot « arc-en-ciel ». Il avait ramassé leurs copies à la fin du cours, puis il avait été mis en arrêt maladie pour quelques mois. Maeve n'avait jamais su ce qu'il pensait de son poème, qui s'ouvrait sur ce vers : *Amarante telles les taches de sang dans les rues grises de notre ville.*

Elle a éteint la radio pour aller frapper à la porte de Caroline. « Caro ? » Pas de réponse. Elle a toqué à nouveau. « CA-RO-LINE ? Allez ! Lève-toi, c'est jour de paye ! » Puis elle est entrée et elle a allumé la lumière.

Caroline a grogné et rentré la tête sous la couette. « Dégage ! »

Maeve a renoncé à la tirer du lit. « Bon. J'vais m'doucher. Lève-toi et prépare-toi, faut qu'on aille chercher nos chèques. »

Maeve s'est lavée et pomponnée. Mais pas trop quand même – juste un pantalon noir, un haut noir, son blouson de cuir noir et ses bottes de motarde. Elle s'était maquillé les yeux façon Audrey Hepburn, avec une bouche de vamp pour atténuer le côté brut de sa tenue. Puis elle est revenue dans le salon, où Caroline était encore en pyjama, sa tasse de thé contre elle. « Putain, Caro, t'es pas prête !

— Maeve, chuis dans l'pâté, là. Et faut vraiment que j'boive mon thé.

— Mais on doit aller chercher nos chèques ! »

Caroline a regardé Maeve de ses grands yeux tristes. « Tu voudrais pas récupérer l'mien pour moi ?

— Oh, Caroline ! J'ai pas envie d'y aller toute seule ! »

Maeve a regardé dehors. Une file d'ouvriers attendaient devant les portes de l'usine. Paddy Quinn leur a ouvert et tout le monde est entré. Alors que la cour se vidait, elle a vu la Jaguar d'Andy s'engager dans le parking. Puis il en est sorti, s'est étiré, et en petites foulées s'est dirigé vers l'usine. Elle ne pensait pas qu'il serait venu un vendredi. « C'est bon. J'y vais. Mais tu me l'revaudras. »

En arrivant dans l'usine, Maeve a senti sa main prête à se lever pour pointer. Les machines à coudre étaient tassées sur elles-mêmes, en rang dans le silence, et les chemises à demi cousues gisaient là où on les avait abandonnées la veille. Elle a pris place au bout de la queue qui s'étendait devant le bureau de Mary et qui, lentement, diminuait.

Celle-ci a levé les yeux vers Maeve, a léché son index puis a passé en revue des enveloppes brunes dans une boîte à chaussures. Elle en a prélevé une et l'a donnée à Maeve, qui a pris soin de ne pas toucher l'endroit où Mary avait posé son doigt humide de salive. « Mille mercis. J'peux avoir celle à Caroline aussi ? »

Tandis que Mary cherchait la seconde enveloppe, Maeve s'est demandé ce qui poussait Mary à se lever pendant le week-end, en dehors de la messe. Elle avait une horde de fils, tous partis vivre en Angleterre, qui lui rendaient rarement visite. Et une fille, à Philadelphie, qui n'était même pas revenue quand son père s'était fait sauter la cervelle dans la grange avec un fusil emprunté à Foncey Logue. À l'enterrement, Maeve avait entendu quelqu'un dire qu'au moins Mary avait la chance d'avoir toujours avec elle la petite handicapée qui n'allait pas mettre les bouts et abandonner sa pauv' mère comme cette espèce de greluche, là-bas, à Philadelphie.

« Et voilà », a dit Mary en lui remettant l'enveloppe de Caroline.

Maeve l'a remerciée et a pris la porte fissa.

En rentrant à l'appartement, elle a déchiré son enveloppe et en a sorti son chèque.

83,25 livres.

Elle a froncé les sourcils. Impossible qu'elle ait gagné une prime de 13 livres. Mary s'était plantée. Maeve a vérifié les chiffres notés sur son bulletin de paie. Les cent trente chemises qu'elle avait repassées en plus de ses objectifs lui avaient rapporté un bonus de 3,25 livres, ce qui lui paraissait correct. Mais son salaire de base était de 80 livres, or elle était certaine que Mary leur avait annoncé 70 livres. Elle s'est levée pour aller voir Caroline dans sa chambre. « Combien qu't'as touché ? »

Caroline a haussé les épaules et pris l'enveloppe encore fermée.

« Juste mes 70 liv' de base, c'est sûr. Pourquoi ?

— Vas-y, jettes-y un coup d'œil pour moi.

— Tu veux que j'vérifie ma paye pour toi ? » a-t-elle répondu en éclatant de rire.

Maeve a croisé les bras, attendant que Caroline se reprenne. « Tu veux bien r'garder, s'te plaît ? »

Caroline a soupiré et ouvert l'enveloppe.

« J'ai un chèque de 70 balles.

— Fais voir ton bulletin d'paie, a dit Maeve en s'en saisissant pour vérifier les chiffres. Bon. Ta base, c'est 70 livres. Sauf que Mary s'est plantée pour moi. Elle m'a mis 80 livres.

— Tu déconnes ?

— J'te jure. Faut qu'j'aille faire rectifier ça.

— Putain, c'est trop chiant.

— Tu parles ! Déjà qu'c'est pas marrant d'voir sa gueule quand chuis payée pour ça, alors j'ai pas envie d'me la farcir en plus les jours de congé. »

Mary toussait, et le bruit se réverbérait à travers l'usine déserte. Maeve a pris une profonde inspiration avant de frapper à sa porte. « Salut, Mary.

— Qu'est-ce tu veux ? lui a-t-elle demandé en plissant les yeux.

— Oh, j'voudrais juste vérifier mon bulletin d'paye avec vous », a dit Maeve en le déposant sur le bureau.

Mary a posé les yeux sur la feuille, puis de nouveau sur Maeve. « Ah bon ?

— Ouais. J'crois qu'y a une erreur sur la base. Une erreur de 10 livres. »

Mary a regardé le bulletin, puis elle a posé sur Maeve ses petits yeux plissés. « J'fais pas d'erreur, Miss Murray. J't'ai payée qu'est-ce qu'on m'a dit. Si tu crois qu'y a une erreur, t'as qu'à aller en parler à Andy Strawbridge. »

Et elle s'est remise au travail, laissant Maeve interdite. « J'comprends pas, Mary. »

Celle-ci a soupiré, écrasé sa clope, puis elle lui a parlé de cette voix rauque et menaçante qu'elle utilisait pour gronder sa fille handicapée quand elle se montrait trop turbulente dans la chapelle des Larmes. « J'paye aux gens c'que m'dit Andy. Si tu t'attendais à trouver 20 balles de plus sur ton bull'tin, Miss Murray, j'te suggère d'aller en parler avec Andy là-haut. »

Maeve est restée scotchée. Andy l'avait spontanément augmentée de 10 livres. Et Mary croyait qu'elle venait réclamer plus.

« Est-ce que j'peux faire quèque chose d'aut' pour toi, Miss Murray, ou tu penses que j'peux m'remett' à mon travail ? »

Maeve a secoué la tête puis elle est sortie du bureau et s'est arrêtée au pied de l'escalier. Elle n'avait pas le courage d'affronter Andy, de lui demander ce que signifiait cet argent, aussi a-t-elle pris la direction de la sortie. Soudain, la porte de la cantine s'est ouverte et Andy en est sorti. En le voyant arriver, Maeve s'est rangée sur le côté pour le laisser passer, mais il s'est arrêté à un mètre devant elle. Elle a regardé la fine ligne bleue qui allait de son épaule jusqu'à sa ceinture.

« Vous cherchez quelque chose, Mizz Murray ? »

Elle a secoué la tête.

Andy a bu une gorgée de café dans sa tasse, sur laquelle il était écrit en lettres rouges THE BOSS. « Puis-je vous aider en quoi que ce soit ? »

Elle a de nouveau secoué la tête. Elle se sentait piégée sans savoir pourquoi. Andy ne l'empêchait pas de passer. Il ne faisait rien de spécial, mais elle se sentait clouée au mur par son regard.

« Jour de paye, Mizz Murray. J'espère que vous saurez dépenser intelligemment cet argent durement gagné. »

Soudain quelque chose a basculé et Maeve s'est reprise. « C'est là que vous vous trompez, Andy. Je ne dépense pas. J'économise.

— Et pour quoi économisez-vous donc ?

— Pour Londres, a-t-elle dit en se retournant car elle se dirigeait déjà vers la sortie.

— J'espère que vous avez une grosse tirelire, Mizz Murray. »

Maeve a continué à marcher en songeant à la tirelire rouge en forme de petit cochon que son père avait rapportée de l'usine de porc avant qu'il se retrouve en arrêt maladie.

Pink & Patterson's Prime Pork Products.

Tout est bond dans le cochon, sauf le grognement.

Malgré l'erreur d'orthographe, Maeve adorait sa tirelire. Mais il n'y avait jamais eu dedans que quelques pièces et billets. Elle a imaginé mettre de côté les 10 livres supplémentaires en les fourrant dedans chaque semaine. Ça lui ferait 130 livres de plus au bout de treize semaines à l'usine. Ça ferait une vraie différence pour elle à Londres.

En rentrant chez elle, elle a trouvé Caroline nichée dans le canapé avec une tasse de thé et un magazine.

« Alors, t'as réglé le problème ? »

Maeve a hésité. « Ouais, c'est bon », a-t-elle répondu, détestant cette espèce de son râpeux qu'elle sentait dans sa voix.

« Trop chiant. Si on allait à la banque pour encaisser nos chèques ?

— Ouais. »

Quelques heures plus tard, Maeve et Caroline étaient allongées dans le salon en compagnie d'une petite famille de tasses sales rassemblées à leurs pieds.

« Aoife et James vont bientôt arriver, a dit Caroline en bâillant. Ça va êt' sympa d'avoir de la visite.

— J'me sens crade, a dit Maeve en s'étirant. J'vais p'têt me prend' une p'tite douche. »

Caroline lui a lancé un regard par-dessus sa tasse, l'air de dire *Chuis avec toi sur c'coup-là, ma vieille.*

Maeve arborait un air de totale innocence, comme si ce désir de se laver et l'arrivée imminente de James O'Neill n'avaient absolument rien à voir.

Elles connaissaient James depuis aussi longtemps qu'Aoife. Et dès l'âge de quinze ans, elle avait su que James en pinçait pour elle. Il n'était pas pareil aux autres gars, qui ne s'intéressaient qu'à la baise. James s'intéressait à *elle*. Il aimait être près d'elle, mais n'essayait jamais de la peloter. Il écoutait ses histoires, riait de ses blagues et discutait de ses opinions. Et de son côté elle s'intéressait également à lui. Il était intelligent, drôle et gentil. Il n'éprouvait jamais le besoin de mettre en avant l'argent de sa famille, ni de se la péter en jouant les grands frères. Maeve savait que dans n'importe quelle ville James O'Neill aurait été une belle prise, alors dans *leur* ville… Elle adorait ses yeux bleus, ses larges épaules, ses doigts lorsqu'il jouait du violon aux *feis*. Elle aimait parler avec lui et essayait de retenir tout ce qu'il lui apprenait. « Regarde, voilà comment on verse le vin, Maeve. »

Mais James était pareil à ces soucoupes de sirop que son père mettait dehors à la fin de l'été pour noyer les guêpes : si elle voulait vraiment se tirer de cette ville, il ne fallait pas qu'elle l'approche.

Maeve a arrêté la douche et pris la serviette qu'elle avait volée chez elle – pas assez grande pour qu'elle puisse se sécher tout entière sans que celle-ci soit trempée. Quand le tissu n'a plus rien essuyé, elle l'a posée sur le radiateur, puis s'est hydraté les jambes et le visage avec de la lotion pour bébé. L'odeur lui a rappelé ses frères à l'âge tendre, avec leurs fesses propres et leurs cuisses dodues, bien des années avant qu'ils ne deviennent ces bêtes velues.

Après avoir terminé, elle a enfilé son pyjama en polaire et son peignoir. Elle n'était pas sexy, mais propre et fraîche. Elle était à peu près sûre que James préférerait ça plutôt qu'un pot de peinture aux seins servis sur un plateau. Elle est revenue dans le salon. Caroline fixait le coin de la pièce où se faisait cruellement sentir l'absence de télévision.

« C'est l'heure des *Voisins*. Chez moi, ils doivent êt' tous en train de regarder.

— Bah, tu pourras voir la redif de la s'maine avec Mémé Jackson demain », a répondu Maeve en levant les yeux au ciel. Puis la sonnette a retenti.

Elle a regardé dehors et elle a vu James devant le coffre de sa voiture, qu'il tenait à demi fermé à cause de la bruine. « James est là. J'peux pas descendre habillée comme ça. Tu peux y aller ?

— Ben oui », a répondu Caroline en soupirant et en se levant du canapé.

En bas, Aoife est sortie de la voiture, a dit quelque chose à James, puis l'a pris dans ses bras. Ça a fait tout drôle à Maeve de les voir faire ça. Elle n'avait pas serré ses frères dans ses bras depuis qu'elle avait eu son premier soutif en juin 1987.

Et aucun d'eux n'avait touché Deirdre à l'hôpital alors qu'ils étaient rangés en ligne pour prier, et qu'elle gisait les yeux secs, la bouche fermée, mourante.

James a ouvert grand le coffre et en a sorti un gros objet enveloppé dans un sac poubelle noir. Il l'a remonté jusqu'au niveau de sa poitrine, puis Aoife a fermé le coffre, verrouillé le véhicule et a disparu de son champ de vision.

Maeve s'est assise au moment où Caroline ouvrait la porte. James a franchi maladroitement le couloir et est entré dans le salon en titubant. Là, Aoife l'a aidé à poser le sac poubelle par terre.

« C'est lourd, ce truc », a-t-il dit en soufflant. Puis il a regardé la pièce autour de lui. « Eh, c'est sympa, ici ! »

Maeve a haussé les épaules comme si tout ça n'était rien. « Disons que ça ira pour l'été.

— C'est mieux que là où je crèche à Belfast ! »

Maeve ne lui a pas fait observer que la différence entre les deux, c'était que Caroline et elle payaient un loyer à ce bon vieux JP, tandis que les colocs de James lui versaient un loyer à lui pour pouvoir habiter dans la maison que ses parents lui avaient offerte en guise de cadeau pour sa réussite aux examens.

« Qu'est-ce qu'y a là-dedans, James ? a demandé Caroline en mettant le nez sur le sac noir. Un petit cadeau de déménagement ? »

Maeve était mortifiée. Elle avait fait semblant de ne pas voir l'objet qui occupait le centre de la pièce.

« Oui. Enfin. Si vous en voulez, c'est pour vous », a répondu James en se penchant pour retirer le sac, révélant une télé plus grosse et plus moderne que l'unique poste de la famille de Maeve.

« Oh la vache ! Une télé ! » a glapi Caroline comme si c'était la première fois de sa vie qu'elle en voyait une.

Maeve s'est renfoncée dans son fauteuil, puis elle a regardé James qui se frottait l'arrière de la tête. « Y donnent ça gratos dans les boîtes de corn flakes, maintenant ?

— Ah, en fait, je viens d'en avoir une nouvelle pour mettre dans ma chambre, donc je n'ai plus besoin de celle-là, a répondu James en piquant un fard.

— On a pensé que ça pourrait vous être utile, et à votre départ, vous n'aurez qu'à la donner à Saint-Vincent-de-Paul », a ajouté Aoife avec une pointe d'agacement.

Maeve a compris le message et elle a essayé de se rattraper. « Ce sera génial de pouvoir regarder à nouveau *EastEnders* et *Coronation Street* ! a-t-elle dit en souriant de toutes ses dents. Mille mercis ! »

Le plus chiant, quand on avait l'habitude de toujours mettre les autres à l'aise, c'est qu'en général, au bout du compte, ça finissait par vous retomber dessus.

« Super alors, a repris James. Je vais l'installer. » Il a déplacé la télé dans le coin de la pièce et réglé les chaînes. Aoife a mis une émission de cuisine où Delia Smith montrait comment utiliser les tomates et les légumes qui mûrissaient au jardin pour en faire toutes sortes de salades d'été.

La porte était à peine refermée derrière Aoife et James que Maeve a changé de chaîne pour mettre *Eurotrash*.

Plus tard dans la soirée, Caroline somnolait sur le canapé et Maeve se tenait bien au chaud dans son duvet. La pièce, seulement illuminée par la télévision, était plus détendue et plus chaleureuse, comme si elle avait poussé un soupir de soulagement. Puis a commencé le dernier journal de la soirée. On y montrait les plus de deux mille ouvriers de chez Harland & Wolff qui faisaient grève devant les portes du chantier naval afin de protester contre le meurtre de leur collègue. Maeve s'est demandé si les gens de l'usine feraient la même chose si l'un d'entre eux était assassiné – cathos et réformés se soutenant mutuellement – et diraient en chœur au patron et aux paramilitaires d'aller se faire foutre. Soudain des larmes sont apparues dans ses yeux. En dépit de tout ce qu'elle savait de la génération de sa mère et des centaines de manifs qui avaient mené à la violence, ou au mieux à des ampoules aux pieds ; en dépit du fait qu'elle avait vu les mouvements, l'un après l'autre, s'élever telles des vagues pour se briser sur le rivage, Maeve avait envie qu'au moins une manif porte ses fruits. Que quelque chose mette enfin un terme à cette violence.

Elle ne demandait pas la réunification de l'Irlande – quiconque doué de deux sous de cervelle savait que la République ne voulait pas d'eux : ils s'étaient tirés après la partition, laissant le Nord dans la merde. Et elle n'avait aucune envie de courber l'échine devant les Britanniques et de les accepter comme seigneurs et maîtres – des siècles de domination anglaise lui avaient appris qu'on pouvait leur faire à peu près autant confiance qu'à des marchands de tapis. Elle aurait aimé qu'ils aient le cran de dire : « Qu'ils aillent se faire foutre, qu'ils aillent tous se faire foutre », avant de jeter leurs armes, leurs explosifs, leurs détonateurs et leurs lance-roquettes en tas, puis de verser le liquide incendiaire de leurs mauvais souvenirs sur toutes ces saloperies et d'y mettre le feu. Le cœur de Maeve débordait lorsqu'elle s'imaginait débarrassée de tout ça – libérée des Angliches, de ceux du Sud, des patrons – pour pouvoir grandir et prendre tranquillement de l'âge.

Avec New Kids on the Block à fond dans le salon, assise sur le canapé, Caroline serrait contre sa poitrine un coussin en imaginant qu'elle roulait une pelle à Jordan Knight. Maeve était contente d'être à la cuisine, où elle préparait des spaghettis bolognaise pour remercier James et Aoife pour la télé.

Maeve avait treize ans à l'époque où les pâtes avaient fait leur arrivée en ville. Tatie Mary avait dit à sa mère que cuire des pâtes, c'était super fastoche : y avait qu'à les faire bouillir, pareil que les patates. Donc, la mère de Maeve faisait toujours bouillir les pâtes aussi longtemps que les patates. Avant d'apprendre à les cuire, à l'école, Maeve ignorait totalement que les pâtes n'étaient pas censées ressembler à un tas de vermisseaux collants couleur porridge en voie de désagrégement. Cette expérience lui avait appris combien il était important de suivre les instructions – ou du moins de les lire, pour savoir jusqu'où on pouvait s'écarter des règles sans que ça finisse en désastre. Ainsi donc, puisque c'était marqué sur le sachet de sauce bolognaise, Maeve a coupé un oignon tout en faisant revenir la viande hachée. Il était conseillé d'arroser la viande de vin rouge pour lui donner du goût. Comme elle n'en avait pas, elle a ajouté une rasade de vodka dans la poêle et, pendant que la viande grésillait, elle s'en est versé un verre, allongé de Coca. Quand la viande a été couleur caramel, elle a mis les pâtes à bouillir, puis a ouvert le sachet de sauce et répandu la poudre orange sur la viande. Elle a rajouté un peu de vodka et touillé la sauce jusqu'à ce qu'elle soit orange fluo. C'était mortel comment ça sentait bon, et Maeve se réjouissait que toute l'opération lui ait pris moins de quinze minutes. Elle râpait du cheddar lorsque la sonnette a retenti.

Dix minutes plus tard, elle s'est carrée dans son fauteuil avec un soupir de contentement. Les spaghettis étaient super – et même si elle avait peut-être un peu trop forcé sur la vodka pour corser le goût, elle avait le ventre plein.

« Ah la vache, c'était super bon, Maeve, a dit Caroline en posant sa fourchette. J'adore avec beaucoup d'cheddar.

— Y en a encore plein dans la poêle », a-t-elle répondu, rouge de satisfaction et d'alcool.

Caroline a joint les mains et arboré une expression digne d'une supplique à Dieu. « T'es sûre ?

— Ouais. Donne ça, j'vais t'en chercher d'aut'. »

James et Aoife n'avaient pas fini leur assiette. Ils mangeaient lentement tels des gens bien élevés.

« Vous voulez qu'j'vous en laisse ? »

Aoife a avalé avec effort. « Oh, ne t'inquiète pas pour moi, j'en ai encore plein ! »

James a levé le doigt car il avait la bouche pleine et mastiquait encore. Une fois terminé, il a répondu : « Moi aussi, ça ira comme ça, merci, Maeve. J'ai beaucoup mangé à midi. Pour être honnête, j'ai encore l'estomac plein. Mais c'est délicieux ! Merci. »

Maeve a soudain eu le sentiment que quelque chose n'allait pas, ce qui lui a fait passer l'envie de se resservir. Elle a rapporté à Caroline une assiette pleine, puis s'est enfilé une vodka et s'est mise à la vaisselle.

Quelques minutes plus tard, James est entré dans la cuisine avec les assiettes. Il a insisté pour l'aider. Si près de lui, elle se sentait maladroite. Elle avait l'impression qu'il voulait lui dire quelque chose, et qu'elle-même devait dire ou faire quelque chose. Mais Aoife ne cessait d'aller et venir avec les couteaux, les fourchettes, les verres, ensuite elle est revenue chercher un verre d'eau pour elle, un autre pour Caroline, puis elle a repris la vodka et, au final, ni James ni Maeve n'ont rien dit.

Quand tout a été rangé, les O'Neill sont rentrés chez eux. Maeve a mis la télé et regardé le jour lentement se retirer du ciel immense qui bâillait au-dessus d'elles à l'ouest, avec ce sentiment d'avoir de la crasse sous les ongles, entre les dents, sous la peau.

LUNDI 13 JUIN 1994

63 jours avant les résultats

Maeve a terminé son tas de chemises et, comme elle ne voyait rien venir, elle est partie faire une pause clope. Elle s'est assise à côté de Fidelma Hegarty tout en faisant un signe de tête à Magee-le-Chauve et Mickey McCanny, qui discutaient de la Coupe du monde de foot à venir.

« T'en sais rien. Tu peux pas d'viner comment qu'ça va s'passer, a dit Mickey.

— Pour sûr qu'on a des chances, et pas qu'un peu, pareil que l'Brésil et l'Allemagne.

— Et vachement plus que l'Angleterre ! a ajouté Mickey en ricanant.

— Vous faites chier, putain ! a lâché Fidelma en ouvrant une cannette de Fanta. Z'en avez pas marre de toutes ces conneries ? Mais qu'est-ce qu'on en a à fout' du foot, hein ?

— Ben c'est qu'on a pas l'droit de parler d'la Coupe du monde à l'intérieur, a dit Mickey en désignant l'usine. Les réformés l'ont mauvaise pa'ce que ni l'Angleterre ni l'Irlande du Nord ont réussi à s'qualifier. » Il a craché par terre.

Maeve ne savait pas s'il voulait enfoncer le clou, ou juste cracher.

« Mais comment c'est possible qu'y ait une équipe de foot d'Irlande du Nord *et* de république d'Irlande ? a demandé Maeve.

Y a pourtant qu'une seule équipe de rugby ? Et pareil pour le hockey ? Pourquoi y a pas qu'une équipe de foot ?

— Le rugby et le hockey, c'est des sports d'Angliches friqués, a expliqué Fidelma. Y peuvent avoir qu'une seule équipe pa'ce qu'y trouveraient pas assez d'joueurs dans l'Nord et dans l'Sud pour en former deux. Et pis y gagnent que dalle. Le foot, c'est différent. Le premier con venu tape dans un ballon. »

Maeve avait vu des réformés jouer au hockey à la télé. Ça ne lui avait pas paru tellement différent du camogie, mais elle savait que ce serait pareil que lorsqu'ils priaient ou chantaient : il y aurait un petit détail qui la foutrait dedans au moment où elle toucherait au but.

« En 1958 et en 1982, l'équipe nord-irlandaise est allée en quart de finale de la Coupe du monde, a dit Mickey en tendant le cou et en se trémoussant comme si ça le grattait dans le dos. Y nous ont rendus fiers, les gars. »

Fidelma lui a lancé un regard noir. « Y nous ont rendus *fiers* ? Eh, dis-moi, Mickey, y avait combien d'catholiques dans ces équipes ? »

Il n'a pas répondu.

« En toute honnêteté, a dit Magee-le-Chauve, l'équipe du Sud est pas très différente. Elle est à moitié composée d'Angliches, main'nant qu'l'entraîneur est anglais. »

Quand le père de Maeve leur avait annoncé qu'un Rosbif avait repris en main l'équipe de bras cassés de la république irlandaise, sa femme en était restée bouche bée. « Jack Charlton ? Pour sûr, il est aussi anglais qu'un génocide. »

« Ouais, a confirmé Mickey. L'a fallu un Anglais pour qu'y r'lâchent les règles pour savoir qui c'est qu'est irlandais. Mais Charlton, il en a rien à branler d'savoir où qu't'es né. Y recrut'rait n'importe qui : Anglais, Irlandais, Rwandais – du moment qu'y sait taper dans un ballon et s'dégoter une grand-mère irlandaise.

— Et les nanas ? Est-ce qu'y filerait un passeport irlandais à une footballeuse éthiopienne aussi vite qu'à un joueur nigérian ? a lâché Fidelma.

— Ah, Fidelma, t'es une marrante, toi, a dit Mickey en s'étirant. Bon, c'est pas l'tout, faut ben qu'y en ait qui bossent.

— C'est ça, et nous on est juste là pour not' santé, a répondu Fidelma en lui décochant un regard meurtrier. Casse-toi d'ici avant que moi j'te casse la gueule ! »

Mickey est retourné nonchalamment à l'intérieur, Magee-le-Chauve trottinant derrière lui.

Fidelma a écrasé son mégot sous son talon, puis elle a regardé Maeve. « T'es vachement jeune pour avoir déjà pris cette sale habitude, Maeve. Quand c'est qu't'as commencé la clope ? »

Elle a répondu d'un haussement d'épaules vague, pour dire *ben ouais, chuis pas née une clope au bec, hein !* Elle a secoué la tête pour renvoyer ses cheveux en arrière. « Ouais, j'étais jeune. Seize ans ? » Elle a dit ça comme si elle ne se rappelait pas dans quelles circonstances exactes elle avait fumé sa première cigarette. C'était en juin 1992. Maeve passait les dernières épreuves de son certificat d'études secondaires. Ils avaient enterré Deirdre un mois plus tôt. Après les obsèques, chaque jour, sa mère se traînait jusqu'à l'église pour mettre une bougie en priant que Maeve réussisse ses examens, puis elle allait au cimetière contempler les fleurs qui pourrissaient dans leurs emballages en plastique sur la tombe de Deirdre.

« Seize ans ? C'était pour éviter d'bouffer des gâteaux ? »

Maeve se rappelait que sa mère lui disait : « Pense à rien d'aut' qu'à tes examens. T'auras toute ta vie pour pleurer. »

« Pour éviter l'stress des examens.

— Seize ans, c'est trop jeune, a ajouté Fidelma en faisant claquer sa langue. C'est pas bon pour tes poumons. »

Le dernier paquet de clopes de Deirdre était devenu le premier de Maeve. Quand les médecins avaient dit à Deirdre qu'elle avait complètement bousillé son foie avec le paracétamol, Maeve lui avait demandé si elle voulait quelque chose. « Une clope, avait-elle répondu en regardant au plafond. Pis j'aimerais bien rev'nir en arrière. » Maeve était rentrée à la maison et avait sorti le sac à main de sa sœur de sous son lit. Dedans, elle avait trouvé son portefeuille, qui contenait sa carte d'étudiante, quelques billets et pièces de monnaie et un paquet de chewing-gums Wrigley's. Elle avait également mis la main sur un déodorant. Elle s'était alors souvenue de la première fois où Deirdre était revenue de l'université, à la fin de son premier semestre, pour Noël. Un jour où ils regardaient tous la télé en famille, la pub pour ce déodorant était passée, montrant un homme qui courait après une femme inconnue dans la rue avec un bouquet de fleurs, et on entendait une voix d'homme suave annoncer : « Tout à coup, un inconnu vous offre des fleurs. » C'est là que Deirdre avait ricané en lâchant ce commentaire : « Dans la vraie vie, c'est pas des fleurs qu'y t'obligent à prendre. » Maeve voyait encore le regard furieux que sa mère avait balancé à Deirdre pour qu'elle se taise, et puis leur adorable papa qui ne servait à rien, assis dans son fauteuil, complètement à l'ouest.

Maeve avait plus ou moins compris ce que Deirdre voulait dire, et elle se culpabilisait d'être restée assise là, elle aussi, sans réagir. Mais par-dessus tout, elle méprisait sa mère de n'avoir rien dit ni rien fait.

Elle avait jeté le déo à la poubelle.

Puis elle avait continué à fouiller le sac à main de Deirdre et trouvé un flacon de pilules vide.

Miss Deirdre Murray
200 comprimés de paracétamol
Usage selon la prescription
Alcool à éviter pendant le traitement
4 mai 1992

Deirdre avait eu les pilules gratis puisqu'elle avait une ordonnance de la docteure Molloy, ce qui lui avait également évité un interrogatoire de la part du pharmacien. Elle avait gardé le flacon intact pendant deux semaines – une quinzaine qui, pour Maeve, était passée comme n'importe quelle autre.

Deirdre s'était effondrée quatre jours après avoir avalé le flacon.

Ensuite, plus rien n'avait été pareil.

À la veillée, la docteure Molloy avait pleuré des rivières. « Elle m'a dit qu'elle souffrait de douleurs intenses pendant ses règles. De douleurs intenses ! Il n'y avait aucun autre symptôme. Jamais je ne lui aurais prescrit ce paracétamol si j'avais su. Jamais ! »

La mère de Maeve avait laissé celle-ci en compagnie de la docteure Molloy dès qu'elle avait pu s'éclipser pour aller s'en griller une dans le jardin. Elle n'était pas revenue avant qu'on se soit débarrassé d'elle.

À l'hôpital, un chapelain aux yeux larmoyants avait dit à Maeve et à ses frères que le 22 mai, on fêtait sainte Rita, patronne des causes perdues. Il leur avait demandé de baisser la tête et de prier pour un miracle – ce qu'ils avaient fait : ça ne mangeait pas de pain.

Maeve avait mis dans sa poche le flacon de pilules vide, puis elle avait emporté le sac à main et les cigarettes à l'hôpital. Elle avait sorti Deirdre en fauteuil roulant et l'avait regardée allumer sa clope. Lorsque sa sœur avait pris sa première taffe, Maeve avait lu une douceur nouvelle dans ses yeux pour la première fois depuis longtemps. Cela devait aussi être la dernière.

Deirdre n'avait jamais prononcé un mot sur ce que les pulsions d'un homme avaient pu le conduire à faire à Belfast. Et Maeve – qui avait appris très jeune la valeur du silence au sein de la communauté – n'avait jamais posé de question.

Elle a soudain réalisé que Fidelma l'observait. « Ouais bien sûr, on peut tous crever à n'importe quel moment.

— Pas faux. Pis les Angliches auront sûrement ta peau avant le cow-boy Marlboro. » Elle s'est levée, étirée, puis elle est retournée à l'usine, laissant Maeve seule avec le vrombissement d'un hélicoptère qui faisait du surplace au-dessus de sa tête. Elle pensait à sa sœur.

C'était toujours pareil : elle restait figée dans cet instant, juste après la détonation de la bombe, lorsque l'air et la lumière disparaissent, avant l'onde de choc, avant le verre qui explose, les cris, et les sirènes.

Mary arpentait l'usine et s'adressait à certaines personnes depuis une bonne demi-heure quand elle est arrivée au poste de Maeve. « Andy veut t'parler », a-t-elle dit. Maeve a hoché la tête mais a continué de repasser pour terminer la chemise qu'elle avait commencée. « Main'nant », a grogné Mary.

Maeve l'a regardée, l'air de dire *fais pas chier*, puis elle a posé son fer. Elle a grimpé les marches, consciente des regards qui la suivaient depuis le rez-de-chaussée, et elle s'est arrêtée en haut pour reprendre son souffle. Son cœur battait trop fort au moment où elle a frappé et ouvert la porte du bureau.

« Oui, c'est cela, a dit Andy au téléphone tout en lui faisant signe d'entrer. Oui. Nous tenons le rythme. »

Elle était contente qu'il soit en pleine conversation : cela lui donnait le temps de se reprendre.

« Oui, ce sont des objectifs ambitieux, ne t'y trompe pas. Je suis très heureux que nous en soyons arrivés là, et plus encore en raison du défi qu'il y a à employer le personnel local. » À voir la tête d'Andy, il était évident qu'il parlait à une personne importante. « Oh, je comprends, Lucinda, et je sais que *tu* comprends les enjeux inhérents au fait d'employer une main-d'œuvre peu qualifiée issue d'une communauté profondément divisée dans un environnement de travail moderne et déségrégué. »

Andy n'était pas armé, il ne portait pas l'uniforme, mais son accent anglais lui conférait un certain pouvoir, et Maeve a soudain eu l'impression qu'il jouait un rôle.

« Oui. Absolument. Ton soutien n'a pas de prix. » Tout en parlant, il souriait, hochait la tête et fronçait les sourcils. Maeve s'est demandé si tout cela parvenait d'une manière ou d'une autre jusqu'à cette Lucinda, à l'autre bout de la ligne.

« Eh bien, je fais de mon mieux. » Il employait le même ton onctueux que ces présentateurs radio que Maeve détestait, et qui manipulaient les pauvres imbéciles qui téléphonaient. Ils s'en tiraient en menant en bateau ces misérables prolos, se servaient d'eux pour paraître plus intelligents, pour se donner de l'importance.

« Absolument, à cent dix pour cent. »

Maeve s'est assise sur la chaise la plus proche et elle s'est promis qu'elle ne finirait pas comme tous ces crétins d'auditeurs.

« Lucinda, je tiens vraiment à te remercier pour ton soutien. » Andy essayait clairement de mettre fin à la conversation, mais la manière dont Lucinda minaudait au téléphone donnait à Maeve l'impression qu'*elle* voulait continuer. « Oui. J'attends avec beaucoup d'impatience notre prochaine rencontre, a dit Andy en se renfonçant dans son fauteuil et en caressant sa cravate. Oui, le même hôtel. C'était parfait la dernière fois, n'est-ce pas ? » Il a regardé Maeve en roulant des mécaniques.

Elle a senti une pression dans son jean. La même que quand elle embrassait un mec.

« Génial. OK, Lucinda, je te laisse retourner à des dossiers plus importants », a dit Andy en desserrant sa cravate.

En croisant les jambes, Maeve a senti qu'elle était mouillée. Pourtant, Andy ne lui avait même pas adressé la parole, sans parler de la toucher.

« Pas du tout. Merci encore, Lucinda. Au revoir. »

Elle attendait qu'il se lance dans une litanie de « À-bientôt-au-revoir-bye-bye » comme le faisait tout le monde pour mettre fin à une conversation. Mais il se comportait tel un personnage dans un *soap* : « Au revoir », a-t-il simplement dit en raccrochant. Maeve s'est sentie désolée pour Lucinda qui, à l'autre bout du fil, continuait à lui dire « À bientôt-au-revoir-bye-bye », réalisant soudain qu'elle parlait dans le vide.

Andy a griffonné quelque chose sur un bloc-notes devant lui, tandis que Maeve se dandinait sur son siège, s'abandonnant à la pression dans sa culotte.

« C'était Lucinda Taylor, d'Invest Northern Ireland. Elle fait partie des personnes qui nous apportent le soutien financier dont j'ai besoin pour continuer à faire fonctionner tout ce cirque. »

Maeve l'a fusillé du regard, se représentant dans sa tête des animaux sur une piste et des êtres difformes.

« Lucinda apporte son soutien à des entreprises qui s'engagent à créer des projets durables dans des communautés comme celle-ci. »

La manière dont Andy avait dit « des communautés comme celle-ci » a fait naître en elle ce sentiment de déception et de dégoût qu'elle éprouvait en lisant des bouquins du genre *Les Petites Filles modèles*. D'autres communautés étaient plus agréables que la sienne. On s'y tirait moins dessus et on posait moins de bombes. On s'y ouvrait moins les veines, il y avait moins de violence conjugale, de crottes de chiens, d'attouchements pédophiles, on s'y pochetronnait moins. « Donc, notre travail consiste à montrer à nos investisseurs que cette usine n'est pas une entreprise hasardeuse qui a pour but de leur soutirer autant d'argent que possible avant de mettre la clé sous la porte. »

Andy a posé la main sur son carnet en écartant bien les doigts avant de continuer. « Vous savez traduire l'anglais de la reine dans votre dialecte nord-irlandais. »

Maeve a hoché la tête en pensant : *Ah ça, putain, oui.*

« Mais sans vouloir vous froisser, Mizz Murray, ce talent ne vous sera guère utile à Londres. »

Maeve a senti sa chatte se rétracter pareille à un escargot qui se retire dans sa coquille.

« Votre allure et votre façon de vous exprimer attireront certes beaucoup l'attention sur vous, à Londres. Le respect, j'en suis moins sûr. »

Elle s'est alors aperçue qu'Andy n'était pas comme les imbéciles de l'université qu'elle avait menés en bateau lors de son entretien d'admission. Il ne croyait pas à ses conneries lorsqu'elle jouait la pauvre fille prête à tout pour sortir du ruisseau où elle était née afin de devenir une journaliste respectable. Andy voyait en elle une ambitieuse avec une grande gueule – ce qu'elle était – portant un manteau de fourrure mais pas de culotte.

« Et comment on fait pour gagner le respect des Anglais ? a-t-elle demandé.

— Apprendre à parler correctement l'anglais serait un excellent début. » Elle a eu envie de lui cracher à la figure. « Et bien sûr, ne pas mépriser les Anglais aussi ouvertement serait très utile. »

Elle a senti son front trembler quand Andy lui a souri en prenant un livre. « Vous devriez lire ça.

— *Comment se faire des amis et influencer les autres*. En quoi ça peut m'aider ?

— Cela vous enseignera quelques rudiments en matière de relations sociales.

— Et ça me préparera pour Londres ?

— Non. Mais c'est un début. Et pour être franc, Mizz Murray, a ajouté Andy en la regardant d'un air amusé, la course dans laquelle vous avez l'impression d'être entrée a commencé il y a plusieurs générations de cela. Vous aurez donc besoin de toute l'aide possible. »

Maeve s'est levée, a pris le livre, puis elle est sortie. Elle a descendu l'escalier d'un pas lourd, sans prêter attention aux regards – *ah, ouais* – des couturières et de Fidelma, puis elle a tenté de s'oublier dans les bruits de vapeur et d'aspiration du repassage. Quelques minutes plus tard, pourtant, elle s'est brûlé la main gauche avec un jet de vapeur et elle a dû foncer aux toilettes pour la passer sous l'eau froide. Tandis que le robinet se déversait sur sa peau, elle s'est imaginée quittant l'usine pour retourner chez ses parents. Mais elle savait ce que dirait sa mère si elle rentrait ainsi la queue entre les jambes : « Comme on fait son lit, on s'couche. »

Elle a séché sa main, repris une grande respiration, puis elle est retournée à son poste de travail.

À midi, Maeve a balancé son nouveau livre sur la table basse devant Caroline et Aoife. « Voilà. Andy pense que ça devrait m'aider pour aller à Londres.

— *Comment se faire des amis et influencer les autres* ! s'est exclamée Aoife. Papa aussi aime bien ce livre.

— Ah bon ?

— Oui. C'est un classique dans le monde des affaires. Je l'ai lu. C'est plutôt utile, si tu veux savoir. »

Maeve s'est demandé ce qu'Aoife avait pu lire d'autre pendant qu'elle-même regardait *Eurotrash*.

« Donc, je devrais essayer ? » a demandé Maeve au moment où Aoife mordait délicatement dans son sandwich. Celle-ci a aussitôt hoché la tête avec enthousiasme, prête à en dire plus dès qu'elle aurait avalé sa bouchée car les O'Neill ne parlaient jamais la bouche pleine.

« Oui, lis-le. C'est une sorte de manuel pour apprendre à nouer des relations intercommunautaires, ça t'aide à t'entendre avec tout le monde, et pas juste les protestants.

— P'têt que j'devrais l'emprunter quand tu l'auras fini, Maeve ? a dit Caroline en lisant la quatrième de couverture.

— Pour être honnête, Caroline, tu mets déjà naturellement en pratique une bonne partie des conseils de l'auteur, a dit Aoife.

— Mais pas moi ? C'est ça qu'tu veux dire ? a rétorqué Maeve tout en détestant le ton *tu me cherches ou quoi ?* dans sa voix.

— Non, a rougi Aoife. Ce n'est pas ça que je veux dire. Mais parfois, tu es un peu plus... sur la défensive que Caroline.

— P'têt que j'en ai aussi plus besoin qu'elle ? » a répondu Maeve, sur la défensive.

Aoife s'est faite toute petite dans son fauteuil et a pris une grosse bouchée de sandwich.

Elles étaient passées aux petits gâteaux lorsque celle-ci a repris. « Donc, Andy doit échafauder son business plan. »

Maeve a haussé les épaules en se demandant où Aoife voulait en venir.

« Je me demande s'il a regardé cet épisode de *Tomorrow's World* le mois dernier.

— Lequel ? a fait Maeve, comme si l'émission était sa raison de vivre.

— Celui où ils expliquent comment les ordinateurs vont transformer les usines, a répondu Aoife d'un ton plein d'espoir.

— Ah, non, j'ai pas vu celui-là.

— Oh, quel dommage ! a répondu Aoife, qui n'avait pas intercepté le regard *mais tu vas laisser tomber ?* que Caroline avait décoché à Maeve. Ça montre comment dans le futur les robots accompliront une partie de plus en plus conséquente des tâches tandis que des ordinateurs géreront tous les aspects de la production.

— OK, a dit Caroline. Donc, les robots fabriqueront des chemises parfaites, les mecs s'occuperont des ordinateurs, et nous, on se r'trouvera au chômage, c'est ça ?

— Non. Disons plutôt que les ordinateurs aideront les managers à optimiser la moindre seconde du temps de travail des ouvriers, ce qui permettra de maximiser la production et les profits. Plus de postes de travail mieux payés, pas moins.

— Je vois déjà qui se tapera la productivité et qui bénéficiera des profits, a pouffé Maeve en arrosant la moquette en poils pubiens d'une volée de miettes de biscuit fourré à la crème.

— Ce sera pareil dans toutes les usines. Ce n'est pas si terrible que ça. Imagine comme ce serait chouette si on pouvait programmer nos pauses thé et aller aux toilettes en fonction de nos besoins réels ?

— Oh, Aoife, a fait Caroline en la regardant de ces yeux pleins de compassion qu'elle posait sur les petits handicapés qu'on emmenait faire du porte-à-porte en fauteuils roulants pour collecter des fonds pour les bonnes œuvres. Ils programmeront tout exactement pareil pour tout le monde, et ça ne conviendra à personne. Je n'ai pas envie de faire mes pauses thé et pipi en même temps que Mabel Moore ou Magee-le-Chauve. Ce dont j'ai besoin, c'est d'être mieux payée, de travailler sur une bonne machine à coudre et d'avoir un essuie-mains dans les toilettes. C'est quand même pas de l'astrophysique, ça.

— Mais imagine une machine qui te serve le thé et le café juste à la bonne température au moment de ta pause ! a repris Aoife en posant son assiette vide sur la table basse. Ou qui te serve à manger un truc dont le nombre de calories est basé sur celles que tu as dépensées en travaillant ?

— Et imagine avoir le temps de boire ton thé à la température qui te plaît au lieu d'être foutue dehors ? a lâché Maeve, exaspérée. Imagine travailler seulement cinq heures par jour, comme ça tu as le temps de faire du sport au lieu de rester debout ou bien le cul vissé sur ta putain de chaise neuf heures d'affilée ?

— Allez, c'est bon, les filles, a dit Caroline. On est à des années-lumière de tout ça. Regarde, on en est encore à coller des gommettes sur des feuilles de présence. Mary utilise une calculette et elle écrit tout à la main. On est même payées avec des chèques dans des enveloppes avec nos noms écrits d'ssus à la main !

— La meilleure façon d'optimiser cette usine, ce s'rait d'y fout' le feu ! » a déclaré Maeve, mettant fin à la conversation. La manière dont Aoife évoquait le changement ne lui plaisait pas. Elle aimait l'usine telle qu'elle était. Ça ne la dérangeait pas de balayer les coins poussiéreux quand elle n'avait plus de repassage à faire. Ça lui plaisait d'avoir les fesses à l'air dans les toilettes au frais carrelage bleu après une heure à suer devant sa planche. Elle aimait se faufiler dehors pour s'asseoir au soleil sur une chaise en plastique fendue. C'étaient toutes ces petites failles dans le système d'organisation de l'usine qui rendaient les journées supportables. Ça aurait été de la torture si Andy Strawbridge avait rempli chaque seconde avec du travail.

Le lendemain, Maeve a entendu un groupe d'anciennes se plaindre qu'elles ne réussissaient pas à atteindre leurs objectifs-cibles. Les objectifs-cibles de l'usine étaient une notion tout à fait nouvelle pour Maeve, en revanche, c'était une idée générale qu'elle maîtrisait parfaitement – elle avait appris en grandissant à classer selon leur valeur ces cibles que constituaient les bâtiments, les institutions, les organisations et les gens, notamment selon les catégories populaires de cible « légitime », « moyenne », « de grande importance », « intentionnelle » ou « accidentelle ». Willie Fraser, par exemple, avait été membre à temps plein de l'Ulster Defence Regiment, qui plus est issu d'une longue lignée de ce que la mère de Maeve qualifiait de « protestants indécrottables » (titre qu'ils avaient acquis un siècle plus tôt quand leurs ancêtres avaient noyé trois voleurs de moutons catholiques dans un abreuvoir du centre-ville). Willie avait donc constitué une cible « légitime ». Jody Johnson, policière et postière à temps partiel, avait appartenu à la fois aux catégories « légitime » et « moyenne » : l'IRA l'avait eue un matin de la Saint-Valentin où sa tournée était plus longue et plus lente que d'habitude en raison de toutes les cartes qui alourdissaient son sac. Et puis il y avait eu ce catholique âgé de dix-sept ans, Hugh Devine, tué d'une balle une semaine après avoir obtenu son permis de conduire, alors qu'il remplaçait Simon Frost, un boulanger protestant, soldat à temps partiel. Une cible « accidentelle ».

Les politiciens britanniques, c'était facile : ils étaient à la fois « légitimes » et « de grande importance ».

Toutes les boutiques, tous les restaus, garages, entreprises et personnes qui fournissaient l'armée britannique ou la RUC en nourriture, biens ou services constituaient des cibles légitimes, de même que les tribunaux, les bases de l'armée, les commissariats de police et tous leurs moyens de transport aériens ou routiers.

Les usines, c'était complètement différent.

Tout d'abord, c'étaient des lieux partagés. Cathos et réformés devaient avoir le même niveau de compétence pour gagner la même chose. Et ce n'étaient pas des cibles « moyennes ».

Quand Mary avait dit à Maeve qu'elle devait repasser soixante-dix chemises de l'heure, celle-ci avait eu l'impression d'être une apprentie de l'IRA à qui on aurait donné un marteau en lui ordonnant d'éliminer le Premier ministre britannique : atteindre son objectif était possible, mais la réussite de l'opération était très peu probable. Repasser soixante-dix chemises en une journée – sans parler d'une heure –, c'était déjà le bout du monde pour Maeve. Alors elle n'avait pas envie de se mettre la rate au court-bouillon pour en repasser plus de soixante-dix à l'heure uniquement pour gagner 2 pence en plus.

Elle a donc posé la question à Aoife : « Tu en penses quoi de ces objectifs, Aoife ? Pourquoi je devrais me tuer à la tâche pendant une heure pour gagner 2,5 pence en plus ? Ce serait plus rentable de chercher des pièces sous le canapé.

— En fait, j'ai réfléchi à ces objectifs, a répondu Aoife avec la prudence d'un chat. Disons que je repasse soixante-dix chemises de l'heure, et puis que j'en fais dix de plus. Ça me fait gagner 25 pence en plus.

— UNPAQUETDEPOGNON. » L'imitation de Harry Enfield par Maeve n'a pas fait sourire Aoife. Elle ne l'appréciait pas spécialement. Maeve avait entendu Mrs O'Neill dire que Harry était grossier, ce qui montrait qu'elle avait compris sans comprendre vraiment.

« OK, a repris Aoife en se mordant la lèvre. Mais si ton salaire de base est de 1,75 livre de l'heure, alors tu t'es accordé une augmentation de plus de 14 %. Soit 2,5 livres par jour. »

Maeve comprenait la satisfaction qu'Aoife tirait de ces calculs de pourcentages. Mais elle, c'était l'idée des pennies qui s'agrégeaient pour faire des livres qui lui mettait le feu au cul.

Le mardi en fin de journée, Maeve repassait plus de cent chemises à l'heure. À ce rythme-là, en deux jours, elle aurait gagné un CD. Mais son enthousiasme n'était pas uniquement une question d'argent. Il y avait quelque chose de gratifiant dans la façon dont ses objectifs coïncidaient avec ceux des autres, l'ensemble de leur travail permettant d'atteindre un objectif global. Après avoir étudié et passé des examens seule, ça lui faisait du bien d'appartenir à quelque chose de plus vaste qu'elle-même.

En revanche, le lendemain, Maeve a découvert dans la douleur que de telles performances n'étaient pas compatibles avec ses règles ni ses changements de tampons. Elle a été incapable d'atteindre ses objectifs. En fin de journée, elle s'est traînée chez elle et s'est vautrée devant la télé dans son duvet avec une bouillotte. Caroline a réchauffé une boîte de bouillon de poule Campbell et s'est assise à côté d'elle pour regarder *Coronation Street*.

Comme d'habitude, la page de pub était remplie d'images de chocolat, de lessive et de serviettes hygiéniques. Et comme par hasard, elle démarrait en montrant deux serviettes posées côte à côte. L'une était normale – longue et fine, du genre qui virait très vite au marécage, d'après l'expérience cuisante de Maeve, tandis que les extrémités restaient propres et sèches. L'autre possédait des ailettes sur les côtés, ce qui lui donnait l'allure d'un poisson plat échoué. Une main de femme bien propre versait un liquide bleu sur la serviette normale.

Maeve se souvenait qu'un soir où ils regardaient tous la télé en famille, une pub du même genre était passée, et son père avait dit : « Ah, la princesse Diana a encore ses ragnagnas. » Deirdre et Maeve avaient explosé de rire, mais leur mère lui avait sèchement décroché un « Ta gueule ! » autoritaire, et il n'avait plus jamais fait de commentaires sur les produits d'hygiène féminine.

Maeve a avalé une gorgée de soupe tandis que le liquide bleu débordait de la serviette normale et se répandait sur le comptoir blanc. La même main a alors versé le liquide sur une serviette de marque avec des ailettes, qui évidemment a tout absorbé jusqu'à la dernière goutte.

« Tu t'rappelles ? a dit Maeve. Avant les ailettes. La serviette de marque absorbait tout l'sang.

— Ouais. Mais main'nant, y lui faut des ailettes. Est-ce que c'est ça, l'évolution ? »

Maeve s'est mise à rire et sa bouillotte à trembloter sur son ventre.

« Si c'était moi qui décidais, elle s'envolerait toute seule jusqu'à la poubelle dès qu'elle serait pleine.

— Ah, je serais prête à payer bien plus pour ça », a dit Caroline en absorbant bruyamment une cuillerée de soupe.

Maeve a posé son bol vide sur la table basse. « Quand j'serai à Londres, j'trouverai où qu'y font ces pubs et j'leur donn'rai not' carnet. »

Caroline et elle étaient terriblement fières de leur carnet. Elles y avaient dessiné des copies des pubs les plus nazes qu'elles avaient vues à la télé.

Leur préférée était celle pour les tampons. Elles en avaient eu marre de ces nanas grandes et minces en pantalons blancs qui se livraient à des acrobaties à leurs cours d'aérobic, ou s'étalaient de tout leur long sur les voitures des hommes – pas une seule n'était pliée en deux de douleur, en vieux jogging et avec une bouillotte posée par-dessus son pull. Aussi, elles avaient inventé une pub tournée en noir et blanc, dans laquelle elles jouaient elles-mêmes (évidemment). Leur spot les montrait sortant d'un village, vêtue à la mode ancienne des Pays-Bas, avec cette légende : « Hollande, 1887 », en fondu. Elles se rendaient jusqu'à une digue où un garçon (joué par Aoife) colmatait une fuite en y fourrant le doigt pour éviter que la digue cède et que le village soit emporté. Gros plan sur le garçon, en sueur, stressé à mort, mais se sachant un héros. Puis la caméra revenait à Maeve et Caroline, qui s'échangeaient un regard signifiant *aux innocents les mains pleines*. Maeve écartait ensuite le jeune Hollandais et glissait le tampon dans le trou.

Elle avait décidé que la seule note de couleur dans tout le film serait la ficelle bleue du tampon, voltigeant dans le vent. Elle était surtout fière que personne n'ait besoin de prendre la parole dans cette pub, ce qui reflétait la manière dont leurs mères communiquaient avec elles au sujet des règles – à coups de lourds regards, de soupirs, de sourcils froncés –, mais c'était surtout une stratégie afin que ni Caroline ni elle n'aient besoin d'apprendre le néerlandais.

« Tu crois qu'on pourrait tourner not' pub ? » a demandé Caroline en regardant Maeve. Elle avait les traits tirés après ses dix heures à l'usine, le bouillon de poule lui dégoulinait sur le menton, mais ses joues rosissaient d'espoir.

« Ben ouais. Faut juste trouver la bonne personne. »

Dans leur ville, toute réussite dépendait de qui on connaissait et non de *ce* qu'on connaissait. Mais Maeve espérait qu'à Londres ce serait différent, que travailler là-bas serait comme passer ses examens, c'est-à-dire qu'elle serait jugée anonymement par des personnes inconnues et impartiales, désireuses de récompenser le travail et le talent. Elle avait besoin de croire que le succès était possible dès lors que personne ne savait qui elle était et d'où elle venait.

Ce soir-là, elle s'est couchée tôt, a sorti *Comment se faire des amis et influencer les autres* de sous son oreiller et commencé le chapitre 1 : « Si vous voulez récolter du miel, ne donnez pas un coup de pied dans la ruche ».

Le jeudi, Caroline et Maeve ont traversé la rue en même temps que Sharon Rogers, une réformée. Maeve lui a adressé un « Salut » d'une voix qu'elle savait à la fois trop vive et trop enthousiaste, tels les profs face aux inspecteurs – le genre de voix qu'elle entendait dans sa tête quand elle imaginait qu'elle se faisait des amis et influençait les autres à Londres.

Sharon lui a répondu « Salut » et, en arrivant devant sa planche à repasser, Maeve était remplie d'un sentiment qu'elle supposait être cette connerie d'esprit de « réconciliation » que les gens en faveur de la paix remâchaient comme Harry-la-Chique mastiquait son tabac. Elle n'était toujours pas habituée à travailler avec des réformés, ce qui n'avait rien de surprenant car la population (si ce n'est la richesse) de la ville avait beau être également répartie entre cathos et réformés, il lui avait fallu atteindre l'âge de dix ans pour rencontrer une personne officiellement protestante.

Évidemment, elle avait *croisé* des réformés en ville, mais ils fréquentaient leurs petites églises à eux, tandis que Maeve se rendait à la grande église catholique qui dominait son côté de la ville. Il y avait également des écoles distinctes, dont les cours commençaient et se terminaient à des heures différentes pour éviter tout conflit le matin et l'après-midi, ainsi donc, les cars de ramassage scolaire censément mixtes étaient par la force des choses soit catholiques soit protestants.

La mère de Maeve faisait ses courses au kiosque, à l'épicerie, à la boucherie et à la pharmacie catholiques, tandis que les réformés se rendaient dans leurs propres boutiques. Toutefois ceux-ci avaient le monopole des entreprises qui nécessitaient de sérieux investissements, telles que les magasins de bricolage, de meubles et de bijoux. Maeve n'aimait pas y aller. Les gens y étaient toujours anxieux, aux aguets – d'après sa mère, c'était parce que les propriétaires avaient peur d'une bombe incendiaire, voire pire.

Tous les lotissements étaient ségrégués, même si Maeve avait entendu dire que dans les années 1960 cathos et réformés y étaient mélangés. Sa mère disait : « La plupart des réformés étaient aussi pauvres que les cathos, et la plupart des cathos étaient aussi affamés que les réformés. On avait pas assez d'énergie pour se foutre sur la gueule. » Mais dès le début des Troubles, les deux camps s'étaient naturellement repliés sur eux-mêmes et les familles qui ne possédaient pas cet instinct de survie avaient été « encouragées » à partir.

Maeve avait sept ans quand la dernière réformée avait été virée à coups de cocktail Molotov. Elle se rappelait comment les graffitis sur les murs semblaient osciller dans la lumière du feu.

RÉFORMÉS, CASSEZ-VOUS
VÓTÁIL SINN FEIN
DEHORS LES ROSBIFS
IRA PARTOUT

Elle avait vu les flammes qui dévoraient la maison s'élancer à l'assaut du ciel sombre de décembre, et elle avait ressenti des picotements au bout des doigts comme si elle avait touché quelque chose de chaud et de sacré. Elle avait eu la sensation de participer à une tradition si ancienne qu'elle était même peut-être païenne. C'était une sensation agréable sur le moment, mais le lendemain elle s'était sentie sale en voyant les décombres de la maison pareils à un chicot dans la rue d'en face.

Dans l'ensemble – grâce à un effort énorme entrepris par les écoles, les églises, les communautés et le gouvernement –, la ville était pratiquement coupée en deux. Ce qui expliquait que la première rencontre formelle de Maeve avec une réformée de son âge ait eu lieu à l'arrière d'une voiture de police blindée. Ce jour-là, elle récitait sa table de neuf avec le reste de la classe quand Charleen McCafferty – dont toute la famille avait un sixième sens inné pour repérer les flics – avait crié : « Police ! »

Tout le monde s'était retourné vers les deux voitures blindées qui se garaient à l'extérieur. Mrs Boyle avait tenté de restaurer l'ordre en donnant des coups de règle sur le bureau et en les menaçant de meurtre tandis que des flics mâle et femelle remontaient l'allée de l'école. La classe avait retrouvé un semblant de calme dès qu'on avait frappé à la porte, ce qui avait déclenché une nouvelle vague d'excitation – et de peur.

Le directeur avait ouvert et lancé un regard austère à Mrs Boyle, qui avait hoché la tête d'un air sévère. « Bien. Maeve Murray et Stephen McLaughlin, levez-vous et suivez le directeur. »

Stephen McLaughlin – ce petit fayot – s'était aussitôt exécuté et avait pris la porte. Maeve, elle, n'avait pas bougé d'un pouce.

« Allez, Miss Murray, avait grommelé le directeur. On n'a pas toute la journée. »

Maeve était donc sortie, et l'avait laissé les cornaquer jusqu'à son bureau. Mais elle s'était arrêtée net à la porte en comprenant que la police les y attendait.

« Allez, entrez », a dit le directeur en poussant Maeve et Stephen à l'intérieur. Il a refermé la porte, et s'est assis à sa place avec un sourire qui a aussitôt flanqué à Maeve une frousse de tous les diables. « Donc. Voici le sergent Smith », a-t-il poursuivi en désignant un policier en tenue semi-pare-balles.

Le sergent Smith a fait un signe de tête à Maeve et Stephen, une main sur son revolver, l'autre sur un pistolet-mitrailleur, telle une femme essayant de tenir à la fois un nouveau-né et un bébé turbulent.

« Et voici l'officière Short. »

La policière leur a souri en disant « Salut » avec un drôle d'accent qui montrait qu'elle venait de très loin, peut-être même de Belfast. Elle avait beau porter une tenue pare-balles, elle n'était pas armée, car les femmes n'avaient pas le droit de porter d'armes à feu. En la regardant ainsi, Maeve a éprouvé le même sentiment de tristesse que face à un chien qui remue le moignon de sa queue sectionnée.

« Le sergent Smith et l'officière Short sont là pour vous escorter à un événement intercommunautaire », a dit le directeur.

Maeve a senti ses entrailles se crisper. Elle avait une peur bleue de ce genre de trucs depuis le jour où Deirdre était rentrée traumatisée d'un week-end de Restauration de la confiance à Corrymeela. Le premier matin, un Gallois mou avait séparé les cathos et les réformés pour former des équipes mixtes, puis il leur avait donné une feuille de plastique, quelques bâtons et un rouleau de scotch, avec pour instruction de construire un radeau, qu'ils avaient ensuite mis à flot sur le *lough* avec quelques membres de l'équipe dessus. Bien sûr, dès qu'il leur avait tourné le dos, les réformés avaient attrapé Deirdre, lui avaient scotché la bouche, attaché les poignets et les chevilles, et l'avaient balancée dans l'eau « pour voir si c'était vrai que les cathos flottaient. » Deirdre ne flottait pas. Les réformés qui l'avaient balancée dans le *lough* avaient été privés de dessert le soir, mais ils s'en foutaient parce que c'était du crumble or tout le monde savait que les réformés raffolaient des petits gâteaux mais n'aimaient pas le crumble.

Le lendemain matin, les jeunes avaient dû participer à un jeu reposant sur la confiance : un des membres d'un groupe confessionnel, debout sur un muret de pierres, devait se laisser tomber en arrière, et les membres de l'autre groupe confessionnel devaient tendre les bras pour le rattraper. Deirdre disait qu'ils avaient gagné d'avance puisque les réformés avaient perdu au tirage au sort et avaient été obligés de commencer. Une petite réformée toute ronde qui s'appelait Gillian Gilchrist avait fini aux urgences avec une fracture du crâne quand le filet de mains catholiques qui devait la retenir s'était avéré aussi solide que leur confiance dans les réformés.

Maeve avait demandé à Deirdre comment son équipe s'en était tirée après l'accident, puisqu'ils avaient des petits gâteaux au dessert ce soir-là. Deirdre avait haussé les épaules en disant : « On a seulement dit à l'animateur qu'on avait pas compris les règles. » Puis elle avait marqué une pause, plissé les yeux et ajouté : « Mais nous, je veux dire nous les cathos et les réformés, on les comprend, les règles. C'est *eux* qui pigent rien. »

« Aujourd'hui démarre le championnat intégré inter-écoles inter-comtés », a dit le directeur en se frottant les mains, à croire qu'il pouvait ainsi déclencher une tempête d'enthousiasme assez forte pour électriser toutes les personnes présentes. « Vous deux, vous avez été sélectionnés pour former une équipe avec Lorna et Nigel de l'Autre École, de l'autre côté du pont, pour représenter notre ville. »

En disant « l'Autre École », le directeur a froncé ses sourcils broussailleux en lançant un regard appuyé à Maeve et Stephen, comme s'ils risquaient de ne pas comprendre.

« Où sont Lorna et Nigel ? » a demandé Maeve.

Le sergent a lancé un regard à sa collègue, qui a repris sa respiration avant de répondre : « Lorna et Nigel sont un peu nerveux. Ils ont préféré attendre dans la voiture. » Elle s'est levée. « Si vous êtes prêts, je vais vous présenter.

— Très bien, a repris le directeur. Faites en sorte que nous soyons fiers de vous ! »

Maeve s'est demandé ce que le directeur voulait signifier. Voulait-il qu'ils gagnent le jeu ou qu'ils le sabotent ? Devait-elle refuser de collaborer avec ces planteurs qui avaient volé leurs terres des siècles plus tôt ? Garder le silence en guise de protestation face à huit cents ans d'oppression anglaise ? En outre, elle se demandait si participer à un concours organisé par la RUC ferait d'elle et de Stephen des cibles légitimes ? Pire : nul n'avait mentionné ce qu'il y avait à gagner. Elle pouvait seulement espérer qu'il s'agisse de monnaie sonnante et trébuchante. Mais c'était sans doute un truc beaucoup plus débile du genre « des relations intercommunautaires plus fortes et plus résilientes ».

Stephen et Maeve ont suivi la police. On les a fait monter séparément dans des voitures blindées. Le sergent a emmené Stephen dans ce qui devait être la voiture des garçons, tandis que l'officière Short faisait monter Maeve dans celle des filles.

« Lorna, voici Maeve. Maeve, Lorna. »

Une blonde d'à peu près l'âge de Maeve l'a dévisagée. Maeve n'avait pas la moindre idée de ce qu'elle devait faire. Devait-elle lui serrer la main ? Lui dire « Salut » ou « Enchantée de faire ta connaissance » ?

Lorna s'est retournée pour regarder droit devant elle, donc Maeve a préféré l'imiter. Personne ne leur a présenté le policier sévère qui conduisait en silence, et leur a fait longer le cimetière. Les personnes pieuses comme Caoimhe McShane et Catherine Mullan se signaient en arrivant au mur du cimetière, puis baissaient la tête et priaient jusqu'à l'autre bout du mur, où elles se signaient à nouveau – mais Maeve trouvait ça bizarre. Normalement, elle ne se signait et ne se disait intérieurement *Que Dieu ait pitié* que lorsqu'elle se représentait sa défunte Mémé Walsh, ainsi qu'on le lui avait appris lors de sa première communion. Mais au moment où elle l'a fait, ce jour-là, elle s'est aperçue que personne d'autre dans la voiture ne se signait.

Maeve avait entendu dire que les réformés ne faisaient pas

le signe de croix. Le découvrir par elle-même lui a retourné l'estomac.

Ce soir-là, sa mère l'a interrogée près du feu devant ses quatre frères et Deirdre, assis sur le canapé. Maeve leur a expliqué les choses du mieux qu'elle pouvait : on l'avait conduite dans un véhicule blindé de l'école jusqu'à une salle neutre où elle avait participé à un jeu de questions, « Des mains tendues au-dessus des divisions », sous la surveillance d'officiers de la RUC armés de pistolets-mitrailleurs. Son équipe avait gagné.

« Et y a combien de tours dans ce quiz ? a demandé Deirdre, les yeux brillants.

— C'est la mort subite. On passe en quart de finale.

— Donc y vont v'nir vous chercher encore une fois ? »

Maeve n'y avait pas pensé. « Ben sans doute », a-t-elle répondu, paniquant à l'idée de devoir participer à trois autres sessions de questions intercommunautaires. Pourtant elle y avait survécu trois fois de plus, n'adressant la parole à Nigel et Lorna que lorsqu'ils se concertaient en tant qu'équipe en cours de jeu. Sa mère avait dû être fière que son équipe arrive en finale. Ils s'étaient retrouvés face à quatre gosses de riches de Belfast qui portaient des blazers, des chemises et des cravates, pas des sweat-shirts avec l'emblème de l'école en impression plastique pixélisée que les gamins les plus affamés arrachaient quand ils étaient à court de crottes de nez.

Après avoir anéanti leurs opposants, ils avaient dû poser pour une photo. Les deux garçons avaient soulevé par les poignées une grosse coupe d'argent, tandis que Maeve et Lorna faisaient les potiches à côté, surplombées par l'agente Short et le sergent Smith.

La photo avait paru dans le journal local, et la mère de Maeve avait écrit pour en demander une copie. Elle ne l'avait pas encadrée (elle n'était pas du genre à encadrer les photos), et ne l'avait pas disposée sur la cheminée ainsi que la mère de Stephen. Mais de temps en temps elle la sortait du tiroir et la montrait aux voisins en disant : « Quelle honte qu'y z'aient pas pris une photo des mioches sans ces deux flics ! »

Maeve était contente que toutes ces conneries de ponts entre les communautés soient derrière elle. *Comment se faire des amis et influencer les autres* possédait les véritables réponses pour apprendre à s'entendre avec les protestants. Elle avait hâte de passer à la mise en pratique des trucs pour les détendre et autres tactiques pour éviter de les provoquer. Elle espérait que l'entraînement qu'elle allait acquérir pendant l'été l'aiderait à se comporter avec ces connards susceptibles qui servaient de modèles aux protestants d'Ulster : les Anglais.

À la cantine, tout le monde s'est jeté sur le thé et les toasts comme si c'était ça leur vrai boulot. Puis les portes se sont ouvertes et Mary est entrée avec un gros gâteau.

« Oh, oh, Mary ! a dit Mabel. C'est l'anniversaire à qui aujourd'hui ? »

Avant même qu'elle réponde, Maeve a deviné que c'était le tour de Mickey McCanny car il était devenu tout rouge.

« Une année de plus, Mickey, hein ? lui a crié Marilyn alors qu'il se faisait tout petit sur sa chaise.

— Ben, il est pas plus avancé, toujours coincé dans cette taule ! » a dit Magee-le-Chauve.

Mary a déposé le gâteau sur la table, a actionné son briquet d'une main tremblante, puis a allumé chacune des bougies à rayures roses. Ensuite elle a entonné *Happy Birthday* d'une voix chevrotante en agitant les mains pour que tout le monde chante en chœur.

Happy birthday to you !
Happy birthday to you !
Happy birthday to you, Mickeeeeeey,
Happy birthday to you !

À la fin, Maeve a tendu l'oreille, s'attendant à ce que les réformés ajoutent une phrase en plus, comme ils faisaient au *Notre Père*, au salut à la reine, ou autres trucs aussi loufoques. Mais tout le monde s'est mis à applaudir, et Maeve a éprouvé un frisson : ça lui plaisait qu'ils aient *Happy Birthday* en commun.

Mary a déposé les morceaux de gâteau sur des serviettes en papier bleues qu'elle avait volées dans les toilettes du personnel administratif, et tout le monde est venu tranquillement chercher sa part d'un air très relâché.

Maeve a pris une tranche et l'a engloutie le plus vite possible pour être sûre d'avoir fini en temps voulu.

« Très bon gâteau, Mary, a dit Mabel Moore à travers une bouchée de miettes. T'es douée pour les gâteaux. »

La sonnerie a retenti et Maeve, Caroline et Aoife se sont levées. Les autres ne bougeaient pas. « Ben quoi, on est en grève ? a demandé Maeve en regardant autour d'elle.

— C'est l'anniversaire à Mickey, a répondu Fidelma. On a cinq minutes de plus quand on fête un anniv. »

Maeve s'est rassise, regrettant d'avoir avalé son gâteau aussi vite.

« Ça t'fait quel âge, main'nant ? a demandé Mary à Mickey, qui ne perdait pas des yeux son gâteau.

— Trente ans.

— Nom de Dieu, trente ans ! a sifflé Magee-le-Chauve. Ça va passer d'plus en plus vite, hein ?

— T'as l'impression d'avoir quel âge, Mickey ? a demandé Maeve par curiosité.

— T'es pas plus vieux qu'la gonzesse avec qui tu sors », a ricané Magee-le-Chauve. Il était carrément jaloux car Mickey fréquentait une fille de Derry âgée de dix-neuf ans.

« J'ai toujours l'impression qu'j'ai vingt ans. Franchement. On dirait que chuis resté coincé à c't'âge-là. Mais si j'sors avec une bande de jeunes de vingt berges, tout d'un coup, j'comprends qu'c'est bien d'en avoir trente. »

Tandis que les anciens jacassaient à propos de l'âge, Maeve a essayé d'imaginer ce que ça ferait d'avoir trente ans. Elle venait d'en avoir dix-huit à la fin mai. Deirdre était allée jusqu'à dix-neuf. Pour elle, Kurt Cobain avait vécu le maximum de ce qu'un être humain pouvait espérer tout en demeurant à la fois mignon et intéressant. Putain, trente ans, c'était vieux – Maeve n'arrivait pas à se projeter à un âge aussi avancé, sans parler des enfers peuplés de vieux cons tout ridés, pas plus capables de tenir l'alcool que de retenir leur pisse et leurs pets.

Mabel Moore s'est approchée de Mickey en boitillant, elle a posé les mains sur ses épaules et il s'est rétracté. « Rappelle-toi, c'est dans les vieux pots qu'on fait les meilleures soupes. » Elle s'est penchée et lui a fait un gros bisou sur la joue, qu'il a ensuite frottée tandis que Mabel continuait de caqueter au-dessus de lui, esquissant une moue qui projetait sur son visage un faisceau de rides.

Cet après-midi-là, Maeve chantait en chœur avec Whigfield quand les portes se sont brusquement ouvertes. Trois hommes sont entrés et se sont immobilisés. Marilyn Spears s'est arrêtée de coudre et les a regardés, interdite, blême comme du porridge. Un des hommes a désigné Billy, qui a posé le rouleau de tissu sur lequel il travaillait. Les trois inconnus se sont dirigés vers lui, et Marilyn s'est extirpée de sa chaise pour leur courir après. Une discussion courte et intense s'en est suivie, puis Billy a retiré son gant métallique, l'a balancé par terre et il est sorti en trombe par la porte latérale. Les trois hommes et Marilyn l'ont suivi.

Maeve – et les autres – a continué de travailler. Billy n'est pas revenu mais, cinq minutes plus tard, Marilyn est réapparue et a rassemblé quelques-uns de ses potes protestants. Puis elle les a emmenés dehors, et les regards de Caroline et Maeve se sont croisés. Celle-ci a désigné d'un minuscule geste du menton les toilettes. Caroline a répondu par un mini-hochement de tête et s'est levée. Maeve a attendu vingt secondes avant de la suivre.

« Merde, mais qu'est-ce qui se passe ? a fait Caroline, écarquillant les yeux.

— Aucune idée. J'ai vu la même chose que toi.

— Alors c'est qui, ces mecs ?

— Chais pas. Ça a pas l'air d'êt' des tendres, d'où qu'y sortent. J'aimerais pas qu'y viennent me chercher comme ça à mon boulot. »

Caroline a regardé sa montre. « C'est bientôt l'heure des nouvelles. Ça vaut p'têt le coup d'écouter.

— C'est la radio anglaise. Ça m'étonnerait qu'y parlent de c'qui concerne Billy.

— T'as raison. Mais faut qu'on y r'tourne, de toute façon, sinon Mary va v'nir nous chercher par la peau des fesses. »

Maeve scrutait la salle de temps en temps à mesure que le journaliste à la radio décrivait d'un ton grave la grève des cheminots qui *mettait à l'arrêt l'Angleterre.* Une série d'Anglais qui faisaient la navette tous les jours ont été interviewés et se sont plaints du *désastre économique* qu'on *infligeait* à la Grande-Bretagne parce qu'ils ne pouvaient monter dans leurs trains pour aller au boulot. Maeve s'est demandé avec amertume ce qu'ils diraient s'ils devaient vivre dans son petit coin d'Irlande sous domination britannique, où des décennies plus tôt le gouvernement majoritairement protestant avait démantelé les réseaux ferrés dans les comtés à dominante catholique. Et puis, juste à la fin du bulletin d'informations, le journaliste a évoqué des dépêches annonçant une tuerie à Belfast. Les regards ont bondi telles des flammes à travers l'usine. Les bouches se sont crispées, les sourcils froncés. Maeve doutait de trouver dans *Comment se faire des amis et influencer les autres* un chapitre qui puisse l'aider à calmer ce genre de situation. Le mieux qu'elle pouvait faire, c'était baisser la tête en se concentrant sur ses objectifs.

Quelques minutes avant les nouvelles de quatre heures, Paddy Quinn et Fidelma Hegarty sont sortis par les portes de secours. Maeve s'est glissée derrière eux. Elles n'ont rien dit tandis que Paddy réglait sa radio de poche. En tombant sur le jingle des infos de Radio Foyle, il s'est assis, étrangement immobile, contemplant la radio comme si quelque chose allait en sortir. D'une voix grave, le présentateur a annoncé que l'Irish National Liberation Army avait tiré sur plusieurs hommes à l'extérieur du quartier général de l'Ulster Volunteer Force sur Shankill Road. Un homme était mort sur le coup, un autre était dans un état grave et plusieurs étaient blessés. Un politicien local a condamné cet acte de violence, *attaque obscène contre d'innocents protestants.*

Maeve a soupiré. Ce genre de conneries la dégoûtaient du journalisme : elle ne comprenait pas comment le reporter pouvait rester sans rien dire quand quelqu'un qualifiait d'« innocents » des gens qui traînaient devant le QG des paramilitaires. Elle a été soulagée que Paddy éteigne la radio.

« Donc l'INLA a décidé de tout foutre en l'air pour tout l'monde », a dit Fidelma Hegarty d'une voix rauque qui sortait du plus profond de sa gorge, à la manière de ces grands fauves que Maeve adorait regarder dans les documentaires animaliers.

« Mais pourquoi l'INLA s'y met maintenant, alors que tout l'monde parle de la paix ? a demandé Maeve. Y se croient mis à l'écart ? »

Fidelma a poussé un ricanement, et Maeve s'est sentie toute petite. « Ces gars-là de l'INLA, y sont pas capables de sucer leur pouce. C'est pas une attaque de l'INLA. C'est l'IRA qui règle ses comptes avant de déposer les armes. » Fidelma s'est tue et elle a regardé Paddy, à croire qu'elle attendait qu'il se déclare d'accord ou pas d'accord. Il a croisé son regard mais n'a rien dit.

« Et y a aut' chose. L'UVF va pas traîner avant d'réagir. Y vont nous faire un nouveau Greysteel. Et si j'ai tout compris, tu peux êt' sûre que l'IRA l'sait très bien. »

Maeve a senti un poids dans son ventre. Elle se rappelait l'attaque de l'UVF contre le bar Rising Sun à Greysteel à la précédente fête d'Halloween. « Des bonbons ou ton compte est bon ! » avaient gueulé les tueurs avant d'ouvrir le feu. Ils étaient repartis en rigolant, laissant derrière eux huit morts et dix-neuf blessés.

Paddy s'est levé et d'un geste sec a rentré l'antenne. « L'IRA est pas responsable des actes de l'UVF », a-t-il dit tranquillement.

Dans le silence qui a suivi, Maeve a soudain compris quelque chose. « L'IRA doit prend' ce cessez-le-feu au sérieux s'y font des trucs pareils », a-t-elle dit.

Paddy l'a regardée, puis il a rangé la radio dans sa poche. « Tu sais donc pas qu'avec l'IRA, c'est toujours du sérieux ? » Puis il a tourné les talons pour rentrer.

Fidelma s'est laissée choir sur la chaise en plastique bleu en fronçant les sourcils. « Faut qu'on s'fasse aussi discrètes que les catholiques de Larne pendant un moment », a-t-elle dit.

Maeve a hoché la tête. Elle connaissait la chanson. Tête baissée. Dos au mur. Repérer les issues de secours.

La sonnerie de la pause a retenti et elles sont allées rejoindre la procession silencieuse qui se dirigeait vers la cantine. Personne n'a pipé mot en allant chercher sa tasse de thé. Les réformés mastiquaient leurs biscuits de manière agressive à côté de Maeve, l'air de dire *on vous a à l'œil*. Et ceux de son camp mâchaient les leurs avec la même intensité comme pour leur répondre *ouais, ben pareil : on vous a à l'œil*.

L'UVF a descendu un chauffeur de taxi catholique le vendredi suivant, puis deux maçons protestants qu'ils avaient pris pour des cathos. Ça rendait Maeve malade autant que les autres : l'UVF ne faisait que s'échauffer. Ça a été pour elle une vraie bouffée d'air frais quand Aoife leur a dit que James était d'accord pour les emmener passer la soirée de l'autre côté de la frontière. Elle mourait d'envie de quitter la ville pour aller dans un pub en République, où elle pourrait vider une pinte sans tressaillir chaque fois que la porte s'ouvrait. C'était un projet parfait, jusqu'à ce que James leur apprenne qu'il avait envie de faire quelques pas sur la plage avant d'aller au pub. « Ça nous fera du bien », a-t-il dit en voyant la tête de Maeve. « Pour se changer les idées ! » a ajouté Aoife. Mais en arrivant à la plage, la pluie tombait si dru que même James a renâclé, tel un cheval qui refuse de sauter un obstacle.

« Restons là le temps que ça se calme », a-t-il proposé une fois garé face à la mer.

Maeve a essuyé la buée sur sa vitre, mais tout ce qu'elle voyait, c'était la pluie qui rebondissait sur le verre.

« *Rossnowlagh*, en gaélique c'est *Ros Neamhlach*, a dit Aoife en ouvrant sa fenêtre pour respirer une grande goulée d'air marin. Ça veut dire "promontoire paradisiaque".

— Ben si c'est ça l'idée qu'on s'fait du paradis dans le Donegal, a dit Maeve en essuyant les gouttes qui lui frappaient le visage, j'préfère pas savoir c'est quoi l'enfer. »

Elle a frissonné et s'est renfoncée dans son siège, observant James qui triturait la radio. Il portait une jolie chemise. Désormais, elle jugeait les hommes et les garçons à leurs chemises. Pas seulement la marque, mais aussi la coupe et le tissu. Il ne lui fallait que quelques secondes pour disséquer une chemise. Elle était capable d'évaluer le prix des poignets, de la découpe et des boutons. Elle connaissait la valeur du tissu, et savait qu'un double boutonnage triplait le coût du col. Elle savait quelles chemises devaient être rentrées dans le pantalon, et combien de boutons on laissait ouverts. Mais en dépit de tous ces détails, les hommes qu'elle croisait se rangeaient en deux catégories : les bouseux qui traficotaient en chemise à carreaux, et les gars qui s'y connaissaient un peu en Ben Sherman.

« James, tu portes une nouvelle chemise ? lui a-t-elle demandé.

— Ouais. C'est Aoife qui me l'a offerte pour mon anniversaire.

— Elle te va bien, a dit Caroline. C'est une Ben Sherman ? »

James a haussé les épaules et levé les mains en l'air pour regarder ses poignets de chemise, à croire qu'il pouvait y lire la marque.

« Oui, c'est une Ben Sherman », a répondu Aoife. Puis elle a ajouté, comme si c'était important : « Il met du L. »

Maeve détestait le fait que les vêtements pour femmes soient XS, S, M ou L, alors que, pour les hommes, c'était M, L ou XL – à croire que les hommes petits, ça n'existait pas. « Des fois, j'imagine les Anglais qui portent les chemises qu'on fabrique, a repris Maeve. Ils s'appellent tous Bob ou Dave et commencent leurs phrases par "Ce qu'il faut savoir à mon sujet, c'est que…", et ils disent des trucs du style "Moi, tu vois, je suis le genre de mec, qui…"

— Oh, Maeve, a dit Caroline. Laisse les Anglais tranquilles. C'est pas sympa de les casser tout le temps.

— Tu rigoles ! Tu les vois pas qui portent nos chemises au pub pour regarder les matchs de foot et s'enfiler des pintes, et pis ils essayent de draguer les minettes, et y finissent en gueulant "AAAAN-GRRR-LEEEE-TERRRRREEE" ?

— Ben, si y payent bien Ben Sherman pour que nous, on puisse boire et manger, j'me plains pas.

— N'empêche, c'est des branleurs », a conclu Maeve en entrouvrant la fenêtre. Elle mourait d'envie d'allumer une clope, mais James avait bizarrement décidé qu'on ne fumait pas dans la voiture.

« Vous ne vous êtes jamais demandé si nos chemises ne finissaient pas sur le dos de soldats britanniques ? a dit Aoife. Quand ils ne sont pas de service ?

— Merde, Aoife ! » s'est exclamée Maeve en renvoyant la tête en arrière comme si elle s'était pris une balle. On pouvait lui faire confiance pour casser l'ambiance.

« Non, vous n'y avez jamais pensé ? »

Le pire c'est qu'elle voulait vraiment une réponse car sa curiosité était sincère.

« Nan, j'y ai jamais pensé, a répondu Maeve dans l'espoir de mettre ainsi fin à cette conversation.

— Ouais, moi, ça m'est arrivé, a dit Caroline. D'un côté, on coud des chemises pour les Anglais, et de l'autre, on boycotte le beurre Newtowncoote parce qu'il vient des vaches protestantes.

— Ouais, a dit Aoife en se retournant. L'IRA a fait sauter le chinois à emporter, en ville, parce qu'ils ont servi la police, un soir. Et ils s'en prennent toujours à l'usine Shorts.

— Shorts fabrique des bombes, Aoife ! Nous, on fait des ch'mises ! » a sèchement répliqué Maeve.

James a éteint la radio. Le bruit des vagues déprimées qui s'affalaient sur la plage a rempli la voiture. « Franchement, a-t-il dit, je ne sais pas pourquoi l'IRA ne fait pas sauter les usines qui conditionnent les poulets, ou qui cousent des vêtements pour les Anglais. Peut-être parce que les poulets et les vêtements sont emballés, expédiés, et qu'au final, on ne sait pas très bien qui consomme quoi. Peut-être que pour l'IRA, les poulets et les vêtements ne sont pas essentiels pour la lutte. »

James prononçait le mot « lutte » à la O'Neill : avec ironie, à croire qu'il s'agissait d'un conflit de cour d'école. Maeve a regardé par la vitre, enfonçant ses ongles dans son bras en priant pour qu'il la ferme.

« Enfin, quelle que soit la raison, je suis content qu'ils laissent l'usine tranquille, a-t-il poursuivi. Je suis content que vous puissiez toutes gagner de l'argent cet été. Je suis content que Marilyn Spears et Mary et les autres puissent gagner leur vie en ville. Et j'aimerais vraiment que ça continue. » Il a actionné un commodo. Les essuie-glaces ont balayé le pare-brise, que la bruine a aussitôt recouvert. « On dirait que ça se calme. On abandonne la promenade et on pique un sprint vers le pub ? »

Maeve a ouvert la portière et filé vers le Sandhouse.

Finalement, ils sont restés là des heures. Aoife et James avaient apporté leurs violons, par conséquent les consommations étaient gratuites pour leur table. Caroline avait assez bu pour chanter *Only Our Rivers Run Free*, ce qui a fait venir la larme à l'œil à tous les vieux, et donné la gaule à tous les jeunes.

Maeve ne supportait pas de voir que tout le monde se trompait sur le sens profond de cette chanson, alors elle est sortie fumer une clope. Elle contemplait les vagues qui éclataient sur les rochers devant l'hôtel quand la porte s'est ouverte derrière elle, déversant dans la nuit la lumière jaune, la musique et des relents de bière. Elle a senti les poils se hérisser dans sa nuque et s'est préparée à recevoir le connard qui l'avait suivie dehors.

« Tu n'as pas froid ? »

C'était seulement James.

« Là où il n'y a pas de sens, il n'y a pas de sentiments. »

Il s'est approché d'elle : « Tu es fatiguée ? Tu veux qu'on rentre ? »

Elle a secoué la tête. « C'est de chez moi que je suis fatiguée, c'est ça, le problème.

— Il n'y a plus très longtemps à attendre avant les résultats. Tu seras partie avant même que tu t'en aperçoives.

— Si j'ai les notes qu'il faut.

— Tu les auras. »

Les vagues continuaient de se briser dans le silence.

« Tout ça ne va pas te manquer lorsque tu seras partie ? »

Maeve a pris une taffe. Elle ne voulait pas admettre qu'elle avait peur que tout ça lui manque, mais qu'elle était terrifiée à l'idée que rien ne lui manque. « Caroline va me manquer. Mais j'espère que je verrai Aoife, là-bas. Elle pourra venir me voir, et je pourrai faire pareil.

— Et moi aussi peut-être, quand je rendrai visite à Aoife. »

Maeve a tenté d'imaginer James à Londres. Ce n'était pas facile. À cet instant, il était exactement tel qu'elle l'aimait : battu par les embruns, les doigts rouges et chauds d'avoir joué du violon, et un tel espoir se lisait sur son visage que son cœur a failli céder. « J'adorerais te faire visiter Londres. »

James a souri et fait un pas vers elle au moment où la porte s'ouvrait.

« James ? » a dit Aoife, la lumière formant une auréole autour d'elle. Elle a plissé les yeux pour mieux voir Maeve et James. « Ils veulent la gigue Morrison. J'ai besoin de toi pour m'aider à tenir le rythme.

— J'arrive », a-t-il répondu en revenant dans la lumière. Puis il s'est arrêté et a regardé Maeve.

« Je finis ma clope et je viens », a-t-elle dit en agitant sa cigarette.

La porte s'est refermée, elle a pris une dernière taffe puis a jeté son mégot rougeoyant dans l'océan qui l'a avalé sans un bruit. James n'aimait pas qu'elle fume, elle le savait. Et elle avait le sentiment qu'Aoife n'aimait pas la voir traîner autour de son frère.

Maeve a mis la dernière touche au *shamrock* scintillant qu'elle s'était dessiné sur la joue avec un fard à paupières émeraude, et elle s'est lancé un baiser à elle-même dans le miroir. Elle avait encore une terrible gueule de bois suite à leur virée de la veille, mais c'était la Coupe du monde de foot et l'Irlande rencontrait l'Italie. Caroline et elle se sont donc rendues à l'Old School Bar. Maeve a frappé à la porte fermée à clé en faisant le code Ouvre-moi-je-suis-catho qu'ils utilisaient quand les temps étaient durs. En réponse, la boîte aux lettres a cliqueté, alors elle y a glissé sa carte d'identité. Quelques secondes plus tard, Iggy Loughrey a ouvert la porte, juste assez pour qu'elles puissent se faufiler à l'intérieur, puis il l'a de nouveau verrouillée.

Maeve et Caroline se sont installées avec leurs verres loin de la porte et des fenêtres. Elles n'avaient guère d'espoir pour le match. Elles étaient là juste pour s'amuser. Mais à la douzième minute, Ray Houghton a mis le ballon dans l'angle du but et tout le monde s'est levé d'un seul coup en hurlant, avant d'entonner *The Fields of Athenry* en chœur avec les soixante mille supporters irlandais présents au Giants Stadium.

Après le coup de sifflet final, Maeve s'est effondrée sur son siège comme si elle avait été victime d'une déflagration. Elle avait goûté à la victoire. Et elle aimait le coup de fouet que ça lui avait procuré.

Le lendemain matin, elle s'est traînée jusque chez elle pour la Fête des pères. Les infos la rendaient encore plus malade que l'alcool. Elle savait que personne ne voulait voir ces images. Seulement personne non plus n'était capable d'éteindre la télé. Ils le devaient bien à ces gars qui étaient morts dans un bar de Loughinisland, venus là pour encourager l'équipe irlandaise.

… représailles directes après la tuerie revendiquée par l'INLA devant le quartier général de l'UVF sur Shankill Road…

Le père de Maeve adorait la Fête des pères. Quand elle était plus jeune, elle lui demandait toujours ce qu'il voulait. Et chaque fois, il répondait la même chose : « Pour sûr, qu'est-ce que j'voudrais d'plus, alors qu'j'ai six mioches ?

— Papa ! » glapissait-elle, au comble de la joie.

… horreur, tristesse, nous sommes sans le moindre doute entrés dans une spirale meurtrière d'œil pour œil, dent pour dent…

La mère de Maeve regardait ça du coin de l'œil, avec un petit sourire.

« J'ai une fille pour la lessive et la vaisselle. Une aut' pour cuisiner et faire l'ménage. »

Aussitôt Maeve rétorquait qu'elle n'était pas son esclave et Deirdre répondait un truc lié aux droits des femmes.

« Et j'ai quat' monstres qui m'servent de fistons pour aller jouer dans l'équipe de football gaélique de Tyrone. »

... tiré dans le dos de onze personnes. Six hommes sont morts...

Ils lui offraient tous ensuite leurs cadeaux habituels : Deirdre un after-shave, Maeve des *jelly beans*, Chris une bouteille de bière, Paul des chaussettes, et Mick et Deci un pull.

... pas de représailles...

Il ouvrait ses cadeaux, essayait l'after-shave, offrait des bonbons à la ronde, enfilait ses chaussettes et son pull, puis ouvrait sa bouteille de bière pour la goûter.

... La RUC n'abandonne jamais. Vous serez arrêtés et vous irez passer de longues années en prison. Nous vous chercherons jusque dans les moindres recoins...

La mère de Maeve a claqué la langue. « Au moins, y z'ont assisté au but, avant d'se faire descend'. »

Son père a mangé un *jelly bean*. « C'est quand même à s'demander. Est-ce que ça s'rait arrivé si y avait eu qu'une seule équipe d'Irlande unie ? »

... encore une communauté que les paramilitaires mettent au bord du désespoir...

Maeve fixait la télé des yeux. Elle pensait à ce pauvre gars, ce civil, avec ses cheveux bien peignés sur sa calvitie, sa pinte intacte posée devant lui sur le bar.

LUNDI 20 JUIN 1994

56 jours avant les résultats

Maeve avait des sacs de sable dans le ventre. Avant, quand il arrivait une catastrophe, elle n'avait que la rue à partager avec l'autre camp. Mais ce matin-là, c'était carrément l'air qu'elle respirait. Et puis elle pensait à Aoife. En quittant la république d'Irlande pour s'installer ici, elle ne savait rien de rien. Maeve avait dû lui apprendre des trucs basiques tels que deviner quand il s'agissait manifestement d'une fausse alerte à la bombe, ou quand il fallait la prendre au sérieux ; quelle menace de mort émanait directement d'un groupe paramilitaire très dangereux et laquelle ne venait que d'un connard qui essayait de te foutre la trouille. Aoife – comme toujours – avait été une excellente élève. Elle pigeait les trucs très vite. Mais elle n'avait jamais su garder la tête froide et, quand Arnie McArnold avait été descendu, elle avait fait tout un cinéma. Naturellement Maeve était triste qu'il soit mort – c'était tout de même une belle saloperie –, mais ce n'était pas la première personne en ville à se faire tuer – et il y avait longtemps qu'ils avaient mis au point un protocole pour supporter ce genre de choses.

Oh, t'as appris qu'untel s'était fait tuer ?

Non, c'est pas vrai, y s'est fait tuer ?

Eh oui. Y l'ont descendu dans son lit/sa voiture/devant sa boutique/dans l'étable/dans la tourbière/sur la route.

Ah non… C'est pas bien. Non, vraiment, c'est pas bien.

Ouais, c'est n'importe quoi. Le descendre devant sa mère/son père/ses enfants/son patron/ses animaux.

Ah, que le Seigneur leur vienne en aide.

Ah, est-ce que ça s'arrêtera donc jamais ?

Dieu seul le sait.

Maeve ne connaissait pas la plupart des locaux qui avaient été tués car en général c'étaient des protestants. Naguère, elle filait toujours en ville après un attentat ou une tuerie pour voir les journalistes. Elle aimait la manière dont on les éclairait lorsqu'ils s'adressaient aux caméras – scintillants sous la bruine telles des statues animées. Plus tard, à la télé, ils avaient seulement l'air ordinaires, tandis que les habitants allaient et venaient derrière eux, pareils à des poissons rôdant dans les eaux boueuses, affichant une expression hasardeuse, à croire qu'ils soupçonnaient qu'on les soupçonnait.

À la fin du reportage, la mère de Maeve faisait toujours la même réflexion : « Qui c'est et qu'est-ce qu'y faisait, je m'en fous : c'est un péché, et c'est tout. » Son père hochait la tête en grommelant : « La deuxième saloperie rattrape pas la première. » Maeve avait du mal à comprendre que ses parents prennent ces meurtres de manière aussi personnelle. Elle n'en ressentait pas la douleur dans la moelle de ses os comme eux. Peut-être était-ce parce qu'elle avait grandi avec les Troubles : les voisins qui s'entretuaient, elle avait toujours connu ça. Mais la génération précédente était plus vulnérable. Enfin, tout de même, certains meurtres l'avaient secouée. Par exemple quand l'IRA avait descendu Samuel Frost dans sa boutique d'horlogerie. Même les moutons sur Muckish Hill savaient que Samuel était un père tranquille qui ne gagnait pas sa vie avec son commerce, car il le disait lui-même, l'horlogerie, c'était fini, tant sur les cheminées que dans les bombes : maintenant, tout était électronique. Samuel réparait les horloges pour l'amour de l'art. Ce n'était pas lui que l'IRA visait : c'était son fils, soldat de réserve, ce qui faisait de lui une cible active. Vingt-six balles avaient raté Samuel, qui s'était dressé devant son fils. L'une l'avait atteint en pleine poitrine.

Toutes sortes de mécanismes d'horlogerie encombraient l'atelier de Samuel, l'atmosphère résonnait d'un concert de tic-tac, voilà pourquoi on n'avait pas repéré la bombe que les tireurs avaient laissée derrière eux sur le comptoir, avant qu'elle explose, une demi-heure plus tard, arrachant le bras droit de l'ambulancier qui venait de renoncer à tenter de ranimer Samuel. Par la suite, l'explosion avait été qualifiée de « miraculeuse » car elle n'avait pas fait de victimes.

Maeve avait grandi persuadée que sa ville avait été le théâtre de plus de miracles que Lourdes.

Pendant un moment, elle n'avait guère aimé passer devant la boutique de Samuel, et le jour où la pendule de Mémé Walsh s'était arrêtée, elle avait été triste que plus personne ne sache la réparer. Mais au final, elle s'était habituée à cette horloge silencieuse, et avait réussi à passer devant la boutique murée sans tressaillir. Bien avant qu'Aoife emménage en ville, Maeve avait appris que, finalement, elle était capable de s'habituer à peu près à tout.

Seulement l'IRA avait tué Arnie McArnold, et ça, c'était une autre histoire.

C'était un prof de sport qui recevait de l'argent de Peace People pour donner des cours de trampoline gratis au centre de loisirs local. Aoife avait supplié Maeve de venir faire du trampoline avec elle, et Maeve avait dû traîner sa mère au centre de loisirs pour qu'elle parle à Arnie. Il avait décrit le trampoline en ces termes : « Plutôt acrobatique », et il avait rassuré sa mère en lui affirmant qu'il n'y avait ni raquettes, ni bâtons, ni contacts physiques, et qu'elle n'était pas obligée d'utiliser les mêmes vestiaires que les réformées. Maeve était aux anges en entendant sa mère rapporter à son père : « Y faudrait êt' sacrément motivée pour s'entretuer dans c'te cours. »

Quand la session gratuite a atteint son terme, Arnie a formé une équipe de quatre catholiques et protestantes capables de payer 50 pence par semaine pour continuer. Il les a assemblées par paires mixtes, catho-réformée, et ainsi, une fois par semaine, Maeve continuait de faire du trampoline avec une protestante sous les spots aveuglants du centre de loisirs.

Tout allait à merveille jusqu'à ce que l'IRA tende une embuscade à Arnie par un matin de décembre blafard dans sa ferme, près de la frontière.

Lorsque le gyrophare de l'ambulance a projeté sa lumière bleue sur eux, filant à travers la ville, sirène hurlante, la mère de Maeve s'est signée et a murmuré : « Que Dieu leur vienne en aide. » Plus tard, le père est revenu avec le journal et les nouvelles glanées à l'épicerie. « Un gars a été descendu dans sa ferme. L'était parti traire les vaches. J'crois qu'il était réserviste.

— C'est pas bien de leur tomber d'ssus comme ça, a dit la mère en fronçant les sourcils. On dirait qu'y tirent des lapins. »

Des larmes sont apparues, tremblantes, dans les yeux de Maeve, en voyant les images de la mère d'Arnie, déjà veuve, qu'on aidait à franchir les cordons de sécurité pour rentrer chez elle. Mais elle savait qu'il ne fallait pas pleurer : avoir de la compassion envers un protestant mort, c'était une chose ; le pleurer, c'en était une autre.

Aoife n'avait pas encore compris cette leçon-là. Elle a frappé à la porte de Maeve plus tard dans la journée, blême, les yeux humides. Elle avait davantage pleuré Arnie en quelques heures que Maeve n'avait pleuré sa sœur. Au bout du compte, la mère de Maeve a téléphoné chez les O'Neill en leur demandant de venir chercher Aoife. Maeve ne l'avait pas revue pendant plusieurs semaines car Mrs O'Neill l'avait emmenée à Dublin faire un « break ».

L'attaque de l'UVF à Loughinisland ébranlait aussi Maeve (ce pauvre vieux avec ses cheveux peignés sur son crâne dégarni), mais elle était certaine qu'Aoife, elle, en était traumatisée.

Pourtant Aoife n'en a pas parlé. Personne n'a rien dit. Et la radio ne s'y intéressait pas car les Anglais étaient complètement accros à l'affaire O. J. Simpson. L'ambiance était pesante à l'usine, mais c'est resté vivable, du moins jusqu'à ce que tout le monde se retrouve à la cantine pour la première pause de la journée. Maeve, comme les autres, gardait la tête baissée, évitant de croiser les regards. On n'entendait plus que les toasts qu'on mastiquait, les tasses qui tintaient sur les tables, jusqu'à ce que Mary ouvre la porte battante et entre avec un gâteau. Elle l'a posé sur la table et elle a allumé les bougies sans dire un mot. Puis elle a repris le gâteau et l'a présenté à Karen Gilchrist, qui était préposée à la machine à boutons.

« Ooh, Karen, c'est ton anniversaire ? » a dit Marilyn Spears d'un ton joyeux.

Karen a hoché la tête, l'air misérable.

« Oh, et quel âge que t'as ?

— Trente-trois ans.

— T'es toujours aussi fraîche qu'un bouton d'rose.

— Allez, assez jacassé, a grondé Mary. Les bougies vont pas durer cent sept ans. »

Maeve a serré sa tasse en entendant Mary reprendre son souffle et se mettre à chanter *Happy birthday to you*. Elle ne pouvait pas chanter en chœur. De même, Caroline gardait les lèvres vissées. Ainsi qu'Aoife. Fidelma Hegarty était assise, aussi rouge qu'une pivoine, fulminant près de Paddy Quinn, bouche également fermée. Marilyn s'époumonait, à croire qu'à elle seule elle allait compenser le silence de la moitié de l'assistance. Après quelques applaudissements, Mary a coupé le gâteau et l'a distribué. Aoife n'a pas touché à sa part, restant à l'écart, comme s'il s'agissait d'une assiette de bouse fraîche, puis elle a repoussé sa chaise et s'est levée. Fidelma l'a imitée, ainsi que Maeve et Caroline. Elles sont retournées à leurs postes de travail, suivies de Paddy Quinn, Mickey McCanny et de tous les autres catholiques de l'usine.

Tous sauf Mary.

Maeve a pris une chemise et s'est mise à la repasser. Le torrent de chemises qui arrivait de la chaîne de production, ce jour-là, a été un soulagement pour elle. Son corps et l'horloge de l'usine ont peu à peu disparu, elle était passée en pilote automatique. Plus besoin de songer à cette putain d'usine, ni à qui y travaillait quand elle y était entrée. Le revers de la médaille, c'est que toutes sortes de pensées lui sont alors revenues : les résultats des examens qui allaient bien finir par tomber ; les yeux sombres de Deirdre fixant le plafond de l'hôpital ; les derniers événements. Après avoir terminé son repassage, Maeve est allée voir Caroline et s'est assise à côté d'elle pour retourner les épaulettes qu'elle cousait afin de lui faire gagner du temps. Mais chaque fois que Mary la voyait assise près de Caroline, elle la houspillait et l'envoyait balayer ou couper les boutons des chemises endommagées.

En revanche, Mary ne disait jamais à Aoife ce qu'elle devait faire, car celle-ci était entrée dans les bonnes grâces de Paddy Quinn. Au début, Aoife l'avait suivi partout comme son ombre, lui passant le tournevis et le regardant désosser les machines en panne. Elle lui posait des questions suffisamment futées pour le divertir, et bientôt elle était devenue sa mascotte. Puis Paddy l'avait chargée d'effectuer des réparations. De temps à autre, à la pause, il racontait aux autres gars ce qu'elle avait fait, disant qu'elle avait « le tour de main » avec les machines, et concluant qu'il était « utile d'avoir cette fille sous la main ». Aoife en rougissait au-dessus de sa tasse, sans se rendre compte que Paddy la traitait tel un singe savant à qui il aurait appris à chier dans les toilettes plutôt que sur le plancher de l'usine.

Petit à petit, lorsque Paddy était occupé, les couturières se sont mises à appeler directement Aoife pour qu'elle vienne voir ce qui ne marchait pas, et dans les cas les plus simples, la plupart du temps, elle réussissait à réparer, ce qui leur permettait de tenir leurs cadences, même si ça foutait en l'air ses primes à elle. Un jour, Maeve lui a posé la question. Pourquoi s'arrêtait-elle de repasser pour aider une autre à gagner un peu plus ? « Ce n'est pas une question d'argent ! » a-t-elle répondu sans expliquer de quoi il s'agissait.

Le mercredi matin, Maeve a vu Mary descendre du bureau d'Andy en boitillant. Elle avait beau tout le temps monter le voir, personne ne l'accusait de faire parader son cul devant lui. *Peut-être que personne n'a envie de penser au cul de Mary,* a songé Maeve en pensant au cul de Mary.

« Maeve Murray, viens donc m'voir », a gueulé Mary.

Elle a fini de repasser sa chemise, l'a accrochée au portant, puis elle s'est rendue au bureau l'air totalement détaché, même si ses jambes tremblaient.

« Assis-toi », lui a dit Mary en indiquant la chaise.

Maeve a pris place et croisé les bras. Elle regrettait de ne pas avoir de chewing-gum. Les chewing-gums lui donnaient vraiment l'air d'en avoir rien à foutre.

« Donc, tu es là depuis, disons, deux semaines, c'est ça, Miss Murray ? »

Maeve détestait quand les gens de la ville l'appelaient par son nom de famille. Ça sonnait toujours comme une insulte.

« Ouais. »

Mary a fait une pause pour allumer une cigarette.

« Alors, qu'est-ce que tu penses de nous ? » a repris Mary d'un ton agressif.

Maeve en avait marre des gens agressifs. Tout le monde en ville se montrait hostile envers ceux de la ville qui se montraient hostiles envers la ville. Tout le monde détestait ceux qui voulaient quitter la ville, plus encore une fille dans son genre – Maeve le savait – qui venait d'une famille de prolos. Avec un père expert-comptable et une mère artiste, c'était normal pour Aoife d'avoir de l'ambition, mais le père de Maeve était devenu invalide après avoir attrapé cette saloperie à l'usine de cochons à cause des tripes et du sang, et sa mère avait abandonné les manifs et les droits civiques pour les clopes et les médocs. Du côté de son père, il n'y avait que des ouvriers agricoles qui venaient à la ville en hiver avant de prendre la route de l'Écosse où ils passaient la plus grande partie de l'année à travailler aux champs ; du côté de sa mère, les gens se prétendaient ouvriers, mais ils avaient passé plus de temps au chômage qu'à l'usine. Pas le moindre commerçant, prêtre, propriétaire de pub, prof, bonne sœur, ni médecin dans la famille de Maeve, et à voir ses frères, il n'y avait pas grand espoir. Ils n'avaient pas les moyens d'acheter leur maison, logement social municipal. Une fille aussi pauvre que Maeve n'était pas en mesure d'avoir des ambitions. Et c'est pour ça qu'elle les chérissait tant.

« Pour moi, l'usine, c'est super. J'apprends plein de trucs. »

Mary a relevé un sourcil, donnant à Maeve l'impression qu'elle allait démolir tout ce qu'elle avait dit. « Et qu'est-ce que tu crois qu't'apprends ? »

Maeve mourait d'envie de lui balancer : « J'apprends à pas dev'nir une vieille conne dans ton genre, qui compte les années avant d'êt' enterrée par des gosses qu'ont carrément oublié comment qu't'aimes boire ton thé. » Mais elle s'est retenue. « Ben, y a les trucs évidents. Créer une chemise, d'abord. La produire, c'est carrément aut' chose. C'est intéressant de voir comment le design détermine la production. Comme les épaulettes. Ça sert à rien, c'est vraiment chiant à coudre, et ça rajoute 95 pence au prix de vente en magasin. Et pourtant ça plaît aux Anglais. »

Mary a hoché la tête, sans rien dire.

« Et puis y a les compétences. Billy découpe le tissu, les couturières cousent les pièces, elles les montent ensemble. C'est carrément magique de voir tout le monde travailler ensemble. »

À la façon dont Mary la regardait droit dans les yeux, Maeve a compris que ce n'était pas la bonne réponse.

« Mais j'ai pas la moindre idée de comment ça s'intègre à l'ensemble de la chaîne. C'est-à-dire qui a conçu le système. Ni comment on passe les contrats. Ou comment l'usine est financée. »

Mary a pris une bouffée. « Et la façon dont les gens travaillent ? a-t-elle demandé. Tu crois qu't'as pigé, ça ? »

Soudain, Maeve s'est sentie moins sûre d'elle. « Comment ça ?

— C'est ce que j'ai dit. Est-ce que tu comprends comment on travaille, ici ?

— Parce que c'est une usine mixte ? Que les catholiques et les protestants travaillent tous ensemble ?

— J'irais pas jusqu'à dire qu'on travaille ensemble, a répondu Mary en plissant les yeux. Plutôt côte à côte. »

Maeve a réfléchi à la manière dont les emplois étaient répartis en respectant l'équilibre entre cathos et réformés. Billy découpait le tissu – un boulot prestigieux d'ouvrier qualifié ; donc Paddy Quinn s'occupait de la maintenance des machines à coudre – il devait être payé autant. Fidelma faisait le contrôle qualité ; Sharon l'emballage. Mickey McCanny était responsable de la presse avec les plaques chauffantes ; Karen Gilchrist, de la machine à boutons.

« Est-ce que tu sais qui dirige cet endroit ? a demandé Mary.

— Ben, c'est vous et Andy qui vous en occupez, non ?

— Oui. Andy et moi, on gère l'usine, a-t-elle répondu en écrasant son mégot dans le cendrier qui débordait. Mais ce qu'il faut que tu comprennes, Miss Murray, c'est qui sont les vrais patrons. »

Le vendredi matin, Maeve a déchiré son enveloppe et sorti son bulletin de paie en espérant y voir écrit 123 livres – ce qu'on lui devait, d'après ses calculs. Le total n'était que de 92,65 livres. Elle a regardé le chiffre de base en se demandant quel tour de cochon lui avait joué Andy Strawbridge. 70, et pas 80. Et sa prime n'était que de 22,65 livres. Un instant plus tard, elle a remarqué le nom noté sur le bulletin : *Marilyn Spears*.

« Ah putain. Merde merde merde merde FAIT CHIER !

— Qu'est-ce qu'y a ? a crié Caroline depuis la cuisine.

— Mary s'est plantée, elle m'a donné le bulletin de paye à Marilyn Spears.

— Ah, et combien elle gagne ? a dit Caroline en se hâtant de venir voir, tout émoustillée. Fais voir, fais voir ! » Elle lui a arraché la feuille des mains et l'a parcourue des yeux.

Maeve, elle, s'imaginait déjà Marilyn Spears exhibant son bulletin à elle auprès de tous les protestants de la ville. Ce genre de nouvelle ne tarderait pas à franchir le pont. Bientôt, tout le monde saurait qu'Andy Strawbridge la payait 10 livres de plus que les autres.

Elle était foutue.

Un peu plus tard dans la journée, Maeve a tenté d'expliquer à Aoife pourquoi elle était dans la merde jusqu'au cou. Mais Aoife ne comprenait pas. Évidemment.

« C'est l'usine d'Andy. Il paie les gens ce qu'il veut », a-t-elle répondu d'un ton sans appel.

Caroline a levé les yeux de son sachet de chips goût oignon-fromage et elle a soupiré. « Tu as peut-être raison, Aoife, mais Marilyn Spears travaille à l'usine depuis beaucoup plus longtemps que Maeve. Et en plus elle a trois gosses.

— Je sais que ce n'est pas juste. Mais ça n'enlève rien au fait que c'est le droit d'Andy de donner à Maeve ce qu'il veut.

— Sauf que personne en a rien à foutre de ce qu'Andy a le droit de faire ! a répliqué sèchement Maeve.

— Les gens vont mal le prendre, qu'elle soit mieux payée, a

dit Caroline en léchant les miettes de chips sur ses doigts. Et ils vont raconter des conneries.

— Quel genre de conneries ? a demandé Aoife.

— Ils vont dire qu'on a rien sans rien.

— Qu'est-ce que ça veut dire ?

— Oh putain, s'est écriée Maeve. Ils vont dire que je couche avec lui ! »

Aoife en est restée bouche bée. Maeve a eu envie d'y enfoncer une boule de billard pour la faire taire.

« Mais ce n'est pas vrai !

— Ah ben ça, je le sais ! »

Caroline contemplait sombrement son paquet de chips vide. « Mémé Jackson dit toujours qu'il n'y a pas de fumée sans feu.

— Ah ben si Mémé Jackson lance mon lynchage en direct, chuis foutue ! a dit Maeve en allant à la fenêtre.

— Mais pourquoi est-ce qu'il te donne 10 livres de plus ? » a tranquillement poursuivi Aoife. Maeve s'est retournée et l'a fusillée du regard. Aoife a rentré la tête, mais ses épaules sont restées droites. « C'est vrai, pourquoi fait-il ça ? a-t-elle ajouté. Et pourquoi tu ne nous l'as pas dit ? »

Maeve s'est tournée vers la fenêtre. « Ben voilà. La première semaine, j'ai cru que Mary s'était plantée. J'y suis retournée pour vérifier avec elle. Elle m'a dit qu'elle avait pas fait d'erreur et qu'il fallait que je voie ça avec Andy.

— Et tu l'as fait ? »

Aoife n'était pas agressive, mais elle était pareille à ces officiers de la RUC plutôt sympas qui vous posaient parfois des questions sur des trucs avant de décider de vous embarquer pour un interrogatoire en règle.

« Je me suis dégonflée le premier jour. Et quand je lui ai posé la question, il a dit que je devais accepter toute l'aide qu'on pouvait me donner. »

Un éclair de compréhension est passé sur le visage d'Aoife.

« Mais pourquoi tu ne nous l'as pas dit ?

— Chais pas. » Maeve a haussé les épaules, elle sentait poindre les larmes. « Ça me faisait tout drôle. Je savais pas quoi en penser, et j'avais pas envie que ça foute la merde, ni avec vous deux, ni avec personne. Je pensais garder tout ça pour moi jusqu'au jour des résultats, et pis après je serais partie.

— J'aurais préféré qu'tu nous en parles, a dit doucement Caroline.

— Moi aussi, a répondu Maeve en se vautrant sur le fauteuil. Mais j'ai besoin de ce putain d'pognon. Et j'veux pas d'histoires. »

Elle attendait qu'Aoife dise quelque chose, qu'elle la rassure. Mais celle-ci a gardé le silence, les mains bien serrées sur ses genoux. Maeve a alors compris que si ses amies étaient si déçues, à l'usine ce serait cent fois pire.

Plus tard dans la soirée, Maeve est retournée chez ses parents dans l'espoir d'avoir une petite conversation avec son père au sujet de son bulletin de paie. Mais sa mère était assise seule au salon, où elle regardait un reportage sur le taux de chômage élevé à Derry. Elle s'infligeait toujours des trucs costauds de ce genre-là quand ils n'étaient pas là pour lui faire suivre des *soaps* ou les programmes d'été.

« Y sont où, les garçons ?

— À l'entraînement. Enfin, y a intérêt.

— Et papa ?

— En route pour Belfast avec Toot Maguire.

— Quoi ? Il a été retenu pour des nouveaux tests ?

— Ouais. Deux s'maines. Lui et Toot. Y sont aux anges. »

Servir de cobaye pour tester des nouveaux médicaments, c'était de l'argent facile. Plusieurs milliers de livres pour que son père reste deux semaines au lit à bouffer des pilules, pisser dans des tubes et laisser des infirmières lui prélever du sang et observer son rythme cardiaque. Il y avait toujours un risque que ça parte en couille, pareil qu'avec le cousin Josey qui avait fait une réaction à des piqûres au cours d'un test et dont les reins étaient foutus. Mais ça payait bien, et c'était tout ce qui comptait. Comme disait Tatie Mary : « Pour sûr, la moitié des jeunes, aujourd'hui, y z'ont les reins cuits après une nuit à prend' des pilules. Au moins, lui, il a eu une jolie p'tite maison en échange. »

« Y a chais pas combien de temps qu'il avait pas fait ce genre de tests, a repris Maeve. C'est plus dur d'êt' sélectionné main'nant ?

— C'est p'têt à cause de son âge. Y veulent des jeunes. Y a moins d'risques que ça tourne au vinaigre.

— On croise les doigts pour qu'il ait le placebo.

— Bah, tu connais ton père. Jamais d'chance aux courses. Mais y s'en est toujours sorti avec les médicaments. »

Elles se sont tues car une petite miséreuse aussi épaisse qu'un hareng saur avait été arrachée à son quartier de Bogside pour venir geindre à la télé sur l'absence d'emplois.

Y a p'us de boulot aujourd'hui. Tout l'boulot a foutu le camp.

« Nom d'une pipe, mais sèche tes larmes ! » a craché la mère de Maeve en direction de la télévision.

Maeve l'a vue appuyer sur la touche « muet » de la télécommande.

« Au moins, à une époque, y avait du boulot à Derry. Y z'ont construit des maisons et des écoles dignes de c'nom. Ouais, y avait des trucs bien. Et nous, qu'est-ce qu'on a eu ? À peine une feuille pour se torcher l'cul, sans parler du pot de chambre pour pisser dedans. » Elle s'est levée et a jeté le contenu de son cendrier dans le feu. « J'm'en vais faire un tour. »

Elle est sortie en claquant la porte. Ça déplaisait à Maeve de voir sa mère en rogne chaque fois que son père s'en allait à Belfast. C'était pareil le jour où Deirdre était partie pour l'université. Elle disait toujours qu'ils seraient mieux ailleurs, mais jamais elle n'avait levé le petit doigt pour essayer, et elle détestait que quelqu'un d'autre le fasse. C'était un peu à l'image du reste de sa vie, en somme, et elle avait cru que ses enfants seraient comme elle. Voilà pourquoi le suicide de Deirdre lui avait causé un tel choc. Maeve se rappelait la réponse de sa mère au jeune psychologue anglais qui s'occupait d'eux lorsqu'il leur avait demandé ce qu'ils ressentaient face à l'agonie de Deirdre. « Pour sûr, c'est pas plus mal qu'è soit morte. Quel avenir qu'elle a, toute façon ? » Le psychologue avait commencé à lui expliquer que le taux de suicide en Irlande du Nord était bas en raison de ce qu'il nommait la « situation de conflit ». Il faisait une étude sur ce phénomène et avait mené des recherches similaires au Malawi, au Yémen et au Lesotho (pays que Maeve connaissait seulement grâce aux exercices TROUVER LES ANCIENNES COLONIES BRITANNIQUES que leur distribuait Mr Devlin en cours d'histoire quand il avait la gueule de bois). Selon les hypothèses de ce psychologue, si la paix revenait en Irlande du Nord, le taux de suicide exploserait. La mère de Maeve l'avait toisé pendant cinq longues secondes avant de dire : « Ah ben on s'en réjouit d'avance ! » Il était devenu tout rouge et leur avait balancé des conneries sur l'espoir, et puis : « On ne sait jamais ». Maeve contemplait Deirdre, gisant dans son lit, sédatée, avec la même peau jaune qu'ils avaient vue chez McHugh-l'Écureuil, pendant les quelques semaines où il s'était accroché à la vie après la découverte de son cancer du foie. Elle savait que les chances que Deirdre bénéficie d'une greffe de foie auraient été faibles, même si elle s'était trouvée en tête de liste. Seulement elle n'avait même pas été inscrite sur cette liste car, en dépit de son âge, le médecin leur avait dit que son empoisonnement délibéré au paracétamol en faisait une receveuse peu fiable. « Impossible de savoir ce qu'elle fera si on lui greffe un nouveau foie », avait-il dit en reniflant.

Le lendemain, Aoife est passée chercher Maeve et Caroline pour les emmener faire une journée de lèche-vitrines à Derry. Mrs O'Neill n'était pas très chaude de les laisser partir car il y avait eu des émeutes, la nuit précédente, pour protester contre la venue du prince Charles. Mais Maeve aurait fait n'importe quoi pour quitter la ville, et elle avait assuré à la mère d'Aoife que tout serait rentré dans l'ordre là-bas.

Aoife s'est garée sur la grand-place, Maeve est descendue de voiture et a empli ses poumons de l'air de Derry. Elle adorait ce mélange de gaz d'échappement et d'odeur d'essence.

« C'est quand même dingue, a dit Aoife en se frayant un chemin parmi les briques et les bouteilles cassées qui jonchaient le sol.

— Qu'est-ce qui est dingue ? a relevé Maeve. Que les troupes britanniques aient assassiné quatorze civils non armés pendant une manifestation pour les droits civiques ? Que les habitants de Derry doivent casser leur propre ville pour exprimer leur mécontentement face à l'absence de justice ?

— Non, a répondu Aoife en rougissant. Non, je veux dire, c'est dingue que la municipalité n'ait pas déjà fait nettoyer les rues. »

Maeve a shooté dans une bouteille cassée, qu'elle a envoyée valser dans Shipquay Street.

« Oh, regardez ! a fait Caroline. Y a des soldes chez Primark ! »

Maeve et elle se sont dirigées vers la vitrine du magasin, tandis qu'Aoife contemplait sans bouger les dommages causés par l'émeute plutôt que les leggings, offre spéciale, présentés sur les mannequins en vitrine. Mais bon, Aoife n'avait jamais vécu une émeute. Encore une de ces petites différences qui la séparaient de Maeve.

La première fois que Maeve avait participé à une émeute, elle avait cinq ans. C'était un accident, car ses parents n'étaient pas du genre à donner à leurs enfants une éducation de rebelles en les envoyant manifester dès qu'ils savaient marcher, puis en leur mettant des pierres entre les mains, avant de passer aux cocktails Molotov, pour aller ensuite gagner leurs galons auprès de l'IRA. Comme la plupart des gens, les parents de Maeve voulaient mener une vie tranquille et faisaient en sorte que leur progéniture reste dans le droit chemin.

Et, la vache, il était droit, le chemin tracé pour Maeve. Elle avait l'impression que les Rosbifs avaient installé devant elle un check-point permanent, tandis que l'Église catholique soufflait dans sa nuque le feu de l'enfer. Et à se démener tout autour d'elle, à la pousser, lui flanquer des coups de coude, il y avait ses voisins, ses profs, sa famille, sans oublier les paramilitaires. Avec tous ces gens qui lui disaient quoi faire, elle avait à peine assez d'espace pour respirer, sans parler de se demander ce qu'elle avait envie de faire. Mais c'était sans doute le but de la manœuvre.

N'empêche, à cinq ans, tout ce que voulait Maeve, c'était la maison de Barbie et aller au paradis quand elle mourrait. Elle croyait toujours au père Noël et au paradis, à l'époque. Sa première émeute remontait au jour où ses parents les avaient laissés tous les quatre à la maison pour aller faire les courses de Noël. Mick était un bébé aux grands yeux. Deci, un poids lourd de trois ans. Et Deirdre, une fille de sept ans, anxieuse, tout en coudes et en genoux.

Leur mère et leur père leur avaient dit de ne quitter la maison sous aucun prétexte. Mais au crépuscule, alors que Deirdre avait passé des heures à leur ordonner de ranger leurs jouets, de manger leurs haricots et de dire leurs prières, Maeve en avait eu marre. Elle regardait dehors et voyait toutes les personnes en état de marcher se diriger vers la grand-place où se dressait le premier sapin de Noël. C'était à cause d'un de ces foutus émigrés irlandais qui avait réussi là-bas, à Chicago, et qui avait ramené ici son amerloque de femme l'année précédente : elle avait trouvé l'endroit tellement glauque qu'elle avait offert à la ville un arbre de Noël, afin d'apporter un peu de joie à tous ces paumés.

Au début de la semaine, Maeve avait vu à la télévision la princesse Sonja de Norvège allumer un sapin norvégien haut de plus de vingt mètres sur Trafalgar Square. Soudain, l'arbre s'était illuminé en plein cœur de Londres, surplombant une foule scintillante sous les décorations miroitantes. Maeve avait demandé à sa mère si elle pouvait aller avec Deirdre assister à l'inauguration de l'arbre de leur ville, mais celle-ci avait dit non parce qu'en guise d'illuminations il y aurait du grabuge. Sauf qu'à cinq ans Maeve savait déjà que les émeutes – comme les coups de soleil et la cueillette des framboises – n'avaient lieu qu'en été, quand les nuits étaient plus douces et que le soleil se couchait tard (en décembre, on chopait la crève). Donc, elle s'est retournée vers sa sœur et l'a harcelée en geignant jusqu'à ce qu'elle cède : « D'accord, c'est bon, on y va. »

Une fois bien emmitouflés dans leurs manteaux et leurs moufles, ils sont donc partis tous les quatre en ville, Maeve donnant la main à Deci, Deirdre poussant Mick dans sa poussette.

Maeve s'imaginait que la ville étincellerait de milliers de guirlandes lumineuses se reflétant dans des boules en verre, au milieu de décorations scintillantes agitées par le vent, avec une étoile brillante au sommet du sapin. Elle voyait déjà s'élever un nuage d'haleines glacées lorsque la foule chanterait *Douce nuit, sainte nuit*. Mais, dans la réalité, la grand-place était occupée par deux groupes silencieux éclairés par les réverbères orange, sous la surveillance des patrouilles de la RUC, armées de mitraillettes. Deirdre a gardé ses distances avec les flics et les Land Rover, arrêtant la poussette au cœur de la foule parmi les leurs. Maeve a contemplé le sapin qui ressemblait à un animal à l'abattoir, ployant vers la foule, branches tombantes, comme pour demander : « Qu'est-ce que j'ai fait pour mériter ça ? Hein ? »

Une épaisse corde de lumignons l'étranglait, et vingt ampoules pesaient sur ses ramures. Il n'y avait ni guirlandes scintillantes ni étoiles. Maeve entendait presque les ouvriers du Strabane District Council chargés de la décoration dire : « Pour sûr, on a fait du bon boulot. »

Mais elle était jeune et encore assez innocente pour avoir le cœur plein d'espoir. Elle était certaine que, quand l'arbre s'illuminerait, il se métamorphoserait, telle une servante ou un rat dans un film de Disney. Elle a vu un type maigrichon prendre le micro et le tapoter en disant « Test, un deux trois », avant de les informer que le père Noël était en route. Il avait la voix d'un type qui téléphone pour lancer une alerte à la bombe ; des années plus tard, Maeve a compris qu'il cherchait ainsi à tempérer leurs attentes. « On va tous chanter ensemble quelques chants de Noël pour nous réchauffer », a-t-il dit avant de se mettre à beugler :

Vive le vent, vive le vent,
Vive le vent d'hiver,
Qui s'en va, sifflant, soufflant,
Dans les grands sapins verts, hey !

C'était un peu comme à la messe : quelques cornichons ou bien une personne qui s'y connaissait se sont mis à chanter en chœur, mais la foule est restée là, immobile, mal à l'aise, bougeant juste les pieds pour ne pas avoir froid, mortifiée. Pourtant, malgré ce chant pourri, l'ambiance était assez joviale, jusqu'à ce qu'arrive une fourgonnette blanche, dont le père Noël est sorti par la porte coulissante tel Barracuda dans *L'Agence tous risques.* L'homme au micro a rugi : « Voilà le père Noël ! Le père Noël est arrivé ! » Alors celui-ci a sorti un sac et crié : « Oh, oh, oh. »

Les deux groupes se sont rapprochés de l'arbre et les échauffourées ont commencé.

« Du calme, les amis ! Montrez que vous savez vous tenir et laissez papa Noël s'approcher du sapin. »

Maeve essayait de ne pas perdre des yeux le père Noël, tache rouge dans la foule gris-brun. Elle a remarqué qu'il portait un sac qui n'avait pas l'air assez magique pour contenir des cadeaux pour sa famille, sans parler du reste de la ville.

« Porte-moi ! a demandé Deci en tirant sur la main de Deirdre. Porte-moi, j'vois rien ! »

Deirdre a pris son frère dans ses bras pour qu'il puisse regarder le père Noël se frayer un chemin jusqu'au sapin, flanqué de trois hommes de la RUC, leurs armes serrées contre leur ventre. Maeve a aperçu deux Land Rover qui arrivaient lentement. À l'époque, elle croyait que toutes les petites villes d'Irlande possédaient un commissariat lourdement fortifié, une tour de guet, un héliport et une base de l'armée, en plus des habituels magasins, pubs et salons de coiffure.

Et puis le père Noël a appuyé sur un bouton et le sapin s'est illuminé.

Tout le monde a levé les yeux vers l'arbre dont les branches ployaient, frissonnant sous la bise. Le père Noël a ouvert son sac, y a plongé la main, a poussé un nouveau « Oh, oh, oh », puis a jeté sur la foule des petits objets brillants.

Les gens ont reculé quand les projectiles les ont touchés avant de s'égailler par terre.

« Des Quality Street ! a fait Deirdre, sidérée. Le père Noël nous lance des bonbons ! »

Papa Noël a jeté une seconde poignée de friandises, alors la foule s'est massée autour des enfants, et les flics de la RUC ont levé leurs boucliers antiémeute et leurs matraques. Deirdre a posé Deci à côté de la poussette en lui tenant la main. Une bouteille en verre s'est écrasée sur le mur, juste à côté de sa tête, au moment où elle retirait le frein.

« Maeve ! Occupe-toi d'Deci ! Faut rentrer ! »

Au moment où Maeve s'est retournée, quelqu'un lui est tombé dessus par-derrière. Elle a été propulsée en avant et avalée par une forêt de jambes. Elle ne voyait plus le sapin de Noël. Tout autour d'elle, les gens se débattaient, criaient, hurlaient, mais par chance, il ne lui était rien arrivé de fâcheux. Quelque part, à des kilomètres de là semblait-il, le père Noël appelait au calme tandis que le sapin s'affaissait. Elle ne voyait plus les genoux osseux de Deirdre, ni Mick dans sa poussette. Et puisqu'elle ne pouvait pas se grandir pour voir plus loin, elle s'est faite toute petite. Elle s'est recroquevillée dans le caniveau, dos à un panneau. Puis elle a vu quelque chose briller sur la grille, juste à côté d'elle. Elle l'a pris. C'était l'un des bonbons jetés par le père Noël à la foule. Maeve, cinq ans, a pensé que les gens se battaient pour attraper les bonbons, et qu'elle avait fait une découverte délicieuse mais dangereuse. Elle a refermé sa main sur le Quality Street, fermé les paupières bien fort, et dans sa tête elle s'est mise à chanter *Douce nuit, sainte nuit*.

Même quand elle a eu la sensation que la foule était moins compacte, elle n'a pas bougé. Quelqu'un a fini par l'attraper en disant : « La pauv' petite ! » Elle a ouvert les yeux, mais elle est restée recroquevillée sur elle-même, et elle est passée de bras en bras tel un paquet-cadeau dans une fête, jusqu'à ce qu'elle arrive entre ceux d'une policière. Elle s'est accrochée à elle, façon petit singe, tandis que le bonbon fondait dans sa main. Soudain, elle a entendu Mick pleurer. Elle a baissé les yeux, et elle a vu Deirdre qui arrivait avec la poussette en tirant Deci par la main.

Sa sœur s'est plantée devant la policière et lui a dit : « C'est ma sœur. »

La policière a regardé Maeve d'un air interrogateur. Celle-ci a acquiescé et la policière l'a serrée, avant de se pencher pour la poser par terre. Là, Deirdre a fait la moue et lui a craché dessus. Elle n'était pas assez grande pour l'atteindre plus haut que le bord de son gilet pare-balles, mais comme sa mère a dit plus tard : c'est l'intention qui compte.

« Des paninis ! s'est écriée Caroline qui salivait devant le menu de chez Thran Maggie. Fromage jambon, fromage poulet ou fromage tomate ! Oh mon Dieu, chais pas c'que j'vais prendre ! »

Maeve adorait Derry pour ça : pour cette fantaisie incroyable qu'on retrouvait jusque dans les paninis.

« On prend un de chaque et on partage ? »

Caroline a lâché le menu, s'est calée sur sa chaise et a regardé les serveuses, les mains jointes, à croire qu'elle priait, le visage empreint d'une dévotion qu'elle réservait naguère aux statues de la Vierge Marie. Sa supplication a marché et, bientôt, Maeve s'est retrouvée la bouche pleine tandis qu'Aoife feuilletait les pages des petites annonces immobilières d'un exemplaire taché du *Derry News*.

« C'est incroyable, a-t-elle dit. À Derry, on peut louer une chambre pour presque rien !

— J'dirais pas que 50 livres par mois c'est presque rien, Aoife ! a rétorqué Caroline. Mon prêt étudiant est de 740 livres pour l'année.

— Ah, je ne veux pas dire que c'est rien. Mais comparé à l'Angleterre, Derry est vraiment bon marché.

— Ouais. Ben clairement, si y avait pas une guerre civile, ce serait plus cher. » Caroline se montrait rarement aussi incisive sur ce genre de thèmes. Maeve s'est demandé ce qui lui arrivait.

« On peut remonter en voiture et aller faire un tour à Magee, si tu veux, Caroline, a proposé Aoife. Juste pour voir ?

— Ça va, Aoife, merci. J'verrai assez tout ça dans les prochaines années.

— OK. Si tu es sûre.

— Ouais, chuis sûre.

— Enfin, a dit Maeve. Au moins, y t'restera quèque chose pour payer ta bouffe et tout le bordel. Moi et Aoife, on s'ra fauchées quand on aura payé not' loyer. » Maeve a regardé Aoife pour qu'elle lui vienne en aide, mais celle-ci n'a rien dit. « J'ai r'gardé le prix des loyers à Londres. J'aurai d'la chance si j'trouve une chambre pour moins de 200 livres par mois. Et ça m'obligera à partager la salle de bains avec je sais pas combien d'personnes.

— J'pense vraiment que tu devrais accepter la chambre chez Tata Joan, Maeve. Elle te ferait un bon prix. Elle s'occuperait de n'importe qui qui vient de cette ville, alors une amie à moi, j'te dis pas. »

Maeve était allée chez la tante de Caroline lorsqu'elle s'était rendue à Londres pour passer ses entretiens. Celle-ci avait retrouvé Maeve à la gare routière de Victoria – elle ressemblait à une figurante dans *Au nom du père*.

Tout le monde disait que Joan vivait à Londres, mais Maeve avait très vite compris qu'elle était très loin de Buckingham Palace ou de Trafalgar Square. Il avait fallu une bonne heure et demie pour aller à UCL depuis chez elle, à Woolwich. Une heure et demie pendant laquelle celle-ci avait passé presque tout son temps à jacasser à propos de la circulation.

Ce n'était pas seulement l'endroit où Joan habitait qui déprimait Maeve. C'était sa façon de vivre.

Même au bout de vingt et un ans en Angleterre, Tata Joan avait toujours un accent à couper au couteau – sans parler de ses « que Dieu nous garde ». Elle se rendait dans une église qui proposait une messe spéciale pour les immigrés irlandais. Elle avait toujours une coiffure irlandaise car elle allait tous les samedis matin voir une femme qui s'était réfugiée à Londres après les émeutes de Derry à l'été 1972. Tous les samedis soir, Joan buvait son petit panaché dans un pub irlandais local avec son mari, puis elle rentrait dans son lotissement, jusqu'à sa petite maison en brique pleine d'horloges qui faisaient tic-tac, de croix celtiques et de bols ornés de *shamrocks* en porcelaine de Belleek, de napperons au crochet, de plantes araignées, et d'innombrables photos de famille prises lors de baptêmes, de premières communions, de confirmations et de mariages, pour ensuite s'endormir sous la figure du Christ mourant sur la croix, après une bonne tasse de thé. Joan certes brûlait du charbon, et non de la tourbe, et ses fils adultes s'exprimaient avec l'accent de Londres, mais sa maison aurait pu être transportée – de la cave au grenier – à Strabane sans qu'on s'aperçoive qu'elle en était partie. Pour Maeve, c'était trop.

« Ouais, bien sûr, si je suis coincée, j'accepterai sa proposition. Le temps de rebondir. »

Maeve s'était déjà projetée dans sa vie à Londres. Elle allait vivre dans une maison avec un groupe de jeunes venant d'Irlande, d'Écosse et d'Angleterre, avec en plus un Français ou un Espagnol sympa pour faire bonne mesure, et avec un peu de chance, quelqu'un de vraiment étranger, originaire d'Inde ou d'Afrique. Ils suivraient tous des cursus différents – comme médecine, musique et zoologie – mais ils auraient plein de choses en commun et passeraient tout leur temps ensemble, à s'échanger des bouquins et des CD, et à se raconter leurs vies. Maeve aurait un canapé dans sa chambre, assez grand pour qu'Aoife ou Caroline puissent y dormir quand elles viendraient la voir. Tous ses colocs auraient assez de temps, d'argent et d'énergie pour aller boire un coup avant d'aller danser, et ils resteraient amis même lorsqu'ils seraient devenus riches et célèbres. Elle avait déjà imaginé tout ça et plus encore.

« Et donc, tu sais combien qu'tu vas payer de loyer, Aoife ? Tu as déjà regardé ? » a demandé Caroline.

Aoife était toute rouge. « Je ne paierai pas de loyer.

— Ah. »

Aoife a marqué une pause un peu trop courte avant de reprendre. « En fait, papa pense que payer un loyer, c'est de l'argent perdu. Il avait économisé pour acheter une maison pour mon frère et moi. Mais finalement, James n'a pas été pris à Cambridge.

— Mais y lui ont pas déjà acheté une maison à Belfast ?

— Oui, mais Belfast, c'est vraiment pas cher. Cambridge, c'est différent. Ça va être un peu dur pour eux, mais on trouvera une solution. Je prendrai des colocs pour aider à payer le prêt. »

À entendre Aoife, on avait l'impression que ses futurs colocataires seraient trop heureux de l'aider à financer l'emprunt, plutôt que d'être, comme Maeve, furieux de voir chaque penny obtenu à force de travailler, supplier ou emprunter disparaître dans les poches d'un propriétaire.

Maeve a attrapé son sac. « J'vais m'chercher un dessert. P'têt un cornet à la crème tant qu'j'ai les moyens d'm'en payer un. »

LUNDI 27 JUIN 1994

49 jours avant les résultats

Maeve a avalé quelques comprimés d'antihistaminiques avec son thé. C'était un truc que sa mère lui avait appris après l'enterrement de Deirdre, pour l'aider à passer ses derniers examens. La codéine a fait effet sur son ventre et lui a permis de manger un toast et de fumer une cigarette, mais elle regrettait quand même de ne pas avoir les benzodiazépines de sa mère. Ça lui aurait permis de traverser la rue comme une zombie, pareille à cette dernière aux obsèques de Deirdre, à la façon d'un fantôme.

À huit heures moins cinq, elle a descendu l'escalier d'un pas lourd avec Caroline, jambes tremblantes. En ouvrant la porte, elle a vu Aoife qui attendait debout dans la bruine. « Je me disais que je pourrais remplir ton réservoir et faire chauffer ton fer quand on sera là-bas. »

Maeve a acquiescé, sentant son cœur se serrer. Puis elle a repris une grande inspiration et traversé. Lorsqu'elle est entrée, les regards se sont posés sur elle, glissants telles des langues de serpent. D'un pas tranquille, elle s'est rendue au bureau, à croire qu'elle était en congé, et a frappé à la porte.

Mary a levé les yeux au-dessus de ses lunettes. « Qu'est-ce tu veux ?

— Il y a eu un petit mélange dans la distribution des salaires, vendredi », a dit Maeve en sortant de sa poche le bulletin de Marilyn.

Mary a eu l'air étonné. « Ah, j'me suis gourrée ?

— Mon chèque est très bien. Mais j'ai reçu le mauvais bulletin de paye. J'ai eu çui à Marilyn.

— Ah, c'est pas grave, a répondu Mary en haussant les épaules. Je m'suis juste emmêlé les crayons. Marilyn doit avoir le tien. Pourquoi que tu vas pas la voir pour vérifier ? »

À la façon dont Mary a aussitôt replongé le nez dans ses bons de commande, Maeve a compris qu'il ne s'agissait pas d'une erreur. Elle avait échangé exprès les bulletins de salaire. Maeve a senti le sang lui battre dans les tempes. Puis Mary a levé les yeux vers elle : « T'es toujours là ? a-t-elle demandé en toute innocence.

— Pas pour longtemps », a dit Maeve, qui a pris la porte sur-le-champ.

Marilyn Spears se tenait debout à côté de sa machine, dévidant tout ce qu'elle pouvait à Mabel Moore, qui faisait tss-tss-tss en hochant la tête. « Ah pour sûr, y a pas d'justice en c'bas monde, ah que non, rien de rien », a dit Mabel.

Tout à coup Marilyn a vu Maeve. Elle a lentement croisé les bras sous sa poitrine et lui a jeté un regard noir comme si elle allait lui cracher des clous à la figure. Les autres couturières se sont arrêtées pour suivre la scène.

« Mary a fait une petite erreur dans les fiches de paye, a dit Maeve. Elle a échangé la tienne et la mienne. » Elle a tendu à Marilyn son bulletin de salaire.

« Merci », a dit Marilyn en le lui arrachant des mains pour le jeter sur la table. Puis elle a pris celui de Maeve et l'a considéré avec colère. « Même si j'dois dire qu'j'aimerais mieux avoir c'gros chèque que t'as, toi, sans parler d'ton salaire de base qu'est vachement plus élevé. » Marilyn a alors brandi la fiche de paie de Maeve. « C'est marqué là, a-t-elle gueulé à l'adresse des autres couturières : Maeve Murray – travailleuse saisonnière, avec deux s'maines d'expérience – est payée sur la base de 80 liv' la s'maine. »

Tout le monde s'est arrêté pour écouter.

« Et apparemment, elle a gagné une prime de 43,45 liv'. » Le fer d'Aoife a bruyamment expiré tandis que Marilyn sortait son propre bulletin de salaire. « Marilyn Spears, mère de trois enfants ! a-t-elle beuglé. Couturière à temps plein avec dix ans d'expérience ! » Son bras flasque ballottant, elle a brandi devant le visage de Maeve sa propre feuille de paie. « Salaire de base : 70 liv'. Prime : 22,65.

— Marilyn, je…

— J't'en veux pas pour ta prime, Maeve Murray, j't'ai vue travailler pour la gagner. Mais c'que j'aimerais savoir, c'est qu'est-ce que tu peux bien faire dans l'bureau à Andy Strawbridge pour qu'y t'file 10 balles de plus par semaine ! »

Toute l'usine retenait son souffle, attendant que Maeve en colle une à Marilyn. Son bras s'est tendu. Elle ne s'était jamais battue avec personne d'autre que ses frères et Deirdre. Elle n'avait aucune idée de ce que ça ferait de mettre un pain à une réformée.

« MAIS QUE SE PASSE-T-IL ICI ? »

Maeve a fermé les yeux et expiré : « Fait chieeeeeer. »

« Y A-T-IL UNE RAISON POUR QUE CES MACHINES SOIENT À L'ARRÊT ? » Andy a pris une règle et l'a passée le long des barreaux de métal, alors quelques machines à coudre se sont remises en marche.

« Ah, j'vois qu'ton protecteur garde l'œil sur toi, a dit Marilyn en lui lançant sa fiche de paie.

— J'ai pas besoin qu'un homme veille sur moi », a répondu Maeve en regardant la feuille tomber gracieusement jusqu'au sol. Puis elle l'a ramassée et elle est retournée à son poste de travail.

La lumière de son fer était verte et son panier était plein. Mary s'est mise à hurler à propos d'un truc dont Maeve n'avait absolument rien à foutre. Elle a pris une chemise, et elle a plongé au milieu d'un blizzard de manches, de poignets, de cols et de dos.

En arrivant le lendemain matin, Maeve a aperçu Andy qui observait l'entrée du personnel en silence. Pas de commérages. Pas de rigolades. Tout le monde a levé les yeux vers lui, et puis on s'est échangé des regards. Billy Stone et Paddy Quinn se tenaient chacun à une extrémité de l'usine, bras croisés, tels des videurs dans une boîte de nuit. À huit heures, Mary a fermé la porte principale avec un fracas que Maeve a ressenti jusque dans ses os.

« Très bien, vous autres, a dit Andy en reniflant. Tout à l'heure, ces messieurs de chez McAllister vont passer nous voir. Je les ai convaincus de venir jeter un coup d'œil à notre usine. Si ce qu'ils découvrent leur plaît, nous décrocherons un contrat juteux. »

Un murmure d'approbation a traversé l'espace.

« C'est des gars d'la grosse usine McAllister à Ballymena ? a demandé Marilyn Spears.

— En effet. Ils viennent de signer un gros contrat et ont besoin de sous-traitants.

— Avec la sous-traitance, on est jamais assuré de rien, a ajouté Mabel Moore. J'ai d'jà vu ça.

— De nos jours les usines n'ont plus aucune assurance d'avoir du travail. Les temps ont changé. Nous travaillons avec quelques semaines de commandes devant nous, pas des mois ou des années ainsi que vous l'avez connu dans des temps plus fastes.

— Et donc, si on décroche c'contrat, est-ce qu'on aura une meilleure paye ? Ou p'têt une prime ? » a demandé Fidelma.

Andy a soupiré tout en balayant des yeux ses effectifs. « Je ne vais pas vous mentir. Vous êtes en compétition avec les usines asiatiques, où des milliers de travailleurs tueraient pour gagner en une semaine ce que je vous donne en une heure. Main-d'œuvre bon marché. Matière première bon marché. Loyers bon marché. Des machines plus modernes. Les temps sont durs pour les usines dans cette partie du monde. »

Le mécontentement s'est répandu à travers l'usine à la façon d'un gaz nauséabond.

« OK. Voilà ce que j'ai à vous demander : travaillez de votre mieux, que l'usine soit propre, et pas de bavardages. Quand les gars de chez McAllister seront là, vous ne parlerez que si on s'adresse à vous et vous resterez concentrés sur votre travail. Des questions ? » Andy a regardé autour de lui, ignorant que, derrière lui, Mary affichait une mine sévère. « Non ? Alors au travail », a-t-il ajouté en frappant dans ses mains comme s'il s'adressait à des élèves de maternelle.

L'équipe de chez McAllister est arrivée peu après la première pause de la journée. Mary les a interceptés à la porte, puis a lancé à Maeve un regard impérieux. « Miss Murray, pourriez-vous prévenir que ces messieurs de chez McAllister sont arrivés ? »

Maeve a aussitôt laissé de côté la chemise qu'elle repassait pour monter les marches quatre à quatre et s'engouffrer dans le bureau d'Andy sans frapper. « Les types de chez McAllister sont là.

— Très bien. Combien sont-ils ? a demandé Andy en refermant sèchement un livre de comptes.

— Juste deux. Un grand costaud et un p'tit maigre. »

Il a poussé le registre sous des papiers et resserré sa cravate.

« Je descends dans une minute », l'a-t-il congédiée.

Maeve est retournée à son poste, déçue. Quelque part, elle s'attendait à une interaction plus poussée avec Andy, qu'il fasse un commentaire sur son apparence, ou discute avec elle de ce contrat. Elle s'est remise à la tâche lentement, distraite par la présence des deux types de chez McAllister. Le gros rouquin observait les couturières. C'était à croire qu'il avait enfilé son costume bourré : ses bourrelets dépassaient des manches et du col. La mère de Maeve aurait dit qu'il avait les yeux qui traînaient partout. Il transportait des échantillons, un rouleau de tissu et affichait un air menaçant. L'autre gars était une espèce d'avorton maigrichon, avec des lunettes et des cheveux gras tout gris. Il transportait une mallette presque aussi grosse que lui et gardait le menton relevé, comme s'il humait l'air de l'usine ; deux dents de lapin jaunies dépassaient sous sa lèvre supérieure.

Andy a descendu l'escalier en trombe et il est venu au pas de charge vers les deux types. Le gros roux qui surplombait Mary lui a serré la main. Puis Andy s'est baissé pour serrer celle du petit avant de les faire monter tous les deux. Ils sont restés un moment sur le palier à observer les rangées de machines à coudre, puis sont entrés dans le bureau.

Ils en sont ressortis juste avant l'heure du déjeuner, de bonne humeur, visiblement. Mary les a escortés jusqu'à la porte en affichant un grand sourire faux, mais en revenant elle montrait un air sévère. Elle s'est arrêtée devant la table où l'on emballait les chemises et elle a gueulé. « Écoutez donc, vous autres. Arrêtez-vous une minute et amenez-vous par ici. »

Maeve a posé son fer et s'est approchée de la table, rejoignant le groupe de ses collègues, tous mal à l'aise. Dix chemises identiques étaient posées devant Mary.

« Bon. Chuis sûre qu'vous avez vu les types de chez McAllister.

— On pouvait pas rater c'gros lard de rouquin, a dit Fidelma Hegarty d'un air renfrogné.

— Il est balèze, a pouffé Magee-le-Chauve. J'essayerais pas d'l'emmerder. »

— Et l'aut' avorton, a ajouté Mabel Moore. Y a plus de jus dans une groseille à maquereau. »

Tout le monde a éclaté de rire jusqu'à ce que Mary tape sur la table. « Les gars d'chez McAllister ont dit que l'usine et l'matériel leur conviennent. » Elle s'est tue et les a regardés avec dureté. « Main'nant, y veulent voir ce que vous avez dans le ventre. » Elle a pris une chemise et l'a étalée sur la table. « Y z'en veulent cent comme ça d'ici la fin de la journée.

— Ah putain, Mary ! a grogné Marilyn Spears. Ça veut dire qu'on va travailler sans prime. »

Mary l'a toisée par-dessus ses lunettes. « Si vous y arrivez et qu'on remporte la commande, on pourrait passer à cinq journées de boulot par semaine. »

Mary venait de jouer son joker. Une journée de paie en plus par semaine, ça pouvait changer la vie. Depuis le repas à emporter qu'on s'offrait le vendredi soir jusqu'à la nouvelle paire de chaussures du mois, ou encore les économies en vue d'acheter un canapé.

Maeve s'est penchée pour mieux entendre Mary disséquer la chemise. C'était un modèle slim en popeline. Col cutaway. Poche de poitrine. Poignets à deux boutons. Devant simple et dos plissé.

Elle a distribué les chemises. Maeve a tâté le tissu. Il était de bonne qualité, assez épais pour être facile à repasser et bien se tenir dans la boîte. Karen Gilchrist a examiné les boutons en fronçant les sourcils. Caroline était entourée de couturières qui étudiaient les coutures.

« Bon, allez, a fait Mary en regardant sa montre d'un air grave. Au boulot. »

Billy a enfilé son gant de métal et hissé sur son épaule le rouleau de tissu comme si c'était une femme inconsciente qu'il portait jusqu'à la table à découper. Maeve l'a regardé la laisser tomber, partagée entre l'envie qu'il la jette, soumise, sur un lit de plumes avant de la prendre de force, et la vision de Billy déposant le corps dans une tombe peu profonde.

Dès que les premières pièces ont été découpées, Mary les a distribuées à travers l'usine. Puis elle est passée de couturière en couturière, regardant de près le tissu qui filait sous l'aiguille, inspectant à chaque stade les coutures. Elle s'est penchée par-dessus l'épaule de Mickey McCanny, qui soudait les cols et les poignets, et s'est énervée contre Karen Gilchrist à la machine à boutons. Quand elle a apporté la première chemise à repasser, ses nerfs étaient en pelote. Elle l'a tendue à Maeve, puis l'a observée d'un regard d'aigle, avant de la lui arracher des mains, sitôt fini. Elle s'est précipitée alors vers la table d'emballage, là, elle a pris le mètre qu'elle portait autour du cou et a tout mesuré de l'aisselle au poignet, d'un bouton à l'autre, de l'épaule jusqu'en bas. Au second essai, elle a semblé se détendre. Puis elle a donné la chemise à Sharon Rogers pour qu'elle la plie et la range dans une boîte.

Dix chemises dépliées et quatre-vingt-dix autres pliées et rangées dans leurs boîtes attendaient sur la table d'emballage lorsque Andy et les types de chez McAllister ont poussé les portes de l'usine en fin d'après-midi. La cravate du rouquin était de travers, et son visage avait pris des couleurs.

Le petit malingre a sorti un mètre et a entrepris d'examiner les chemises qui n'étaient pas emballées. Le grand a pris quelques boîtes au hasard et les a ouvertes. Maeve sentait des effluves d'alcool émaner de leur haleine tandis qu'ils discutaient entre eux. Une fois parvenus à un accord, Andy les a aidés à transporter les boîtes dehors. En rentrant, il a claqué des doigts en direction de Mary et tous deux sont montés dans son bureau. Mary est redescendue plus tard, mais pas Andy.

Maeve sortait de la cantine en traînant les pieds le lendemain matin après la pause quand elle a aperçu Andy sur le palier, en haut. Il les a tous regardés reprendre leurs postes, puis s'est éclairci la gorge. « J'ai eu des nouvelles de McAllister. » Il a marqué un temps d'arrêt, appréciant visiblement que toute l'usine soit suspendue à ses paroles. « On dirait qu'ils sont aussi fous que moi. Ils sont prêts à vous donner votre chance. »

Un murmure de satisfaction a balayé les lieux. Une expression qui ressemblait à du mécontentement s'est fugacement peinte sur les traits d'Andy.

« Nous avons remporté ce contrat », a-t-il dit plus fort en levant le poing façon Nelson Mandela.

Des applaudissements ont crépité à travers la foule, semblables à de la pluie. Maeve a frappé dans ses mains à mesure que la pluie devenait orage, souriant comme une idiote. Mais en voyant l'expression arrogante d'Andy, elle s'est arrêtée net et a enfoncé les mains dans les poches de sa polaire.

« Très bien, très bien, a-t-il repris en levant les mains en l'air. Nous avons beaucoup de travail devant nous. J'aurai peut-être besoin de davantage de bras. Vous pouvez en parler autour de vous.

— Eh, une minute, Andy Strawbridge, l'a interpellé Fidelma Hegarty. J'croyais qu'on allait faire la s'maine de cinq jours. »

Andy a pris l'air peiné, à croire qu'il était déçu que Fidelma casse l'ambiance.

« Je regrette, mais il est encore trop tôt pour prendre de tels engagements, Fidelma. Peut-être lors du prochain contrat.

— Si ça dure aussi longtemps, a-t-elle ricané.

— Exactement, a fait Andy en ignorant son ironie. Pour fêter ça, je vous invite à boire un verre chez Kelly demain soir. Vous êtes tous les bienvenus. »

La promesse de bibine gratuite a déclenché quelques hourras chez ceux qui venaient de la campagne.

« Chez Kelly ? » a grogné Marilyn Spears comme si elle était dure d'oreille.

Les réformés se sont renfrognés, se regardant les unes les autres. Certaines ont croisé les bras, d'autres ont affiché leur étonnement.

« Oui, chez Kelly, a fait Andy d'un ton sec. Dans le centre-ville. »

Maeve aimait aller chez Kelly. C'était tranquille. Il y avait un petit comptoir où les agriculteurs du coin venaient boire un coup, crottés jusqu'aux genoux. Il y avait une salle avec une télé et un jukebox qui proposait toujours un bon choix de chansons. Et puis il y avait une salle de réception, uniquement dédiée aux événements privés tels que les enterrements et les naissances. Jackie et John Kelly ne faisaient pas de politique, donc ils n'accueillaient pas de campagnes de levée de fonds ni de jeux. Par conséquent, c'était le bar de la ville où emmener un visiteur ; c'était là qu'un étranger courait le moins de risques de se faire casser la gueule, ou pire.

« C'était pas facile de trouver un bar qui accepte les deux côtés, a dit Mary à Paddy Quinn. Kelly, c'est le seul. On a réservé la salle privée. On aura nos toilettes rien qu'à nous. C'est presque aussi bien que d'boire à l'usine.

— J'ai rien cont' toi ni Andy, Mary, mais merde, c'est quand même un bar catho. Pourquoi qu'on va pas au Cromwell ?

— Y nous laisseraient pas tous rentrer. Pas après cette histoire au mariage Millar. »

Maeve s'est rappelé ce qui s'était passé alors, un drame dont l'acteur principal était un crétin de république irlandaise que sa copine réformée avait invité à un mariage. La mère de Maeve l'avait croisé en ville en allant faire les courses. On aurait dit un type qui faisait un safari, à enfoncer le doigt dans les trous laissés par les balles dans les murs, et à poser pour une photo près d'un Rosbif, quelques heures avant qu'on le retrouve derrière le Cromwell, le crâne défoncé par un tonnelet de bière.

Le médecin légiste avait conclu à la « mort par mésaventure », le père de Maeve avait dit : « Il est pas loin d'la vérité », tandis que sa mère répliquait : « Suicide serait plus juste pour un gars de la République qui va boire au Cromwell. »

« Allez vous autres, au boulot ! a lâché Andy. On s'y remet ! »

Maeve a repris son fer brûlant et l'a appliqué sur un col de chemise. Elle s'est demandé ce que ça ferait d'aller boire un coup avec une bande de réformés. Et Andy.

Un peu plus tard dans la journée, la chaîne a pris du retard. Aoife est allée voir Karen Gilchrist pour qu'elle lui apprenne le fonctionnement de la machine à boutons, tandis que Maeve se lançait dans le détachage. Ça lui plaisait depuis que Fidelma Hegarty lui avait montré comment utiliser les différents produits chimiques pour planer un peu, comme quand elle sniffait du déo dans les toilettes de l'école. Au bout de la troisième tache, Maeve avait la tête qui tournait, alors elle a attrapé un Coca dans son sac et elle est allée prendre un peu l'air.

Mary et Mabel Moore se prélassaient au soleil tandis que Sharon Rogers se penchait vers Magee-le-Chauve qui lui donnait du feu. Ce genre de compagnie ne plaisait guère à Maeve mais, à présent qu'elle était dehors, elle ne pouvait pas revenir en arrière. Elle s'est adossée au mur de brique chaud et a regardé Magee-le-Chauve lever la tête vers le soleil en plissant les yeux.

« Pour sûr, ce s'rait l'meilleur pays au monde s'y f'sait c'temps-là tous les jours. »

Maeve s'est demandé quels pays il avait bien pu visiter pour penser une chose pareille.

« C'est un sacré truc, hein ? McAllister qui débarque avec c'gros contrat, et Andy qu'embauche des gens ?

— Andy Strawbridge s'rait pas l'premier étranger à v'nir en ville faire des belles promesses », a grommelé Mabel Moore.

Magee-le-Chauve a écarquillé les yeux et s'est gratté le menton avec l'air d'un homme qui réfléchit plus qu'il n'en a l'habitude.

Soudain, un coup de feu a résonné à travers la cour.

« Putain, c'est quoi, ça ? » a fait Sharon Rogers en serrant les bras sur sa poitrine.

Un nouveau tir a retenti. Un silence pesant a suivi, que Mary a rompu. « On dirait que Foncey Logue s'est r'mis à tirer sur les corbeaux. »

Plus personne ne bougeait. Deux détonations supplémentaires ont déchiré l'air.

« C'est pas après les corbeaux qu'il en a, si y s'acharne à tirer », a déclaré Mabel Moore en fronçant les sourcils.

Ils ont continué à écouter. Mais ils n'entendaient plus rien d'autre que les croassements des corbeaux qui se fondaient dans le brouhaha étouffé du centre-ville.

« J'y r'tourne, a dit Mary en se levant. Feriez bien d'pas trop traîner, vous aut'. »

Dès qu'elle a disparu, Magee-le-Chauve s'est assis à sa place en grognant. « On s'demande vraiment comment qu'è fait, a-t-il dit en secouant la tête.

— Comment qu'è fait quoi ? a demandé Sharon.

— Comment qu'è supporte le bruit du fusil à Foncey », a-t-il répondu en relevant les sourcils et en rentrant le menton.

C'est alors que Maeve a compris à quoi il faisait référence : le mari de Mary avait emprunté le fusil de Foncey Logue pour se tuer. Le lendemain de l'enterrement, celui-ci était allé à la caserne récupérer son arme. Le soir même il s'était remis à tirer sur les corbeaux.

« C'te gonzesse, elle est en béton armé, a dit Mabel. L'a pas l'choix.

— Ah, moi, j'y arriv'rais pas, j'peux vous l'dire, a repris Magee-le-Chauve.

— C'est pas normal, nan, c'est pas normal », a dit Sharon.

Mabel s'est levée et a fait quelques pas, clopin-clopant, les hanches raides, puis elle a fixé ses yeux d'un bleu liquide sur Sharon. « Et qui c'est ici qu'est normal ? » a-t-elle demandé avant de retourner vers l'usine en boitillant.

Le lendemain matin régnait une atmosphère festive. Les filles de la campagne, Dieu les préserve, étaient déjà sur leur trente et un sous leurs polaires, leur trousse de maquillage rangée dans leur sac à main. Le seul privilège de Maeve dans la vie, c'était de ne pas être née chez les bouseux. Cette ville, bien sûr, c'était de la merde, au sens figuré ; la campagne l'était au sens propre.

À l'usine, pourtant, tout le monde n'était pas de bonne humeur. Billy Stone a passé une bonne partie de la journée à arpenter la cour en fumant, tel un taulard sexy dans une série sur une prison. En vérité, a pensé Maeve, se préparer à la prison n'était pas du temps perdu pour Billy. Elle espérait juste qu'aucune des personnes qu'elle connaissait ne serait la cause de son incarcération.

Il a fallu attendre la pause de l'après-midi pour que celui-ci explose. « Bière gratos ou pas, je foutrai pas les pieds chez Kelly », a-t-il dit en montrant les dents avant de se lever. Sa chaise a vacillé, puis elle est tombée. « Vous aut', vous pouvez faire qu'est-ce que vous voulez. »

Tout le monde s'est tu, même ceux auxquels il ne s'adressait pas.

« Billy, a dit Marilyn Spears, y en a beaucoup qui sont assis ici et qui pensent comme toi. Mais tu fais rien que te tirer une balle dans l'pied si tu viens pas. Une pinte, c'est une pinte, où qu'tu la boives. »

La pause était finie. Maeve a reculé sa chaise en la faisant grincer et s'est jointe à la foule qui repartait. Marilyn, Mary et Billy sont restés en arrière. Celui-ci a quitté la cantine bien plus tard, Marilyn sur les talons. Mary est revenue en hâte à son bureau, a fermé la porte, puis les stores.

Quand la dernière sonnerie de la journée a retenti, les machines se sont arrêtées et les filles de la campagne ont filé aux toilettes avec leurs trousses de maquillage. Andy est sorti sur le palier, toisant l'usine avec des airs de colon. Maeve n'arrivait pas à savoir si 1) il l'excitait ou 2) la dégoûtait (la vérité était sans doute quelque part entre les deux, s'est-elle dit, ce qui était épuisant).

« Bon, vous autres, a aboyé Andy, le bar ouvre à dix-neuf heures. Cela devrait vous laisser le temps de faire un brin de toilette.

— Y en a qu'ont besoin d'plus d'une demi-heure pour s'décrasser, a dit en rigolant Magee-le-Chauve, tout en donnant une bourrade à Mickey McCanny.

— Si ta tronche était aussi propre que mon cul, tu t'pieuterais pas tout seul le soir », a répondu Mickey.

Quelques gars se sont reniflé les aisselles, puis se sont aspergés de Lynx comme si le trou de la couche d'ozone n'était pas déjà suffisamment grand. Maeve a regardé Billy Stone s'en aller. Dès que celui-ci a été parti, Paddy Quinn a traversé l'usine pour monter voir Andy dans son bureau. Maeve a vu Andy hocher la tête, puis désigner la porte à Paddy. Ensuite, il a regardé Maeve et lui a lancé un clin d'œil. Elle a senti le sang lui monter au visage quand Paddy Quinn a suivi le regard d'Andy. Elle a alors baissé la tête, attrapé sa polaire et s'est précipitée vers la porte pour aller se préparer pour la soirée.

Une demi-heure plus tard, Maeve est arrivée à petits pas mal assurés dans le salon, juchée sur sa seule paire de chaussures à talons. Caroline était assise sur le canapé, elle portait un jean et un haut noir.

« La vache, a-t-elle dit en voyant Maeve avec son body rouge et sa jupe crayon noire. C'est un peu habillé pour allez chez Kelly. Qui c'est qu'tu veux impressionner ? »

Maeve s'est trémoussée, elle a fait la moue et répondu « Magee-le-Chauve » en imitant la voix de Marilyn Monroe. Elle savait que ce n'était pas bien de se moquer de ce pauvre Magee, handicapé comme il était avec ses nichons de nana, sa barre de sourcils et sa mauvaise haleine. Ce n'était pas bien, mais c'était marrant.

Aoife n'a pas ri. Elle est restée assise là, à peu près identique à ce qu'elle était une demi-heure plus tôt, n'en faisant jamais trop et s'en tirant toujours. Soudain, sous son regard, Maeve s'est sentie moins assurée que d'habitude, plus vulgaire.

« Bon, a-t-elle dit en fermant son cardigan sur sa poitrine. On y va ? »

Maeve avait déjà terriblement mal aux pieds lorsqu'elles sont arrivées chez Kelly. Laissant derrière elles l'entrée principale, elles ont emprunté la venelle latérale, qui menait à la salle de réception. Ce genre d'endroits lui foutaient les jetons car aux infos on les voyait toujours barrés par de la rubalise, remplis d'experts de la médecine légale en combinaisons blanches qui s'énervaient sur des taches de sang. Elle a frissonné et suivi Caroline et Aoife jusqu'à la porte. Elle les a laissées entrer les premières, mais sa tactique n'a pas réussi à la rendre aussi invisible qu'elle l'espérait.

« Nom de Dieu, t'as bien fait ta toilette, Maeve Murray, a dit Mickey McCanny. Tu dois aller dans un endroit chicos. »

Maeve a levé les yeux au ciel tandis que Mickey lui débitait des compliments, puis elle s'est dirigée vers une table dans un coin avec Aoife pendant que Caroline allait au bar. La plupart des gens s'étaient installés avec ceux qu'ils fréquentaient d'habitude à la cantine. Fidelma Hegarty était juchée sur un tabouret au bar avec Paddy Quinn, jouissant d'une bonne vue sur la salle. Un groupe de couturières suivaient une partie de billard. En grande conversation avec Billy Stone, Marilyn Spears avait posé ses seins sur la table. Mabel Moore, assise en face d'eux, se torchait à la bière brune. Au beau milieu d'un groupe compact de couturières réformées, qui semblaient toutes avoir le gosier en pente, Mary, sourcils froncés.

Puis Maeve a vu Andy.

Assis sur un tabouret au bout du bar, encore vêtu de son costume de travail, il avait devant lui un verre contenant un liquide clair et il regardait la salle comme s'il y avait un miroir sans tain entre lui et les autres.

« Il n'est pas vraiment à sa place, hein ? a dit Aoife.

— Nan. Il a quand même l'air d'un con », a dit Maeve, même si elle savait qu'en disant ça, c'était sans doute elle, la plus conne. *Comment se faire des amis et influencer les autres* déconseillait de dire du mal des gens, même dans leur dos.

Caroline a posé leurs verres sur la table, puis a pris place à côté de Maeve. « Mon Dieu, y a plus d'ambiance à la pause de l'après-midi. »

Elle avait raison. Les réformés étaient plus calmes qu'à l'usine (mais pour ce qu'en savait Maeve, c'étaient peut-être des pisse-froid lorsqu'ils picolaient).

« Les nôtres sont très cools, a fait observer Caroline. Vous croyez qu'y s'la pètent juste parce qu'on joue chez nous ?

— Pas sûr, a dit Maeve en haussant les épaules. C'est p'têt juste moins flippant de boire ici ce soir. L'UVF va pas v'nir s'en prendre à c'pub alors qu'il est plein d'réformés.

— T'as pas tort ! a dit Caroline en riant. Marilyn et ses potes sont nos boucliers humains ! »

Une fois à l'aise, Aoife a désigné Andy. « Est-ce qu'on connaît le montant du budget de la soirée ? » a-t-elle demandé.

Maeve regrettait de ne pas le savoir car elle aurait pu ensuite voir Aoife se livrer à un de ses calculs bizarres, et découvrir combien de pintes et de shots ils avaient devant eux, puis prédire à quelle heure la source serait tarie.

« Aucune idée. Donc on f'rait mieux de s'y mettre », a-t-elle dit en trinquant avec ses amies. Sur ce, elles se sont mises à picoler plus sérieusement, comme si elles avaient des objectifs à atteindre et des primes à gagner.

Maeve avait du vent dans les voiles quand elle s'est retrouvée au bar à côté d'Andy.

« Vous avez de l'allure, ce soir, Mizz Murray, a-t-il dit en la regardant. Il est bon de savoir que vous avez davantage de goût en dehors de l'usine. »

Maeve a regardé Andy. Il portait les mêmes vêtements que dans la journée. « J'aimerais pouvoir dire la même chose à votre sujet, monsieur Strawbridge.

— Je vois que vous avez étudié le livre que je vous ai donné.

— Et je vois que vous ne suivez pas vos propres conseils. »

Theresa a essuyé le comptoir devant Maeve. « Qu'est-ce tu prends ?

— Trois vodkas avec une pointe de jus d'orange, s'il te plaît, Theresa. »

Maeve regardait la vodka couler de la bouteille ; Andy, lui, la regardait toujours. Elle aimait ça. Mais elle détestait qu'il le fasse de manière aussi appuyée. Un aveugle sur un cheval au galop aurait compris qu'il avait envie de se la taper – sans parler d'une salle pleine d'ouvriers trop curieux.

« Vodka orange, hein ? a relevé Andy. Je vous aurais plutôt crue du genre à aimer les cocktails. Le mojito, peut-être. »

Maeve n'avait aucune idée de ce qu'était un « morito », mais il était hors de question de l'admettre. « Je préfère le cosmopolitan. »

Elle tirait son savoir en matière de cocktails d'un article du magazine *Select*. Un des journalistes avait été payé pour aller se pinter à coups de cosmopolitan et de sex on the beach dans un bar chic de Londres. Maeve en avait retiré l'impression qu'écrire des articles pour des magazines était bien plus amusant que d'enquêter sur des meurtres commis par les paramilitaires.

« Bonne chance pour trouver un cosmopolitan par ici », a répondu Andy.

Maeve était assez bourrée pour rigoler, mais les regards venant du fond de la salle l'ont calmée. Theresa a versé un peu de jus d'orange dans les verres, puis les a plantés devant Maeve.

« Mille mercis, Theresa, a dit Maeve en rassemblant les trois verres pour les prendre tous en même temps.

— Faites-moi confiance au sujet des mojitos, Maeve. Vous *êtes* une femme à mojito.

— Andy, j'ai autant confiance en vous qu'en un marchand de tapis. »

Elle s'est délectée de son rire en repartant. Mais quand elle a posé les verres devant Caroline et Aoife, celles-ci les ont pris sans même lui dire : « Oh, merci ma chérie. »

« Qu'est-ce qui s'est passé ? a demandé Caroline en essuyant d'un doigt la condensation sur son verre.

— Rien. C'est juste Andy qui fait le con. »

Caroline a pris une petite gorgée prudente. « Fais gaffe avec lui. On joue pas dans la même cour.

— Ah, Andy, tu nous broutes ! Aux consos gratis ! » a répondu Maeve en levant son verre.

Aoife a serré le sien, puis l'a levé à son tour. « Du moment qu'il ne nous broute pas la chatte. »

Caroline a éclaté de rire et trinqué avec Aoife. « Ah, là, je trinque à ça ! *Sláinte !* »

À force de boire, les réformés se sont un peu déridés, aussi Caroline est allée discuter avec quelques couturières qu'elle connaissait. Puis Aoife est partie chercher la tournée suivante au bar. À la surprise de Maeve, elle a engagé la conversation avec Andy. Maeve a vidé les derniers glaçons dans sa bouche et s'est mise à les mâcher tout en les regardant discuter. Aoife a continué à parler avec Andy après que Theresa l'a servie, bien plus longtemps que ne l'avait fait Maeve. Quand elle ne l'a plus supporté, celle-ci s'est levée pour aller vers eux.

« Coucou.

— Coucou, a répondu Aoife. Voilà ta vodka. » Elle a poussé un verre devant Maeve.

« Oh, merci », a-t-elle répondu, dans l'expectative. Elle n'aimait pas la manière dont Andy les regardait. Comme si elles n'étaient pour lui qu'une distraction.

« Je discute d'optimisation avec Andy.

— Ah ouais », a dit Maeve en prenant son verre. Puis Aoife lui a tourné le dos et a repris sa conversation.

Maeve était mortifiée. Jamais Aoife ne lui avait fait ce coup-là ! Elle s'est détournée, a bu une gorgée et regardé autour d'elle. Fidelma était toute seule. Maeve s'est approchée en titubant et s'est laissée tomber à côté d'elle. « Fidelma. Ça boume ?

— C'est pas folichon. » Elle regardait Billy qui fumait à la table de Marilyn. Maeve l'avait vu se lever pour aller faire quelques parties de billard féroces, écrasant tous ceux qui se présentaient devant lui, avant de balancer sa queue de billard et de retourner vers sa pinte. Billy avait beau être sexy, boire un coup avec lui avait l'air à peu près aussi poilant qu'un holocauste.

« Tu crois qu'Billy va s'lâcher après quelques verres ?

— Billy ? a répété Fidelma comme si elle ne l'avait pas du tout regardé.

— Ouais. Il était super remonté contre l'idée de venir ici. »

Fidelma a bu une gorgée de bière. « Qu'est-ce tu sais à propos de Billy ?

— Chais qu'il aime ses tatouages, a dit Maeve en matant une nouvelle fois son biceps droit.

— Tu t'rappelles ce gars, Cedric Moore ? Le laitier qui s'est fait dézinguer près de la frontière. »

Maeve a hoché la tête bien qu'elle ne l'ait jamais rencontré. Ce dont elle se souvenait par contre, c'était que la livraison de lait avait été perturbée pendant que les pompes funèbres ramassaient Cedric à la petite cuillère dans la haie et tamisaient les morceaux de bouteilles cassées éparpillés sur la route à la recherche de bouts d'os. « C'était l'UDR, hein ?

— Ouais. Trente-deux ans. Le p'tit dernier à Mabel Moore. Et l'oncle à Billy Stone. » Fidelma a jeté un regard à Marilyn, puis est revenue vers Maeve. « Marilyn Spears, è s'est mariée à un d'leurs gars. Chais pas comment, si c'était un cousin ou aut' chose. Pis évidemment, elle avait perdu son père dans une embuscade, longtemps avant qu'on soit là, nous. Y faisait partie d'la RUC.

— Putain. » Maeve n'avait jamais relié les visages flous qu'elle voyait aux nouvelles depuis des années aux noms des protestants qui travaillaient avec elle désormais.

« Aussi, y sont un peu nerveux, a ajouté Fidelma en fronçant les sourcils. Pis avec l'Orange Day qui s'amène, ça aide pas.

— Pour sûr que non.

— Tu piges pourquoi Billy y s'est pas engagé dans les forces de sécurité. L'usine, c'est bien plus peinard que la police ou l'UDR. Quand tu t'engages là-dedans, tu d'viens une cible. »

Maeve a vidé son verre, contente de sentir ce picotement dans sa gorge. « Des fois, j'ai l'impression qu'y s'est engagé dans une aut' organisation. Avec des loyalistes. Sauf qu'y a pas de retraite à la clé. »

Fidelma s'est retournée vers elle et l'a regardée, puis elle a vidé son verre. Maeve a compris et elle s'est mise debout avec difficulté. « Tu veux un aut' cidre ? »

Fidelma a hoché la tête. Maeve s'est dirigée vers le bar, mais la salle a commencé à tourner autour d'elle. Elle a fait de son mieux pour mettre un pied devant l'autre, et en arrivant s'est accrochée au bar avec soulagement.

« Un peu pompette, Mizz Murray, n'est-ce pas ? »

Maeve s'est retournée vers Andy, surprise que le regarder dans les yeux lui demande tant d'efforts. « Nous, les gens du Nord, on est jamais pompette, Andy. »

Theresa s'est présentée devant eux. « Qu'est-ce que j'te sers ?

— Un Bulmers et une double vodka avec un peu d'orange. »

Non mais c'est vrai, quoi, et pourquoi pas ?

Environ une demi-heure plus tard, Andy s'est levé, tenant son verre en l'air, et il a tapé dessus avec une petite cuillère. Le brouhaha s'est calmé et tout le monde s'est tourné vers lui.

« Bravo, mesdames et messieurs, vous avez épuisé les fonds alloués à cette soirée. »

« C'est p'têt ben épuisé, a grommelé Fidelma Hegarty, mais moi, chuis loin d'êt' à plat. »

Andy a de nouveau attendu que le bruit diminue. « Je vous laisse poursuivre la soirée, a-t-il dit en saluant la salle de son verre. Amusez-vous bien. »

Quelques-uns – des réformés pour la plupart – ont levé leur verre en guise de réponse. Puis Maeve a vu Andy poser le sien et sortir. Elle a eu envie de lui courir après et de le prendre en otage afin de le forcer à la conduire de l'autre côté de la frontière, jusqu'à une ville côtière où elle exigerait de lui un « morito » et des chips goût bacon.

Caroline lui a donné un coup de coude. « À quoi tu penses ? »

Maeve songeait qu'il était plus probable que ce soit Andy qui l'enlève. Il irait se garer sur une route s'arrêtant à la frontière pour qu'elle le suce tandis qu'il ouvrirait l'œil, histoire de ne pas se faire choper par une patrouille britannique.

« Oh, à rien. Chuis pétée, c'est tout. »

Caroline s'est calée contre le dossier de son siège et a soupiré de contentement. « Pour sûr, on est tous pétés. C'est cool. »

Mabel Moore a vidé sa pinte, s'est essuyé la bouche d'un revers de main et a bâillé. Elle a dit quelque chose à Marilyn et à Billy, puis elle s'est mise à la recherche de son sac. Alors Maeve a eu une idée. Le genre d'idée qu'elle n'aurait jamais eue sans avoir lu *Comment se faire des amis et influencer les autres* ni avoir bu plus que son content de vodka.

Elle s'est levée et s'est approchée en titubant de la table de Marilyn. « T'y vas, Mabel ? »

Ses yeux d'un bleu fané étaient injectés de sang. « Pour sûr, j'm'en vais r'trouver mon lit. J'ai p'us l'âge pour c'genre de truc.

— Ouais, on s'est bien marrées quand même.

— Oh, a grogné Mabel en se levant. Chuis toute raide d'êt' restée assise si longtemps. »

Maeve a flairé cette odeur de pisse de vieille dame. Elle n'avait jamais trouvé le courage de demander à une personne de la génération de Mabel pourquoi elles sentaient la pisse. Elle n'était pas sûre que la réponse lui plairait.

« Chuis sûre qu'faire un bout à pied pour rentrer, ça va t'décoincer, a fait Marilyn.

— J'crois pas qu'marcher, ça r'mett' de l'huile là où c'est qu'la mécanique a pas été dérouillée par la bière. J'y vais, toute façon. »

Tandis que Mabel se traînait vers la sortie, Marilyn a montré à Maeve la chaise vide. « Tu veux pas t'asseoir ? »

Il y avait quelque chose de pas franc dans le sourire de Marilyn. Mais Maeve s'est rappelé le conseil de Dale Carnegie : pour gagner l'amitié des autres, il faut commencer par se montrer amicale, aussi elle s'est assise. Le siège était étrangement tiède. Maeve s'est sentie reconnaissante que les fesses de réformée de Mabel soient plus chaudes que son petit cul de catho.

« Alors, ça a été, la soirée ? » a demandé Maeve. Billy ne l'a pas regardée, sans parler de lui répondre.

« Ben, boire à l'œil c'est toujours mieux que boire pour pas cher, a répondu Marilyn. Et vu c'que sont payées certaines, chaque penny compte. »

Maeve s'est trémoussée tandis que Marilyn secouait la tête dans sa direction. Elle avait les fesses qui piquaient.

Billy a pris sa pinte et, en regardant Marilyn en coin, a dit : « J'me casse d'ici dès qu'j'ai vidé ça. »

Marilyn a hoché la tête, puis elle s'est levée. « J'vais t'met' ta chanson préférée au jukebox. »

Maeve est restée seule à la table avec Billy. Elle avait appris dans *Comment se faire des amis et influencer les autres* qu'elle devait engager la conversation avec Billy sur des sujets qui l'intéressaient, lui. Mais ses sujets de prédilection – flirter avec les paramilitaires loyalistes et faire de la muscu –, c'était pas vraiment son truc à elle. Aussi, elle a choisi le sujet par défaut qui lui paraissait le plus sûr. « Quel beau temps y fait, n'empêche. »

Les yeux de Billy l'ont vaguement effleurée deux secondes. Quand il s'est détourné, Maeve a repensé à ces mots de Dale Carnegie : « Ne critiquez pas, ne condamnez pas, ne vous plaignez pas. » Puis elle a repris une gorgée de vodka pour trouver le courage de se lancer à nouveau – tactique hélas absente de *Comment se faire des amis et influencer les autres.*

« Ben oui, chez Kelly, c'est pas si mal, hein, Billy ? a-t-elle repris en utilisant son prénom ainsi que le préconisait Dale. C'est un p'tit bar sympa. Y en a même de ton camp qui payent pour boire un coup ici, d'temps en temps. »

Cette fois, Billy l'a regardée avec intérêt. Elle a remarqué combien ses yeux étaient bleus. Un peu trop rapprochés – c'était fréquent chez les réformés. Mais d'une intensité incroyable. Elle a eu l'impression qu'il la voyait pour la première fois. Et ça lui plaisait d'être vue.

« Ouais, c'est pas mal », a-t-il répondu d'un ton aimable en regardant autour de lui. Puis il l'a regardée de nouveau dans les yeux. « N'empêche, y a pas vraiment de planque, hein ? »

Maeve savait exactement ce qu'il voulait dire. Un tireur n'avait qu'à ouvrir la porte pour avoir une vision à cent quatre-vingts degrés sur la salle.

« C'est vraiment sympa d'avoir invité ici des gens comme moi, a-t-il dit après réflexion. J'ai appris beaucoup d'choses, sans dèc. »

Soudain, Maeve a été envahie par la nausée. Elle s'est levée. Et c'est là qu'elle a senti une petite fraîcheur sur ses fesses. Elle a mis la main derrière elle : c'était mouillé.

« J'crois qu'les WC, c'est là-bas », lui a dit Billy en lui montrant.

Maeve a couru jusqu'aux toilettes, s'est engouffrée dans un cabinet et a verrouillé la porte. Elle a retiré sa jupe : dessous sa peau était moite, et elle avait la chair de poule. Elle n'a pas eu besoin de renifler le tissu pour avoir un haut-le-cœur. Ça puait la pisse. La pisse de réformée. Elle a posé sa jupe sur la chasse d'eau et elle a vomi. Ensuite, elle s'est essuyé la bouche et a tiré la chasse. Puis elle a appliqué du PQ sur sa jupe pour absorber le plus possible de liquide. Quand le rouleau a été épuisé, elle a aspergé l'arrière de sa culotte de désodorisant avant de remettre sa jupe. Puis elle s'est tournée vers le lavabo, s'est rincé la bouche et s'est frotté les mains jusqu'à ne plus rien sentir.

Elle est ensuite revenue à sa table, où Aoife était en grande conversation avec Paddy Quinn et Magee-le-Chauve. Magee semblait s'imaginer des choses, mais Maeve savait à voir Aoife que celle-ci poursuivait seulement une conversation passionnante au sujet de la maintenance des machines.

« Faut qu'j'y aille, a dit Maeve doucement à Caroline.

— Ohhhh. Mais il est encore tôt. »

Elle a pris son sac et l'a coincé sous son bras. « Ouais, je sais. Mais là faut vraiment qu'j'y aille. Main'nant.

— Y a un problème ? » a demandé Aoife.

Des éclats de rire ont fusé de la table des réformés où se trouvait Marilyn. La chaise de Mabel était toujours inoccupée.

« Faut juste que j'y aille, a répété Maeve. Mais j'peux rentrer toute seule si tu veux rester. »

Caroline et Aoife ont échangé un regard et pris leurs verres. Puis la basse de *Simply the Best* a retenti dans le jukebox.

« Oh, j'adore cette chanson ! a déclaré Caroline en s'accrochant au bras de Maeve. Oh, attends juste celle-là ! Après, on y va. »

Maeve s'est laissée tomber sur le coussin de velours tiède tandis que Caroline se mettait à chanter avec Tina.

« Qui c'est qu'a mis ça ? a demandé Paddy Quinn en regardant le jukebox d'un air contrarié.

— Marilyn, je crois », a répondu Maeve.

Marilyn, Billy et d'autres réformés chantaient en chœur.

« Elle a attendu qu'on ait claqué tout l'fric de la soirée, hein ? » a fait Paddy, puis il a vidé son verre et s'est levé, raide comme la justice.

Plus les autres chantaient fort, plus les bavardages diminuaient. Billy Stone tapait sur la table tel un batteur. Quand Tina a lancé la phrase du refrain disant qu'on était les meilleurs, Marilyn et ses potes ont répondu en rugissant « DEUXIÈME BATAILLON DE L'UFF ! »

Tout le monde dans la salle a fini son verre cul sec en serrant les fesses, tandis que Theresa baissait des volets devant les bouteilles d'alcool et attrapait les verres vides pour les ranger derrière le bar.

« J'crois qu'y faut vraiment qu'on s'taille, a dit Maeve. Fissa. » Elle s'est levée, des relents de pisse le disputant au désodorisant dans ses narines, puis elle est partie en titubant dans la venelle. L'air nocturne était plus sucré et plus froid que tout ce qu'elle avait bu au court de la soirée. Elle l'a inspiré à pleins poumons, jusqu'à ce qu'elle ne puisse plus du tout respirer, et elle a vomi dans le caniveau.

Maeve a poussé la porte de chez elle le lendemain en fin d'après-midi. La musique résonnait à l'étage.

« Salut, a-t-elle dit à sa mère qui était assise toute seule au salon devant la télé.

— Salut.

— Y sont où, les garçons ? »

Sa mère a levé les yeux.

« Ça fait une différence d'avoir deux chambres pour quatre garçons ? Z'avez un peu la paix, papa et toi ?

— Pour êt' franche avec toi, c'est toujours le bordel, mais dans un aut' genre. »

Maeve mourait d'envie de lui demander ce qu'elle avait fait des affaires de Deirdre. « Quand est-ce qu'y rent', papa ?

— D'main, j'crois.

— T'as eu d'ses nouvelles ?

— Nan, mais la femme à Toot a dit qu'è l'avait eu au téléphone. D'après Toot, y z'ont eu tous les deux le placebo.

— Ouf !

— Ah ouais, chuis vachement soulagée, a acquiescé sa mère qui n'en avait pas du tout l'air.

— Tu crois pas qu'ça serait bien d'avoir le téléphone ici ? Ce s'rait sympa d'avoir des nouvelles de papa quand y va faire des tests, comme ça. Et moi j'pourrais vous appeler une fois que j'serai partie de l'aut'côté d'la mer. »

Sa mère n'a pas répondu tout de suite. « Y t'ont pas appris à écrire, à l'école ? »

Dans la cheminée, une bûche s'est effondrée.

« Tu veux une tasse de thé ? a proposé Maeve.

— Ouais. Envoie donc. »

SAMEDI 2 JUILLET 1994

44 jours avant les résultats

Mrs O'Neill avait invité Maeve et Caroline à dîner pour les remercier de recevoir tous les jours Aoife à déjeuner chez elles. Pénétrer dans la maison d'Aoife était un honneur rare. Ce n'était pas la demeure la plus grande ni la plus ancienne de la ville, mais c'était la plus belle. Mrs O'Neill aimait à faire remarquer qu'elle avait été construite par un médecin veuf de la fin de l'ère victorienne, qui s'était retiré dans cette ville au bout de quarante ans passés dans le Kent. Il avait fait venir une équipe d'ouvriers anglais pour lui construire une maison en briques rouges près de la rivière. Après que ses fils avaient été tués à la bataille de la Somme, la maison était passée entre les mains du vétérinaire local. Son programme d'insémination artificielle avait bien mieux marché sur le bétail que sur lui-même : sa femme et lui étaient morts sans enfant, la demeure était restée vide jusqu'à ce que les O'Neill paient un prix déraisonnable pour en devenir les premiers propriétaires catholiques.

Cette maison obsédait Maeve. Chaque mur de chaque pièce était peint dans une teinte de blanc différente. Mrs O'Neill avait un jour montré le nuancier à Maeve, où l'on trouvait des tons tels que Blanc os, Haleine givrée et Poussière de lin. Maeve avait fait une blague sur le Blanc cocaïne qui avait fait sourire Mr O'Neill (ou John, ainsi qu'elle l'appelait quand sa bourgeoise n'était pas dans le secteur), sourire qui s'était aussitôt effacé sous le regard de Mrs O'Neill. Maeve avait toujours pensé que le blanc, c'était plan-plan. Mais ce « presque blanc » (ce « pas-blanc-blanc » comme elle appelait ça pour elle-même) jouait avec ses récepteurs oculaires de la même manière que les odeurs apportées par la brise effleurant ses narines. La teinte de chaque mur changeait en fonction de l'heure de la journée, des conditions atmosphériques, du nombre de bougies allumées, de la couleur des tapis ou des lampes en verre coloré. Mrs O'Neill savait mettre le blanc en valeur.

Mais bon, tout dans sa maison était mis en valeur.

C'était la seule de la ville qui ait jamais figuré dans des magazines.

Dans un article, on voyait la mère d'Aoife préparer de la confiture avec des fruits *cueillis à la main sur le mur de leur potager*, debout pieds nus dans la cuisine familiale *vaste mais chaleureuse.*

« Elle a pas les moyens de s'payer des chaussons ? » avait demandé la mère de Maeve (elle n'avait jamais entendu parler du chauffage par le sol – et encore moins eu l'occasion d'en faire l'expérience).

Y figuraient aussi les photos d'un escalier *s'enroulant au cœur de la maison avant de se dérouler à la manière d'une vague dans l'entrée*. D'autres montraient *les pièces claires, hautes de plafond*, où *de lourdes tentures tombent tel un silence respectueux, se déployant sur le sol*, ou encore John et James réparant le pavillon de jardin, et même Aoife, confortablement installée dans la bibliothèque, en train de lire dans une flaque de soleil.

Mrs O'Neill donnait quelques conseils en matière de déco.

Le banc de rangement dans la cuisine est en réalité une auge à cochons artisanale que nous avons dénichée par hasard lors d'une promenade en famille. Le fermier nous a presque payés pour l'en débarrasser ! C'est du chêne irlandais. Il m'a fallu la laisser sécher des mois dans mon atelier avant que je puisse la poncer. J'ai ensuite appliqué sur le bois une huile spéciale, selon la recommandation d'un ami de la famille qui vit au Danemark. De longs mois de dur travail, certes, mais chaque minute en valait la peine !

C'était ça, la famille d'Aoife. Ils étaient tellement riches, tellement intelligents et tellement sûrs de leur bon droit qu'ils pouvaient extirper une auge à cochons du fumier et s'en servir ensuite de siège sans que personne rigole. Enfin, les gens ricanaient bien un peu, mais ils étaient jaloux comme des poux, jusqu'au dernier.

Voilà aussi pourquoi Maeve détestait se rendre chez Aoife.

Pas seulement parce que c'était si grand que sa maison à elle aurait tenu dans les deux pièces de réception. Pas seulement parce que le jardin de devant était plus étendu que le pauvre square plein de mauvaises herbes que la famille de Maeve partageait avec les cinquante autres maisons du lotissement municipal. Pas seulement parce que la famille d'Aoife ne fermait les rideaux que s'il faisait nuit, ou froid, sans se sentir obligée – contrairement à celle de Maeve – de les tirer pour échapper aux regards des patrouilles britanniques et des voisins trop curieux. Mais surtout parce que Maeve se sentait plus grosse, plus nerveuse, plus pauvre et plus bête quand elle se retrouvait assise en face de Mrs O'Neill, avec ses cheveux blond cendré, ses yeux semblables à des morceaux de glace, ses chemises de lin blanc et ses jeans délavés.

Dans la maison d'Aoife, Maeve se sentait telle une tache en devenir sur le matelas.

Assise à l'immense table en acajou, elle avait l'impression d'avoir sur le dos le défunt médecin et ses malheureux fils, prêts à lui taper sur les doigts si jamais elle léchait son couteau.

« C'est bientôt que vous partez en France, n'est-ce pas, Mrs O'Neill ? »

Ça rendait Maeve malade que Caroline se montre encore plus adorable que de coutume lorsqu'elle était invitée dans l'adorable maison des O'Neill. La voir faire de la lèche, ça faisait tomber à zéro les minuscules capacités de Maeve à se montrer elle-même adorable.

« En effet. Nous prenons le ferry mercredi.

— C'est-y que vous partez longtemps ? »

Mrs O'Neill a paru choquée un instant, mais n'a pas cessé de sourire. C'était là sa grande spécialité : un truc que Maeve rêvait de posséder.

« En fait, cette année, en raison des résultats des examens, nous ne partons pas deux mois ainsi que nous le faisons d'habitude, mais seulement un mois.

— Quand même, un mois en France ! Et vous partez rien qu'vous deux ?

— Aoife a résolu de tirer le meilleur parti de son... travail... à l'usine. »

Le ton de Mrs O'Neill se voulait indulgent, comme s'il s'agissait pour Aoife d'une expérience originale intéressante, et non d'un piège où elle risquait de s'enliser définitivement.

« Quant à James, il sera à Belfast pour faire le stage qu'il a réussi à décrocher chez Farring's Pharmaceuticals. Il se rendra en France en septembre, avec son charmant nouvel ami, Scott.

— Donc Aoife va rester ici toute seule ? » a demandé Maeve. Elle ne pouvait imaginer que sa mère lui fasse assez confiance pour la laisser seule dans leur maison, alors la laisser dans une demeure où l'on pouvait inviter la moitié de la ville à faire la fête, n'en parlons pas...

« James a promis de revenir tous les week-ends afin de vérifier que tout se passe bien. Et, naturellement, il sera en vacances la semaine de l'Orange Day. »

Maeve devait reconnaître qu'elle admirait Mrs O'Neill, qui était capable de lancer un avertissement sans cagoule ni fusil à canon scié.

« Et toi, Maeve, as-tu des projets pour les vacances ? »

Celle-ci a haussé les épaules, à croire que les vacances, c'était naze, et qu'elle ne s'y intéressait pas du tout. « L'usine ferme toute la semaine pour l'Orange Day. Caroline part dans le Donegal avec sa famille. Donc j'aurai l'appart pour moi toute seule.

— Tu vas avoir une super vue sur les parades ! » a lancé Caroline pour plaisanter.

Environ deux mille parades orangistes avaient beau avoir lieu chaque année, histoire de commémorer la victoire d'un roi réformé sur un roi catho en 1690, Maeve n'en avait jamais vu en vrai. En effet, comme toutes les autres familles cathos douées d'un instinct de survie, sa famille à elle filait de l'autre côté de la frontière lorsque la saison des parades atteignait son comble, le 12 juillet. S'ils n'arrivaient pas à mettre de côté assez d'argent pour aller se réfugier en république d'Irlande, ils se terraient chez eux, rideaux tirés, avec des monceaux de chips et la télé à fond, en attendant que les flûtes et les tambours se taisent.

« Presque aussi super que la vue qu'on a d'ici sur le feu de joie !

— Ah, cette monstruosité », a dit Mrs O'Neill, d'un ton qui a donné à Maeve l'impression que c'était elle, la monstruosité, parce qu'elle avait osé évoquer l'immense feu de joie que chaque année les réformés construisaient sur l'autre rive, juste en face de chez les O'Neill. Bien sûr, aucun d'entre eux n'y avait jamais assisté : ils évacuaient les lieux avant les événements.

John O'Neill est entré dans la salle à manger et a déposé au beau milieu de la table un canard qui grésillait encore.

Maeve se rappelait la première et la dernière fois où elle avait mangé du canard. Un week-end où elle était rentrée de l'université, Deirdre l'avait emmenée bouffer chinois : cela comptait parmi les bons moments avant les jours sombres. Elle avait dit à Maeve : « Arrête de chouiner sur les boulettes au poulet », et elle avait commandé le plat le plus cher de la carte : le canard croustillant. Maeve ne s'était jamais sentie mal à l'aise à cause des boulettes au poulet car elle doutait que les boulettes en question contiennent quoi que ce soit qui ressemble à de la viande, et surtout pas à du poulet. Mais le canard, c'était différent. En attendant leur commande, elle ne cessait d'entendre un petit canard faire *coin-coin-coin-coin-coin* encore et encore. Ce n'était pas ragoûtant. Pourtant, quand Deirdre avait ouvert la boîte en carton à côté d'elle, posée sur ce banc du centre-ville, et que l'odeur du canard rôti était arrivée jusqu'à ses narines, tous les *coin-coin* s'étaient envolés de sa tête. Elles avaient ravagé la boîte en quelques minutes. Elle voyait encore Deirdre assise là, souriant dans la bruine, suçant la graisse de canard sur ses doigts.

Le chinois avait sauté un mois plus tard parce qu'on y servait les Angliches, ce qui avait sonné le glas du canard croustillant en ville.

Maeve essayait de faire durer sa part de tarte aux pommes maison autant que les O'Neill, et y parvenait en buvant beaucoup plus qu'eux.

« La jeune fille ici présente, a dit John en désignant de la fourchette Aoife au cas où quiconque à table aurait eu le moindre doute quant à l'identité de la jeune fille en question, voulait être religieuse, autrefois !

— Nan ! a dit Caroline en riant.

— Ça n'a duré qu'un an », a répondu Aoife avec beaucoup de dignité.

Maeve n'a pas ri. Aoife avait pas mal de choses en commun avec les religieuses. Elle n'éprouvait aucun désir pour les garçons, contrairement à la plupart des autres filles.

« Et toi, Caroline. Laisse-moi deviner, a repris John en souriant. Tu voulais être… »

Caroline écarquillait les yeux, attendant la blague.

« Conductrice de train ?

— Oh, m'sieur O'Neill ! Les trains, c'était longtemps avant qu'je sois née ! »

Mrs O'Neill a pris une gorgée de vin. « Mon grand-père était à bord du dernier train qui a quitté la ville, en août 1959. »

Maeve avait vu la photo dans le couloir : avant le départ, tous les notables de la ville étaient montés à bord. Aucun des ancêtres de Maeve ne figurait sur la photo. Pas même pour pelleter du charbon.

« Et donc, que voulais-tu faire, Caroline, quand tu étais petite ? a demandé John.

— Elle a voulu être bergère pendant un moment, a cafté Maeve.

— Bergère, Caroline ? » Mrs O'Neill s'est mise à rire. « Mais où es-tu allée chercher une idée pareille ? »

Caroline – le visage rouge pivoine – a lancé un regard furibard à Maeve. « Mémé Jackson a une collection de bergères en porcelaine, j'aimais bien leur uniforme.

— Je ne suis pas sûre que les bergères aient un uniforme dans la vraie vie, a dit Aoife en se levant. Mais j'ai un numéro du *National Geographic* qui montre des bergères mongoles en costume traditionnel. Je vais le chercher !

— Assieds-toi, Aoife, a fait sèchement Mrs O'Neill.

— Ouais, ça n'a plus grande importance maintenant, a renchéri Caroline. J'ai fait une demande en sciences politiques à Magee, parce que maman dit que Belfast, ça fait trois heures de route. Magee, c'est qu'à une heure. J'ai l'intention de continuer dans l'enseignement après la licence. Comme ça, j'aurai qu'une année à faire à Belfast.

— Tu feras une excellente enseignante, a dit John d'un ton déterminé avant de se tourner vers Maeve. Et toi, qu'est-ce que tu voulais faire ? »

Les O'Neill la regardaient tel un singe de laboratoire à qui on aurait donné un pinceau et de la peinture. Le singe allait-il manger la peinture ou créer une œuvre d'art ?

« Ben, Aoife était présente le jour où j'ai décidé que je serais journaliste.

— Vraiment ? a dit Mrs O'Neill en repliant sa serviette pour la poser à côté de son assiette.

— Ouais. C'était le jour de mes treize ans.

— Est-ce bien le jour où Linus McMurphy a trouvé cette bombe piégée ? a demandé John. Celle qu'il a rapportée chez lui, dans votre lotissement ? »

Maeve a acquiescé et raconté ce qui s'était passé le jour où Linus avait découvert un engin explosif sur Killeen Road, à un peu plus de trois kilomètres de la ville, et qu'il l'avait rapporté chez lui, retirant le détonateur sur la pelouse du square. Maureen Mackey se rendait à l'église quand elle avait vu ce que fabriquait Linus. Elle l'avait attrapé par le col, puis elle s'était rendue chez quelques affranchis du secteur pour les informer de la situation. Après avoir discuté entre eux, ils s'étaient mis d'accord pour appeler la police.

Au même moment, Maeve était assise dans la cuisine à manger son gâteau d'anniversaire en buvant des sodas en compagnie de Deirdre, Caroline et Aoife, l'odeur des allumettes brûlées flottant encore dans l'air ; l'instant d'après, on les faisait évacuer par la porte de derrière. Puisqu'il n'y avait rien d'autre à faire, les parents de Maeve s'étaient joints à la foule qui s'était formée le long du cordon de sécurité, à environ deux cent cinquante mètres de la bombe. L'atmosphère était festive car, comme l'engin gisait en morceaux dans l'herbe, il n'y avait pas de danger qu'il explose.

Et puis l'équipe de déminage était arrivée.

Blêmes, Deirdre et Aoife s'étaient faites toutes petites, tandis que les Rosbifs manœuvraient le robot vers la bombe en pièces détachées.

« Ça va, avait dit Maeve à Aoife. Tout va bien se passer. »

Puis avait eu lieu l'explosion sous contrôle, et toutes les vitres du lotissement avaient été pulvérisées.

Aoife n'avait pas une égratignure quand la mère de Maeve

l'avait ramenée chez Mrs O'Neill une heure plus tard. Mais elle tremblait toujours et elle avait les yeux rouges à force de pleurer. Ce soir-là, après que le père de Maeve avait eu scotché des feuilles de plastique sur les fenêtres de la façade et sa mère retiré tous les morceaux de verre de leurs lits, ils avaient regardé les informations. Un journaliste racontait combien l'IRA était lâche d'avoir posé une bombe dans une zone résidentielle très peuplée.

« Mais Linus McMurphy l'a trouvée sur Killeen Road ! s'était exclamée Maeve. Y z'ont pas posé la bombe en ville ! »

Son père l'avait fait taire d'un geste. Un autre journaliste avait expliqué que les démineurs avaient courageusement procédé à l'explosion contrôlée de l'engin, sauvant les maisons du coin d'une destruction massive.

« Mais Linus avait déjà retiré le détonateur ! avait repris Maeve, qui n'avait pas encore compris la leçon. La bombe, elle était désossée ! »

Son père avait changé de chaîne pour mettre la RTÉ. Mais la télévision de la république d'Irlande ne parlait pas de l'incident. « On aurait dû s'en occuper nous-mêmes », avait dit son père en regardant la protection en plastique contre la fenêtre qui gonflait et se dégonflait sous l'effet du vent. « Pour sûr que la prochaine fois, on saura.

— Le conseil municipal a dit combien de temps qu'y faudra pour avoir d'aut' fenêtres ? » avait demandé la mère de Maeve.

Maeve, elle, pensait au reste de son gâteau d'anniversaire qui gisait dans la poubelle, hérissé de tessons de verre. C'est alors qu'elle avait pris conscience du fait qu'elle voulait avoir son mot à dire face à toute cette merde. Elle entendait établir la vérité au lieu de se faire le porte-parole du gouvernement.

Bien entendu, elle avait présenté les choses autrement lorsqu'elle avait passé son entretien à Londres, et elle a tenu le même discours devant les O'Neill. « Après avoir été témoin de cet incident, j'ai décidé de devenir journaliste afin de pouvoir partager la douleur qu'il y a derrière les gros titres avec les lecteurs et les téléspectateurs d'Irlande et de Grande-Bretagne. »

Le jury qui l'avait écoutée à Londres s'était montré un peu nerveux en entendant ça. Maeve avait songé qu'ils étaient plus à l'aise avec les candidats anglais dont les premiers articles portaient sur des conneries genre fêtes de village et concours canins.

« Être journaliste, ce n'est pas un métier facile, Maeve, a dit John. Mais je pense que tu en es tout à fait capable. »

Maeve a piqué un fard. Être ainsi reconnue dans ses aspirations par John était important pour elle.

« Mais en plus de n'être pas facile, a dit Mrs O'Neill, c'est dangereux. »

Un truc semblable à une goutte de mercure s'est mis à bouger dans la tête de Maeve, allumant un circuit qui a déclenché une série de petites explosions dans son cerveau.

« En fait je serais inquiète si Aoife commençait à enquêter sur ce genre d'histoires qu'on voit aux informations ou qu'on lit dans la presse de nos jours. Je serais terrifiée à l'idée qu'elle enquête sur des gens comme Michael Stone. Ou pire : que des gens dans son genre veuillent s'en prendre à elle. »

Mrs O'Neill avait mis le doigt sur ce que Maeve essayait de cacher à tout le monde, y compris à elle-même : le journalisme ferait d'elle une cible.

« Ben, ça me dérangerait pas de travailler pour un magazine de mode plutôt qu'enquêter sur des crimes, a-t-elle répondu. Mais c'est pas facile de se faire engager. »

Une fois de plus, Maeve a senti le regard de Mrs O'Neill glisser sur ses vêtements en synthétique et son décolleté de serveuse. Celle-ci lui renvoyait l'impression qu'elle était trop vulgaire et prolo pour pouvoir s'approcher de tout ce qui touchait au luxe ; que nul ne voudrait la payer pour écrire sur des cocktails chics ou les dernières tendances de la mode. Ses supérieurs l'enverraient fouiller la merde dans les bars fréquentés par les paramilitaires, tandis qu'ils resteraient le cul au chaud dans leurs bureaux de Londres à blablater en buvant dans des verres en cristal.

« Bien sûr que tu peux écrire à côté, a repris John, jusqu'à ce que tu aies bâti ta réputation. Fais-toi un nom avant de finir encombrée d'un mari et d'enfants. »

Maeve a hoché la tête et souri en regardant les taches qu'elle avait faites sur la nappe. Les O'Neill tenaient un discours convenable et convenu : boulot, mariage, bébés. Sa mère à elle ne racontait jamais ce genre de conneries. Maeve soupçonnait sa mère de n'avoir qu'une ambition pour elle : qu'elle vive assez longtemps pour obtenir sa licence.

LUNDI 4 JUILLET 1994

42 jours avant les résultats

Puisque c'était la fête de l'Indépendance, la radio ne diffusait que Bruce Springsteen, Aerosmith et Jimi Hendrix. Maeve trouvait ça un peu bizarre que les Anglais célèbrent eux aussi le 4 juillet – ils s'invitaient tout seuls à la fête qui marquait la fin de leur suprématie. Mais bon, les Amerloques fêtaient avec classe le départ des Rosbifs qu'ils avaient virés à coups de pied au cul – tout en barbecue, bière et parades. On s'amusait beaucoup plus à leur fête d'Indépendance que lors de l'Orange Day, qui donnait toujours à Maeve l'impression d'être forcée d'avaler un sac de verre brisé avant de recevoir des coups dans le ventre.

C'est alors qu'une petite nana a poussé la porte de l'usine, à la manière d'une gonzesse qui vient donner un coup de main à une veillée, et puis elle est restée plantée là.

« Qui c'est qu'tu cherches ? lui a crié Maeve sans s'arrêter de repasser.

— Chuis là pour un entretien. Avec Andy Strawbridge.

— Il est dans son bureau, là-haut. »

Maeve a regardé la minette monter l'escalier, on aurait dit qu'elle craignait de faire du bruit. L'entretien a duré nettement plus longtemps que celui de Maeve. Au bout de vingt minutes, elle a redescendu l'escalier, transformée : c'était une autre femme, tout sourire, cheveux au vent, l'air de s'être bien amusée. Maeve a aussitôt décidé qu'elle la détestait.

À la pause, elle s'est laissée tomber sur sa chaise en évitant de regarder toutes les personnes qui risquaient de lui parler de sièges mouillés ou de bonus de 10 livres. Il y a eu quelques coups de coude et sourires satisfaits à la table de Marilyn, mais personne n'a rien dit. Elle sirotait son thé en paix quand la porte à double battant s'est brusquement ouverte pour laisser entrer Andy.

« Bonjour tout le monde. Continuez de manger s'il vous plaît. »

Maeve était consternée. Comme si les gens avaient besoin qu'on leur dise qu'ils pouvaient continuer à manger.

« J'ai entrepris une analyse de notre chaîne de production. Après des considérations approfondies, j'ai dessiné un plan qui devrait non seulement optimiser notre production mais aussi notre expérience de l'usine. »

Maeve a regardé Aoife, qui a aussitôt rougi et plongé les yeux dans son thé.

« Refaites-le-nous encore une fois, Andy, a lancé Fidelma Hegarty. Mais en anglais, cette fois.

— Andy a regardé comment les machines et les tables sont disposées, a expliqué Mary, et y pense qu'on pourrait les changer d'place pour que ça soit plus facile de se passer les chemises.

— Mais c'est not' organisation depuis qu'l'usine a réouvert, a dit Marilyn Spears. On était déjà installés comme ça quand William McFarland nous dirigeait.

— Oui. Et c'est bien pour cela qu'il est important d'opérer quelques changements. »

Andy a claqué les doigts en direction de Mary. Elle est allée au fond de la cantine et a accroché une grande feuille de papier au mur.

« Est-ce qu'on pourrait ramener ma machine à coud' chez moi ? J'serais vachement plus productive depuis mon lit », a gloussé Mabel Moore.

Andy a croisé les bras en regardant le sol, attendant que le silence revienne. « Mesdames et messieurs, voici le plan. Nous le mettrons en application dès demain matin. Je vous suggère de prendre quelques minutes pour l'observer. Si vous avez des remarques, vous pouvez en faire part à Mary. »

Il est sorti avant que qui que ce soit d'autre puisse ramener sa fraise.

Maeve considérait le groupe qui s'était agglutiné en grommelant devant le plan. « Le futur commence maintenant, hein, Aoife ? »

Celle-ci a posé sa tasse. « Je ne lui ai pas *demandé* de changer quoi que ce soit. »

Maeve a fini son thé tiède en songeant qu'Aoife n'avait même pas besoin de *demander* pour obtenir ce qu'elle voulait. Tout semblait lui tomber tout cuit dans le bec.

Durant le reste de la journée, des filles ont continué à défiler pour des entretiens. Maeve a remarqué que celles qui venaient en tee-shirt et jogging ne restaient pas plus de cinq minutes avec Andy, alors que celles qui portaient une jupe ou un joli pantalon s'attardaient plus longtemps.

Plus tard dans l'après-midi, Fidelma s'est approchée de Maeve avec un chariot plein de chemises froissées, et elle s'est penchée vers elle : « Quels sont les mois du calendrier réformé ?

— Chais pas.

— Janvier, février, marche, marche, marche, marche, marche, marche, septembre, octobre, novembre, décembre. »

Fidelma a donné une bourrade à Maeve, puis elle a laissé échapper un grand rire. Maeve savait que ce n'était pas sympa de faire des blagues sur les protestants. Mais bon, ça revenait à boire un shot de vodka ou à prendre un petit Valium : ça faisait baisser la tension, on rigolait un coup sur le dos des réformés. Et elle savait que ceux-ci faisaient la même chose, en inversant la religion, si bien que les cathos étaient toujours ceux qu'on donnait à bouffer aux crocodiles ou qui se faisaient sauter eux-mêmes. La blague de Fidelma sur l'interminable saison des marches orangistes – c'était marrant sans être méchant – faisait partie de celles que Maeve préférait. Elles étaient rares.

Elle s'est rappelé Mr Orr, le prof de chimie remplaçant qui avait travaillé un an à St Jude. C'était un réfugié du village d'Ardoyne, qui en avait vu de toutes les couleurs pendant les Troubles, et il s'était taillé une réputation à cause de ses tests oraux en fin de cours, durant lesquels il fixait le mur du fond en lançant des questions aux élèves. « Quel gaz incolore et irritant est formé par réaction de l'azote avec l'hydrogène ? »

Très tôt, la classe avait appris qu'il était inutile de lever la main pour répondre. Mr Orr préférait les laisser mijoter tandis qu'il arpentait la salle, tel un ours en cage, avant de désigner une personne – comme Andrea Murphy –, dont il attendait une réponse immédiate.

« C'est le maniaque, m'sieur ? »

Il avait beau être d'Ardoyne, Mr Orr ne frappait jamais les élèves qui répondaient mal. À la place il disait : « Faux », avant de donner la bonne réponse sur le ton d'un homme qui se meurt d'ennui. « L'ammoniac est un gaz incolore et irritant qui résulte de la réaction de l'azote avec l'hydrogène. »

Personne ne prenait de notes. Aoife n'en avait pas besoin. Les autres acceptaient d'être ce qu'ils étaient, ayant depuis longtemps renoncé à faire des progrès.

« Pourquoi l'iode a-t-elle un point d'ébullition plus élevé que celui du chlore ? » Mr Orr pouvait alors désigner Mary McDaid, des McDaid-qui-Schlinguent.

« Parce qu'y z'ont pas la même couleur ?

— Faux. Le point d'ébullition de l'iode est plus élevé que celui du chlore parce que la force intermoléculaire y est plus forte. »

Mr Orr rendait ces questionnaires vivants en y insérant des questions d'ordre général très sectaires afin de maintenir les élèves en éveil. « Que faites-vous si vous voyez un protestant à qui il manque la moitié du visage ? » Là, il désignait un élève du genre Jimmy Kennedy, qui était en classe d'adaptation depuis qu'il avait quatre ans, et dont cinq oncles avaient purgé des peines de prison à Long Kesh (ce qui indiquait tout autant la ferveur de leur patriotisme que leur indécrottable stupidité).

« J'recharge et j'tire un aut' coup. »

Le ton de Mr Orr était le même, qu'il teste leurs connaissances en chimie ou leur mépris des réformés. « Question hypothétique : comment vous y prendriez-vous pour sauver un protestant de la noyade ?

— On enlève le pied qu'on a posé sur sa tête, m'sieur. »

Mr Orr continuait à faire les cent pas – maigrichon, nerveux parce qu'il avait envie de fumer – sans jamais rien exprimer lorsque quelqu'un donnait la bonne réponse. « Un soldat britannique représente-t-il un danger, un risque, ou les deux ? » avait-il demandé un jour avant de désigner Louise McGrath, dont la famille représentait un risque en soi, pas seulement pour les Angliches, mais aussi pour les habitants des deux communautés de la ville.

« Ni l'un ni l'autre, m'sieur ?

— Faux. Un Rosbif est à la fois un danger et un risque. Le risque qu'il représente pour votre sécurité personnelle dépend de son humeur, de son expérience personnelle, des ordres de ses supérieurs et de ce que vous faites au moment où vous le croisez. Bon. Quand des atomes entrent en collision puis en réaction, qu'est-ce qui se rencontre et interagit ?

— Les neutrons, m'sieur ?

— Faux. Les électrons de la couche externe. »

Parfois, Mr Orr s'arrêtait en plein milieu de son interrogatoire et se serrait la tête entre les mains, comme s'il avait très mal. Au bout de quelques secondes, il reprenait sa respiration et recommençait à faire les cent pas. « À quoi sait-on que ET est protestant ? » Il pouvait alors désigner Eddie Maguire.

« Pa'ce qu'il a une tête de protestant, m'sieur. »

D'une certaine manière, les tests de Mr Orr étaient inclusifs. Eddie Maguire était incapable de citer une macromolécule covalente géante conductrice de courant électrique, en revanche il était parfaitement capable de vous dire si c'était un protestant qui vous épiait par le trou de la serrure.

« Quelle est la seule méthode infaillible pour qu'un catholique soit accepté à Queen's University, à Belfast ? » Cette fois il avait désigné Maeve.

Elle avait récité la réponse qu'elle avait apprise en cours d'orientation, bien qu'elle sache que ce n'était pas cela qu'il attendait. « En remplissant correctement le formulaire UCAS et en travaillant assez pour avoir les bons résultats nécessaires aux examens, m'sieur ?

— Faux. La seule manière absolument certaine pour une catholique telle que vous d'être acceptée à Queen's consiste à donner son corps à la science. »

Mr Orr avait poursuivi, mais Maeve avait médité cette blague. Cela signifiait-il que les catholiques étaient si bêtes que l'unique façon de s'y faire admettre, c'était en tant que viande de boucherie ? Ou que Queen's University était si sectaire qu'elle n'acceptait que les bons catholiques – ceux qu'on pouvait disséquer ? Elle n'avait pas demandé à Mr Orr d'explication. À la fin de l'année, il avait fait en sorte que la plupart des élèves aient un niveau passable en chimie et que tout le monde ait un bon répertoire de blagues sectaires.

Maeve s'est demandé si l'école réformée où était allée Sharon

Rogers avait embauché un prof dans le genre de Mr Orr, version en chair et en os du Mr Keating du *Cercle des poètes disparus*, qui comblait les lacunes des élèves en leur apprenant ce dont ils avaient vraiment besoin pour survivre dans le monde réel. Grâce à Mr Orr, Maeve avait reçu un enseignement correct pour réussir ses examens en chimie et survivre à l'usine. Elle se sentait en revanche moins bien équipée pour la vie à Londres. Quelque part, elle aurait voulu pouvoir faire confiance à Andy, qu'il l'aide davantage qu'en lui donnant un livre. Mais en réalité, le plus grand service qu'elle pouvait se rendre à elle-même, c'était d'économiser de l'argent. Ce qu'elle aurait beaucoup mieux réussi, elle le savait, si seulement elle avait arrêté de fumer ces saloperies de cigarettes.

Le mardi matin, le travail a commencé par le réagencement des lieux. Comme les planches à repasser de Maeve et Aoife étaient déjà positionnées de manière optimale, elles n'avaient rien à faire. Si bien qu'elles ont aidé les couturières à déplacer leurs machines. Ensuite, elles ont installé des serviettes en papier dans les toilettes. Aoife a fait tout un cirque pour comparer l'efficacité des différentes manières de se sécher les mains. Elle a demandé à Fidelma Hegarty de les chronométrer, elle et Maeve, pendant qu'elles se lavaient et se séchaient les mains, à cette différence qu'Aoife avait utilisé une serviette en papier et que ça lui avait pris dix secondes, tandis que Maeve, qui avait passé une minute à se frotter les mains sous le séchoir – qui était à peu près aussi chaud et puissant qu'un petit pet –, n'avait toujours pas fini. Aoife était surexcitée, jusqu'à ce que Fidelma lui fasse observer que, si les gens qui habituellement ne se lavaient pas les mains s'y mettaient, la pause toilette durerait encore plus longtemps qu'auparavant.

En ressortant des toilettes, Maeve s'est aperçue qu'on avait déplacé le poste de détachage près d'une fenêtre. Aoife lui a expliqué qu'ainsi, si on utilisait des produits chimiques, on pouvait ouvrir la fenêtre afin de ne pas être soumise aux vertiges que causait leur inhalation. Maeve a hoché la tête en se demandant à quel point il lui faudrait se rapprocher de la machine pour planer un peu – test comparatif que jamais Aoife n'approuverait, évidemment.

L'excitation s'est calmée quand tout le monde a rejoint son poste pour se remettre au travail. Mais les choses ne se sont pas très bien passées. Les gens n'arrêtaient pas de se tromper, revenant encore et encore aux anciens usages qui semblaient gravés dans leurs muscles autant que dans leur cervelle. Le progrès, a noté Maeve, ce n'était pas simplement bouger des chaises et des tables.

Maeve et Aoife faisaient une pause dehors avec Magee-le-Chauve lorsque Fidelma Hegarty est sortie à son tour. Elle a adressé un signe de tête à Magee pour lui dire de bouger son cul et de lui laisser la chaise. Il s'est levé d'un bond et Fidelma s'est laissée choir à sa place.

« Encore une journée dans cette taule et c'est les vacances, a-t-elle dit en se frottant les mollets.

— Tu vas quèque part, Fidelma ? » lui a demandé Magee.

Maeve n'avait même pas imaginé que Fidelma puisse partir en vacances la semaine de l'Orange Day. Elle était persuadée qu'elle resterait là, planquée chez elle.

« Nan. Chuis coincée dans c'trou du cul du monde, entre l'marteau et l'enclume. Et vous, z'allez quèque part ? » Fidelma a regardé Aoife et Maeve. Elles ont secoué la tête.

« N'empêche, a repris Magee-le-Chauve, z'avez une sacrée vue sur l'feu d'joie, d'puis vot' manoir, Miss O'Neill. » Aoife a haussé les épaules. « Bah, vous savez bien. C'est la meilleure vue d'la ville. Et il est grand comment, main'nant ? C'est-y qu'y s'rait aussi haut que çui d'Belfast ? Hein ?

— Je dirais qu'il fait plus de six mètres, a répondu Aoife, qui était incapable de résister à la tentation de fournir une estimation chiffrée.

— Plus d'six mèt', hein ? a sifflé Magee. L'est d'plus en plus grand chaque année.

— J'ai rien cont' les feux d'joie, a dit Fidelma. Y a rien d'plus chouette qu'un joli feu. Les tambours aussi, c'est super. Et j'dirais pas non aux *lambegs*. C'est les marches, les flûtes et les chapeaux melons que j'comprends pas. Pourquoi y z'ont besoin de tout ça ?

— Ils disent que c'est une manière de mettre à l'honneur leur culture, a répondu Aoife.

— Ben j'aimerais qu'y trouvent le moyen d'mettre à l'honneur leur culture sans m'donner l'impression qu'y veulent m'intimider avec leur suprématie protestante, a fait Maeve avec colère.

— Je pense qu'ils se sentent juste en insécurité.

— Comme Andy avec sa bite et cette putain de bagnole ? » a demandé Fidelma.

Aoife a rougi.

« On surpasse les réformés d'puis des siècles, a fait Magee-le-Chauve en enfonçant les mains dans ses poches. Faudra seulement quelques années avant qu'on les dépasse en nombre. »

Maeve a tenté d'échapper à l'image mentale de Magee en train de se reproduire, en essayant de calculer quelles seraient la taille et la température du feu de joie le jour où les catholiques seraient plus nombreux que les protestants.

« Vous savez, a dit doucement Aoife, je me demande parfois ce que ça fait d'être protestante, de sentir les fondations de son pouvoir s'effondrer sous ses pieds. »

Fidelma a regardé Aoife d'un air *mais qu'est-ce qu'elle raconte ?* « C'est sans doute pas pire que d'avoir jamais eu d'fondations, non ? »

Maeve savait ce que Fidelma voulait dire. Il était difficile de se sentir désolée pour les réformées alors que, chaque année, ces gens-là construisaient des feux de joie plus hauts et faisaient résonner leurs tambours plus fort. Pas besoin d'être Dale Carnegie pour comprendre que ce n'était pas là la meilleure méthode pour se faire des amis et influencer les autres. Mais ce n'est pas en se montrant sympas que les réformés – et les Rosbifs – avaient réussi à garder le pouvoir sur des gens dont ils avaient botté le cul pendant des siècles. Patrons, grands propriétaires terriens, aristocrates et PDG n'étudiaient pas *Comment se faire des amis et influencer les autres* : ce bouquin avait été écrit pour des gens comme Maeve.

Quand la sonnerie de midi a retenti, le jeudi, signalant que leur journée de travail réduite était terminée, Mabel Moore a levé les bras en l'air en hurlant : « Dieu soit loué ! » Les couturières se sont redressées en rigolant et ont étiré leurs membres raides. Mary est apparue et a regardé autour d'elle, rayonnante. Puis Maeve a entendu la porte du bureau d'Andy se refermer. Elle a levé les yeux, le cœur battant. Il était penché sur la rambarde du palier.

« Mesdames et messieurs », a-t-il dit, tel un Monsieur Loyal au cirque, sûr d'attirer tous les regards sur lui. « McAllister va nous livrer le matériau dont nous avons besoin pour remplir notre nouveau contrat lundi 18. Je veux que vous leur montriez ce que nous avons dans le ventre !

— J'crois qu'dans mon cas à moi, c'est à 99 % des toasts et d'la bière Tennent's, à ce stade de ma vie, a lancé Mabel Moore. Mais comment qu'on va prouver ça à McAllister ? »

Andy a attendu que les rires se calment avant de reprendre. « Profitez bien du temps passé auprès de votre famille et de vos proches. Je veux que lundi en huit vous soyez tous là en forme et prêts à honorer ce nouveau contrat.

— Ah putain qu'non, a fait Mickey McCanny en levant la bouteille de Coca dans laquelle il avait versé de la vodka ce matin-là. Moi, j'm'en vais m'saouler la gueule. »

Des cris ont éclaté à travers l'usine.

« Naturellement, a repris Andy, je serai là, à travailler derrière les portes closes pour sécuriser les contrats qui nous permettront d'étendre nos opérations.

— Pas de repos pour les méchants », a grommelé Mabel.

Andy a levé les mains comme s'il se rendait. « OK. Allez-y, vous autres. Et à dans dix jours. »

Ils se sont engouffrés par les portes. Caroline devait filer chez elle pour s'occuper de Mémé Jackson afin que sa mère puisse aller faire le ménage à l'église, si bien que Maeve est restée traîner du côté du portail. Mickey McCanny brandissait un exemplaire du *Sunday Tribune* et pleurnichait à propos du cessez-le-feu.

« Où c'est qu't'as eu c'torchon ? lui a demandé Sharon Rogers.

— C'est la bonne au père Goan qui m'le passe pour les mots croisés. Y sont bons, leurs mots croisés.

— Les nouvelles du Sud, a insisté Sharon avec mépris. Ça te fait voir ce que ceux d'la République croient savoir. »

Fidelma Hegarty a lancé un regard noir à Sharon. « C'que j'sais, moi, c'est vu comment vous y allez avec le dos d'la cuillère, vous aut', on a pas l'impression d'être près d'un cessez-le-feu.

— Ben, Billy dit pourtant que l'cessez-le-feu y doit êt' dans les tuyaux vu comment vous aut' vous êtes en train de régler vos comptes avant de déposer les armes. »

Maeve a vu le groupe se scinder en deux meutes, qui se sont mises à gronder, à montrer les crocs, le poil hérissé.

« Moi j'crois qu'la seule façon d'avoir la paix, c'est d'les descendre tous, a dit Mickey. Politiciens, assassins, toute la bande. » Mickey avait d'autres solutions en réserve : « tout brûler », « les fout' à pourrir dans un fossé », « chasser toute la merde ».

« J'peux t'emprunter ton journal, Mickey ? a demandé Maeve.

— Vas-y », a-t-il répondu en le lui tendant.

Maeve a rentré la tête entre les épaules car la pluie s'est mise à tomber. Fidelma Hegarty a considéré le ciel comme si elle s'apprêtait à lui en coller une. « Quel temps d'merde ! J'vais au School Bar me réchauffer un peu. Qui c'est qui vient ? »

Maeve supposait que boire un coup avec Fidelma Hegarty serait plus dangereux – mais beaucoup plus amusant – que passer un après-midi devant la télé. « J'arrive. »

Une heure plus tard, Maeve en était à sa troisième pinte et perdait sa cinquième partie de billard tout en se trémoussant sur *Should I Stay or Should I Go ?* Boire des coups avec Fidelma, c'était mortel. En sa compagnie, personne ne venait faire chier Maeve. Et elle avait la certitude qu'elle aurait pu emmerder qui elle voulait sans risque.

Deux heures plus tard, Fidelma lui racontait comment elle était tombée amoureuse d'un membre de la communauté des gens du voyage à Ballyshannon quand Johnny-ta-Gueule est entré par la porte latérale, l'air pressé. « Ah mon Dieu, c'est là qu't'étais passée, Fidelma. »

Personne n'aimait Johnny-ta-Gueule, car rien ne lui échappait, et s'il n'était pas sûr de savoir, il inventait à mesure.

« Et qui c'est qui veut savoir où chuis ? » a grondé Fidelma.

Johnny a fait un pas en arrière, comme s'il avait peur d'elle, mais il jouait la comédie car elle n'aurait pas gâché ses forces à cogner un avorton dans son genre. Un pet l'aurait fait décoller du sol.

« Bah, personne te cherche. Mais j'ai pensé que ça pourrait t'intéresser d'savoir où qu'est ton p'tit papa chéri.

— C'est quoi ces conneries ? »

Johnny a frotté son menton hérissé, puis a posé une fesse sur un tabouret de bar. « Ben y a du grabuge, voilà tout. Sur la grand-place. Les loyalistes avec leurs flûtes, et les nôt' avec leurs poings. Et j'ai vu ton vieux au beau milieu où ça castagne. »

Fidelma s'est rembrunie. « Casse-toi, Johnny. Casse-toi avant que j't'envoie au tapis. »

Johnny s'est immédiatement levé du tabouret, feignant d'avoir peur, et il a pris la poudre d'escampette en rigolant.

Fidelma a vidé sa pinte et s'est levée. « J'vais pisser. Pis après faut qu'j'aille voir où c'est qu'en est toute cette affaire. »

Maeve a hoché la tête, a vidé sa pinte à son tour, et elle a suivi Fidelma.

Dehors, il faisait encore clair et la pluie battait le pavé. Toutes les boutiques de la ville s'étaient barricadées en raison de potentielles bagarres à venir. Sur la grand-place, la confusion régnait, entre bandes d'ados et d'hommes, divisées entre cathos et réformés. Quelques-uns de ces derniers avaient revêtu leurs uniformes de parade, et deux d'entre eux jouaient de la flûte. Soudain, le soleil a inondé la place, nimbant les flaques d'or pur, transformant la pluie en gouttes de lumière. Dans ces moments-là, même la ville était belle, et Maeve n'avait soudain plus le cœur à s'arracher à ce qu'elle connaissait pour aller tout recommencer ailleurs, seule dans une immense métropole remplie d'étrangers, avec leur drôle de manière de vivre. Mais alors un nuage a masqué le soleil, replongeant les rues dans la grisaille. Vivre le climat irlandais, c'était pareil que de vivre avec un de ces connards que décrivaient les magazines de la mère de Maeve : il vous offrait des fleurs et, l'instant d'après, il vous en faisait voir de toutes les couleurs.

« Allons bon, a grogné Fidelma. C'est quoi cette merde ? »

Son père était complètement bourré. Et il provoquait un réformé, tournant autour de lui en titubant et en prenant des poses. Pour être honnête, le réformé, lui, essayait plutôt de se défiler. C'était son propre camp qui poussait le père de Fidelma.

« Putain, mais ils le chauffent, ces connards. Y savent comment qu'il est. »

Le réformé a mis un pain au père de Fidelma et ses potes l'ont acclamé. Le père de Fidelma a tourné sur lui-même, mais il est resté debout, vacillant tandis qu'il essayait de se concentrer sur le gars qui l'avait cogné.

« Tu vas pas lui casser la gueule ? » a demandé Maeve dont le cœur battait comme un tambour, et qui, soyons honnête, était un peu émoustillée à l'idée de voir Fidelma voler dans les plumes d'un mec, tous poings dehors.

« Ah putain, non. J'le laisse déverser sa mauvaise humeur. »

Maeve est restée aux côtés de Fidelma, regardant son père se prendre une branlée. Le réformé avec lequel il se battait a eu la décence de cogner dur mais juste ce qu'il fallait pour finir par l'envoyer au tapis, où il est resté à cracher du sang et des bordées d'injures.

« Bon, ça va, il est calmé main'nant, a dit Fidelma. J'vais demander à ces crétins d'm'aider à l'ramener. Bonnes vacances à toi.

— À toi aussi », a crié Maeve tandis que Fidelma fendait la foule. Elle s'est baissée et a attrapé son père sous les aisselles pour le redresser. En se détournant, Maeve s'est demandé si Fidelma avait autant rougi uniquement parce qu'elle avait remis debout la grande épave qu'était son père.

LUNDI 11 JUILLET 1994

35 jours avant les résultats

Scott Fitzpatrick et Maeve étaient assis chacun à un bout de la vieille table, si douce à force d'avoir été récurée, dans la cuisine des O'Neill. James touillait le contenu d'une casserole tandis qu'Aoife regardait par la fenêtre les gamins et ados réformés qui grouillaient autour du feu de joie de l'autre côté de la rivière.

« Quand vont-ils l'allumer ? a demandé Scott en regardant Maeve.

— Comment je le saurais ? D'habitude, je suis cachée chez moi avec les rideaux tirés, de peur de finir moi aussi sur le bûcher. »

Maeve avait eu un avant-goût de Scott la veille, en ville. Elle était tombée sur James et lui alors qu'elle faisait les courses avec sa mère. Après, sa mère lui avait dit : « Oh mon Dieu, çui-là, si c'était une glace, y s'lècherait lui-même. »

« Et donc, Maeve, a repris Scott. Rappelle-moi où tu as candidaté ? »

Scott était étudiant en médecine à Oxford, il avait dit à Maeve qu'il avait l'ambition de « pratiquer » la gynécologie. Mais elle avait déjà compris qu'il aurait beau étudier tous les bouquins possibles, il ne serait jamais à la hauteur pour s'occuper d'une chatte en dehors d'un cabinet.

« UCL.

— Ah. UCL. Ma grand-mère y a fait sa médecine. »

Qu'est-ce que Maeve aurait bien pu répondre à ça ? Que sa Mémé Walsh avait quitté l'école à treize ans ? Que sa mère n'avait jamais fini la fac ? Que son père n'avait même pas été gardé à l'usine à cochons ?

« C'est un endroit génial, UCL, a-t-il poursuivi. Ce serait super que tu y sois admise. J'espère que tu as un plan B.

— Goldsmiths », a répondu Maeve, citant la prestigieuse université londonienne pour lui fermer sa gueule.

James a apporté une grosse casserole sur la table et a commencé à servir les spaghettis. Ils ont glissé dans l'assiette de Maeve, luisants d'huile d'olive. Puis il a versé par-dessus une louche de riche sauce à la viande.

Maeve mourait d'envie de se jeter dessus, mais Scott était encore calé contre le dossier de sa chaise, observant James qui râpait un morceau de fromage poudreux au-dessus d'une assiette, aussi elle s'est retenue. James a tendu le fromage à Maeve. Elle l'a reniflé, et a eu un mouvement de recul. « Oh la vache, c'est quoi ce truc ?

— Du parmesan frais. Je l'ai rapporté de Belfast. »

Maeve n'aimait pas trop le parmesan. C'était un des machins dont Deirdre s'était entichée à la fac. Il y en avait encore un petit morceau dégoûtant qui moisissait quelque part dans le placard de la cuisine, chez elle.

« Ben si ça sent comme ça quand c'est frais, je préfère ne pas imaginer quand il est pourri.

— C'est bon, pourtant, a dit James. Goûte. »

Maeve a éparpillé quelques copeaux sur la sauce et a passé l'assiette à Scott. Dès que James a pris sa fourchette, elle s'est jetée sur ses pâtes. Ils n'ont pas dit grand-chose pendant le repas. Tout en mangeant, Maeve frottait ses pieds contre les carreaux en terre cuite tiède (Mrs O'Neill les avait arrachés à un château en ruine en France – l'équivalent dans cette ville des frises du

Parthénon). Évidemment, elle a fini la première, puis elle a repoussé son assiette.

Le problème des spaghettis de James, ce n'était pas qu'ils soient mauvais. Bien au contraire. La sauce était onctueuse et riche en viande. Aoife en a fait l'éloge en disant qu'ils étaient « aldennetés », ce qui signifiait sans doute que James s'était volontairement contenté de les cuire à moitié. Même le fromage n'était pas si mal (c'était ce même truc bizarre qui faisait qu'elle aimait l'odeur aigre des vieilles chaussettes de Pépé Murray, alors qu'elle ne supportait pas les relents rances des aisselles de Mémé Walsh). Non, le problème, c'est que les spaghettis bolognaise de James ne ressemblaient à rien qu'elle ait jamais mangé. Et pas du tout à ceux qu'elle leur avait elle-même préparés avec la sauce en poudre.

Elle savait qu'il ne cherchait pas à la dégoûter de préparer de nouveau des spaghettis bolognaise. Il voulait juste lui faire plaisir. Mais, même si elle avait eu les moyens d'acheter les bons ingrédients, ceux qu'il utilisait, jamais elle n'aurait pu passer deux heures aux fourneaux, ni pour elle ni pour les autres.

« James, c'était hallucinant, a-t-elle dit en embrassant le bout de ses doigts comme elle avait vu faire dans *Le Parrain*. Incroyable ! »

Scott sauçait son assiette avec du pain. « Tu sauras faire d'une femme une bonne épouse ! »

Personne n'a ri. Mais Maeve pensait que Scott s'en foutait pas mal. Il n'essayait pas d'être drôle. Ce n'était qu'un sale con, pareil que cet avocat douteux dans *Pretty Woman*. Elle a rempli son verre en se demandant ce qu'il y avait pour le dessert.

Après le dîner, ils se sont rendus sur le balcon pour voir le feu de joie. Scott était vautré sur sa chaise, vêtu de son blouson matelassé, une jambe repliée sur sa cuisse. Il avait l'air à sa place.

Maeve était enveloppée d'une couverture, façon gréviste de la faim. Elle regardait les flammes lécher les arbres, de l'autre côté de la rivière, tandis que le battement de cœur d'un tambour *lambeg* détonait derrière un ensemble de flûtes. Sa couverture a glissé. James s'est penché et la lui a remise autour des épaules. Elle lui a fait un signe de tête pour le remercier et a bu une gorgée de son irish coffee.

« Et donc, Aoife, a dit Scott, tu ne m'as jamais raconté comment s'était passé ton entretien à Cambridge. James m'a dit que ç'avait été un véritable interrogatoire.

— Mmmm. Ce n'était pas aussi amusant que je m'y attendais. » Aoife leur a raconté qu'on l'avait introduite dans une pièce lambrissée où trois hommes étaient assis en rang. Ils lui avaient posé une série de questions auxquelles elle avait « beaucoup aimé » répondre, avant qu'un des plus vieux membres du jury lui fasse part de son intérêt pour le fait « inhabituel » qu'Aoife soit inscrite dans un lycée mixte.

« Donc, j'ai dû leur expliquer leur erreur en leur disant que St Jude n'était pas mixte. Qu'il n'y avait que des catholiques.

— Et comment l'ont-ils pris ? a demandé Scott.

— Ah, personne n'a rien dit pendant hyper longtemps, et j'ai commencé à paniquer en me disant que j'étais tombée sur un jury sectaire, alors j'ai ajouté que j'aurais adoré aller dans une école mixte, mais que nous n'avions pas le choix.

— Ah bon ? Mais le lycée le plus proche est mixte. J'ai vu le panneau où il est marqué "Lycée intégré".

— C'est du pipeau, Scott, a lâché Maeve. Ils disent qu'ils acceptent les catholiques pour toucher plus de subventions. Mais aucun catholique n'oserait s'inscrire là-bas.

— Enfin bref, a repris Aoife, les deux autres ont échangé un sourire, comme si j'avais dit quelque chose de drôle. Et puis le plus jeune a ajouté : "Il parlait de mixité filles-garçons."

— Embarrassant, a fait Scott, démontrant son talent pour

souligner l'évidence et prouver en un seul mot qu'il était vraiment un sale con.

— En effet. J'étais mortifiée. Et là, évidemment, ils me posent cette question sur l'appendice.

— L'appendice ? a répété Maeve d'un ton *mais c'est quoi ces conneries ?*

— Oui, l'appendice, a confirmé gravement Aoife.

— Bien », a dit Scott, très intéressé, laissant croire que cette question n'était pas complètement farfelue.

« Ils m'ont demandé d'imaginer que mon corps représentait la société, et que l'appendice faisait partie de cette société. »

Maeve a soupiré et pris une gorgée de café. C'était le genre de conneries qui la dégoûtaient complètement de l'université.

« Et là, ils m'ont dit, a fait Aoife en imitant l'accent britannique de la bonne société de manière très convaincante, “Que feriez-vous si l'appendice était source de douleur, ou menaçait le bien-être de la société dans son ensemble ?” »

Maeve s'est demandé ce qu'elle aurait répondu. Il ne semblait pas y avoir de réponse intelligente possible, sans parler d'une « bonne » réponse.

« J'ai paniqué parce que, grâce à James, je sais tout sur l'appendice, a-t-elle dit en regardant son frère.

— Une histoire ancienne et douloureuse, cette appendicite ! a expliqué James en faisant la grimace.

— Tout ce dont je me souvenais, c'était de ce que le chirurgien avait dit à propos de l'appendice : qu'à la base il s'agit du vestige d'un organe ancien qui n'a plus de raison d'être – ni d'influence sur le corps, sauf s'il s'infecte. Là, les problèmes commencent. »

Maeve avait presque terminé son irish coffee, dont la température avoisinait celle de son propre corps. Au niveau du feu de joie, les volutes de fumée s'épaississaient et s'assombrissaient tandis que les flammes atteignaient les pneus, tout en haut.

« Et donc, a dit Scott en reniflant, naturellement, il faut enlever l'appendice et l'incinérer, c'est ça ? Mais seulement pour sauver une vie. Diminuer la douleur. Autrement, on n'intervient pas.

— À l'époque, le chirurgien avait dit à maman et papa que l'appendicite de James résultait d'un blocage. Et maman, étant maman, lui a demandé de quel blocage il s'agissait. Le chirurgien a répondu : "Des excréments calcifiés", et comme maman semblait épouvantée, il a ajouté : "Oh, mais ça pourrait être une tumeur ou un parasite, donc en réalité, des excréments calcifiés, c'est une très bonne chose."

— Ça ferait un super nom pour un groupe, Les Excréments Calcifiés, a dit Maeve.

— Enfin bref, a répondu Aoife l'air révoltée, je me suis rappelé tout ça et j'ai répondu que l'appendice en soi n'était pas responsable de la douleur.

— Il ne fait que réagir à la merde qui est coincée dedans, a fait Scott en vidant son verre.

— Je n'ai pas dit les choses ainsi. Mais j'ai affirmé que dans 99 % des cas, ce pauvre vieil appendice va bien. Il s'agit juste d'un vestige ancien qui ne demande qu'à rester tranquille. Faire l'ablation et incinérer la partie de la société qui semble à la source du problème n'est pas nécessairement la meilleure solution. J'ai ajouté que, quand c'est possible, toute la société devrait travailler à chercher un moyen de faire sauter ce blocage.

— Ou du moins à faire en sorte que la merde continue à s'évacuer tranquillement ! a ajouté Maeve, qui se sentait inspirée.

— J'ai utilisé le terme "déchet". Mais oui, c'est l'idée. Que les déchets continuent de circuler. Identifier et détruire les parasites. Faire l'ablation de la tumeur. Mais laisser l'organe intact.

— Et qu'est-ce qu'ils ont dit ? » a demandé Scott.

Aoife a changé de position et sa chaise a émis un craquement.

« En fait, rien. Ils n'ont eu aucune réaction. Ils ont pris quelques notes et m'ont souhaité bon courage pour mes examens.

— Bon, a dit Scott en bâillant. J'imagine que c'était une réponse acceptable puisqu'ils ont retenu ta candidature. »

Aoife a fermé les yeux. Maeve savait exactement ce qu'elle ressentait – son cœur était tour à tour la proie de l'espoir et de la peur. Toutes les deux, elles avaient reçu des offres d'universités. Mais si elles n'obtenaient pas les notes adéquates à leurs examens, alors elles resteraient coincées dans l'impasse de l'Irlande du Nord. Dans ce vestige d'un organe ancien qui était devenu une infection menaçant à la fois la république d'Irlande et les Britanniques. Maeve a posé par terre son verre vide et contemplé la fumée noire qui tourbillonnait dans le ciel. L'incinération n'était pas la solution.

Le lendemain, l'herbe calcinée autour du feu de joie encore rougeoyant était semée de loyalistes inconscients. Le parking du château était plein et les gars en chapeaux melons avaient déjà repris leurs flûtes et leurs tambours.

Maeve a commencé à boire dès le matin. C'était dans l'air : les *lambegs* qui résonnaient, la brise épaisse qui transportait les relents du feu. Au déjeuner, elle était ivre, et elle continuait à boire. Comme les autres : tranquillement, régulièrement, le taux d'alcool augmentant dans leur sang telle l'eau de la rivière battant les murs anti-crues.

Au crépuscule, Scott a lancé une conversation qui fatiguait déjà Maeve quand elle avait quatorze ans. « Un de mes amis, à Oxford, a pensé que s'il se faisait enlever deux côtes, il pourrait sucer sa bite lui-même. »

Maeve s'est soudain sentie aussi concernée qu'une poupée Barbie.

« Qu'est-ce qu'il étudie ?

— Il voudrait devenir chirurgien. Donc je suppose qu'il

pourra vraiment mener des recherches là-dessus. S'il a raison, il pourra gagner des fortunes.

— Ça m'étonnerait.

— Pourquoi ?

— Admettons que ça fonctionne. La première chose que je ferais en rencontrant un mec qui m'intéresse, ce serait... » Maeve s'est penchée pour palper les côtes de James, qui s'est recroquevillé contre elle en riant « ... ça. Il est difficile de prouver qu'un mec nique sa mère, mais grâce à cette opération, ça deviendra évident qu'il suce des bites. »

Scott s'est rembruni. Maeve n'arrivait pas à savoir s'il était en colère ou s'il avait la trique, ou – de même que la plupart des garçons qu'elle connaissait – si c'était les deux à la fois. « Pour être honnête, a-t-elle repris, je sais pas pourquoi les gars ont tellement envie de se sucer tout seuls. C'est vrai, toutes les nanas que je connais savent se lécher elles-mêmes, et on en fait pas tout un plat. »

Scott a regardé Maeve, bouche bée, à croire qu'il s'apprêtait à dire quelque chose, mais qu'il avait soudain un trou de mémoire.

« Ça doit venir d'une différence anatomique entre notre cage thoracique et nos parties génitales qui rend ça possible pour nous, pas vrai, Aoife ? » Maeve savait qu'Aoife risquait de fiche la blague en l'air, mais celle-ci s'est contentée de rougir, ce qui a beaucoup aidé Maeve. « C'est vrai qu'il faut être souple, on est d'accord, a-t-elle poursuivi. Un peu à la manière des chats. Mais plus on s'entraîne, mieux on y arrive. Question d'expérience, comme on dit. »

Scott a posé sa serviette en papier toute déchirée. « Et que se passe-t-il quand vous avez vos menstruations ? »

Tout le monde a fait la grimace. Maeve n'avait jamais entendu un homme prononcer le mot « menstruations ». Et elle espérait bien que ce serait la dernière fois. « Qu'est-ce que tu crois qui se passe ? » a-t-elle répondu en glissant sa langue sur ses lèvres.

Il a haussé les épaules, visage rouge, tandis que James contemplait le tapis.

« Oh, Maeve, arrête ! S'il te plaît ! a dit Aoife en cachant son visage dans ses mains. Ce n'est pas une conversation appropriée lorsqu'on est à table. »

Maeve a pris sa cuillère et avec, une grosse bouchée de crumble aux pommes. Puis elle l'a agitée en direction d'Aoife. « Il est bon, ce crumble », a-t-elle dit, et elle a tout fourré dans sa bouche en regardant Scott droit dans les yeux.

Plus tard ce soir-là, elle s'est rendu compte qu'elle en avait ras le bol de tout et de tout le monde – y compris d'elle-même. Et en avoir ras le bol de soi-même, c'était pire que d'être fauchée, de se sentir piégée, ou d'avoir le cœur débordant de chagrin. Et puis elle s'est demandé si ce qui avait poussé Deirdre à passer quatre jours assise au milieu des siens sans rien dire, alors que le contenu d'un flacon de pilules lui détruisait peu à peu le foie, c'était bien ce qui lui était arrivé à Belfast, et si ce n'était pas plutôt ce qu'elle avait ressenti après. En avoir marre de tout. D'être traitée comme une merde, de se sentir comme une merde. Maeve a soudain eu envie que Fidelma Hegarty arrive en trombe et transforme Scott en viande hachée avant de l'emmener se prendre une bonne cuite. Elle aurait voulu avoir le courage d'affronter les rues pleines d'orangistes bourrés et surexcités pour aller frapper à la porte de Fidelma avec du cidre et enfin se fendre la gueule pour de bon.

Mais elle est restée chez les O'Neill. Ça allait à peu près – elle arrivait à tenir – jusqu'à ce que Scott propose de jouer à Action ou Vérité, et là, Maeve a mis ses doigts sur sa tempe, imitant un revolver, elle a fait semblant de tirer et s'est écroulée sur le canapé.

« Tu pouvais juste dire : “Non, merci”, Maeve », a dit Scott en se calant dans le fauteuil protecteur.

Maeve s'est redressée et a pris une gorgée de vodka. Puis elle a proposé : « Et pourquoi pas une partie de Si je serais… ? »

Scott a relevé la tête tel un bon chien de garde un peu con sur les bords. Maeve entendait presque le grondement dans sa gorge. « Comment on joue ?

— OK. Donc. On commence une phrase par : "Si je serais d'la glace…" et la personne qu'on choisit doit finir la phrase comme elle veut, par exemple tu peux dire : "… je serais dans un Coca light", ou un truc du genre.

— Bon, je comprends le concept, s'est rengorgé Scott. Mais n'y a-t-il pas là une erreur de grammaire ?

— Qu'est-ce que tu veux dire ? a demandé Maeve, lâchant assez de lest pour le couler.

— Eh bien, il faudrait dire "Si j'étais", et non "Si je serais". Il s'agit là d'une faute de grammaire. Une journaliste aspirante devrait le savoir. »

Maeve a tout de suite pigé que, si Scott savait qu'il y avait là une incorrection, il n'était pas assez calé pour expliquer pourquoi. Elle s'apprêtait à l'achever quand Aoife est venue à la rescousse.

« Maeve sait parfaitement utiliser le conditionnel, Scott. Elle met juste en avant son droit à parler l'anglo-irlandais dans le cercle privé de notre maison.

— De même que Scott met en avant son droit à passer pour un con en utilisant un mot comme "menstruations" dans notre comté de West Tyrone », a ajouté Maeve, qui s'est raidie devant les ricanements de Scott.

Dans une comédie romantique, après cet été-là, leurs deux personnages auraient pris des directions différentes, vécu des histoires d'amour dévastatrices entre vingt et trente ans, puis se seraient retrouvés invités à un dîner où ils auraient été les deux célibataires de service qu'on essayait de caser ensemble. De nouveau, ils se seraient cordialement détestés l'un l'autre, avant de s'apercevoir qu'ils avaient changé : Maeve serait désormais une journaliste d'investigation célèbre et intrépide, Scott quant à lui serait devenu oncologue en pédiatrie, d'une grande sensibilité, et à la veille de découvrir un traitement pour un affreux cancer qui ne touchait que les enfants. Ils se rappelleraient leur querelle grammaticale, puis s'embrasseraient sous la pluie, se marieraient et auraient beaucoup d'enfants. Sauf que Maeve avait plutôt l'impression d'être la star d'un documentaire sur l'Irlande du Nord – elle avait plus de chances de finir sans rotules, ou enterrée au fond d'une tourbière.

« OK. On commence. Aoife : si je serais un pub… ?

— Mmmm… je serais l'heure de la fermeture. »

Maeve aurait dû se douter qu'Aoife ne risquait pas d'être l'happy hour.

« Scott, à toi… » Aoife a regardé à travers la pièce, en quête d'inspiration. « Si je serais un verre de vin… ?

— Je serais un bordeaux 1989. À température ambiante. »

Maeve s'est soudain demandé ce qu'elle avait déclenché.

« Maeve, si j'étais anglais… ? lui a demandé Scott.

— Je serais George Washington. Chevauchant un cheval blanc. »

Scott l'a regardée en plissant les yeux.

« James. Si je serais de la neige… ? » Elle s'attendait à ce qu'il réponde un truc du genre « antigel » ou « Noël ».

Mais non. « Je serais le crépuscule. »

Maeve a soudain été transportée un soir d'hiver, des années plus tôt, devant l'église au crépuscule, son haleine formant une nuée blanche. Le cimetière miroitait sous une couche de neige fraîche. On aurait dit que des extraterrestres avaient déposé une couverture spectaculaire par-dessus les corps endormis sous terre. Dans son souvenir, c'était la dernière fois où elle avait cru à l'existence de quelque chose de sublime, de divin, flottant hors de leur vue, hors de leur portée.

« Scott », a dit James, les oreilles rouges. « Si je serais un plat de pâtes… ?

— Linguine ou fusilli ? » a-t-il répondu, comme si tout ça n'avait aucune importance.

Des heures, ou peut-être des jours plus tard, Maeve essayait d'ouvrir une bouteille de Smirnoff qu'elle avait chipée dans le cellier. Elle lui a glissé des mains et s'est fracassée par terre.

Soudain, elle s'est retrouvée dans la cuisine chez ses parents, dans un brouillard de fayots et de poissons panés brûlés, avec Deirdre lui hurlant dessus à cause d'une bouteille de ketchup brisée en mille morceaux par terre. Leur mère leur avait flanqué à chacune une petite tape sur la tête, puis elle avait grondé : « Rentrez les crocs et nettoyez-moi tout ça. » Maeve avait alors débarrassé la table tandis que Deirdre se mettait à genoux devant les éclats de verre. Une minute plus tard, leur mère avait glapi : « Putain de merde ! » Deirdre contemplait une ligne rouge bien droite en travers de son poignet gauche. Maeve en distinguait encore la couleur. Rouge, comme dans les contes de fées. Comme les lèvres de Blanche-Neige. Les baies empoisonnées. Les souliers rubis. Des cœurs encore battants et fumants dans l'air de l'hiver.

« Espèce de petite conne égoïste et débile », avait dit leur mère en remettant Deirdre debout.

Les yeux de celle-ci étincelaient – pas à cause des larmes ou de la colère, mais de soulagement. Elle avait le teint pâle, mais elle était détendue, à croire qu'elle venait de lâcher quelque chose de brûlant ou de glacé. Leur mère avait enroulé un torchon autour du poignet de Deirdre, très serré, puis elle avait enroulé une serviette par-dessus et avait emmené sa fille au salon.

« Qu'est-ce qui s'passe ? avait demandé leur père.

— È s'est coupée. Faut aller la r'coudre. »

Son père avait vu le sang percer le tissu qui entourait le bras de Deirdre, et il en était resté bouche bée. Le sang, c'était pas son truc. Pas après dix ans passés dans une usine à cochons.

« Oh putain, avait-il dit en se levant. J'vais chercher un taxi.

— Appelle McNabb. Pas Gallagher. Dis-leur de v'nir nous chercher devant l'Cromwell. »

Son père avait hoché la tête et filé à la cabine téléphonique.

« Et toi, avait dit sa mère à Maeve en la clouant sur place du regard, tu viens avec nous. »

Un protestant à tête blonde les avait amenés à l'hôpital en silence, puis leur avait demandé 5 bonnes livres de plus que Gallagher ne l'aurait fait. Maeve avait regardé une infirmière recoudre Deirdre, allongée sur un lit blanc dans un box bleu. En raison de la nature de la blessure, un médecin était venu leur parler avant de les laisser repartir. Il avait examiné Deirdre sans dire un mot, puis était sorti avec leur mère dans le couloir. Maeve ne l'avait plus revu. Leur mère était revenue cinq minutes plus tard, elle avait fermé le rideau autour du lit et s'était assise sur la chaise en plastique bleu au chevet de sa fille. Elle s'était balancée doucement pendant un moment, puis elle avait saisi le poignet intact de Deirdre.

« Si tu refais ça… avait-elle murmuré d'une voix sèche en clignant pour ravaler ses larmes. Si tu refais ça, c'est moi qui te tuerai de mes propres mains. »

« Ça va, Maeve ? »

Maeve a cligné les yeux. James se tenait là, devant elle.

« J'ai cassé la bouteille.

— Je vois ça.

— Désolée.

— Ce n'est pas grave. Je nettoierai plus tard.

— Chuis vraiment, vraiment désolée. J'ai cassé la bouteille. »

Maeve s'est aperçue qu'elle pleurait. Ça voulait dire qu'elle était bien pétée.

« Maeve. Sincèrement. Ce n'est pas grave. »

Elle s'est agenouillée pour ramasser les tessons de verre.

« Attends, a-t-il dit en lui prenant les poignets. Laisse ça. Tu risques de te blesser. »

Ses larmes se dissolvaient au milieu de la vodka.

« Va t'allonger », a dit James en passant un bras autour de sa taille. Puis il l'a emmenée à l'étage.

Elle était certaine qu'il l'avait embrassée seulement pour qu'elle arrête de dire « pardon », encore et encore. Jamais elle ne lui avouerait qu'elle lui avait rendu ses baisers juste pour ne plus voir cette expression de pitié sur son visage.

Le lendemain matin elle s'est réveillée tout habillée, le cœur battant, avec au fond de la gorge un goût amer de sperme. James était à côté d'elle, allongé sur le ventre, profondément endormi. Elle s'est autorisée à ne pas bouger pendant un moment, observant les cicatrices d'acné sur les épaules du jeune homme et ses paupières couleur de lait. Elle se rappelait comment il l'avait laissée l'embrasser, comme un boxeur dans les cordes priant pour que la fin du round retentisse.

Elle s'est levée et a rassemblé ses affaires. Elle sentait sur elle l'odeur de la sueur et de l'after-shave de James. Elle avait le mauvais pressentiment qu'elle n'était pas au bout de ses surprises.

LUNDI 18 JUILLET 1994

28 jours avant les résultats

Caroline était rentrée à l'appartement, ce week-end-là, tout en sourires et taches de rousseur, avec pour Maeve un sucre d'orge portant le nom du village où elle l'avait acheté :

GLEBE

Et, en effet, Maeve se sentait telle la glèbe. Être coincée à l'intérieur pendant une semaine, à respirer la fumée du feu de joie et à picoler, lui avait donné le teint anémié d'une endive. En traversant la rue pour se rendre à l'usine, elle a levé les yeux vers le nom écrit en grosses lettres : un R avait basculé et était carrément tombé.

STRAWBRIDGE & ASSOCIATES

SHI T FACTORY

Paddy Quinn et Magee-le-Chauve fumaient debout sous la bruine à l'entrée.

« Alors, vous avez passé d'bonnes vacances ? » leur a demandé Maeve en scrutant le parking. Il y avait là les bagnoles des bouseux, mais pas trace de la Jaguar d'Andy.

« Ouais, a répondu Paddy. J'ai emmené les mioches et ma bourgeoise à Sligo.

— Moi chuis allée une semaine à Bundoran, a ajouté Caroline. Mémé Jackson a gagné le jackpot aux machines à sous !

— Pas d'jackpot pour moi, a dit Magee d'un ton triste. Chuis resté là avec ma mère.

— Moi aussi chuis restée là », a dit Maeve, même si elle se sentait un peu hypocrite de dire ça. Regarder le feu de joie de l'Orange Day depuis chez les O'Neill et se faire caresser par James O'Neill, ce n'était pas tout à fait la même chose que de se retrouver coincé avec sa mère dans une petite maison au cœur d'un vaste lotissement municipal.

« Ah, dommage, a répondu Paddy. J'imagine que la ville était noire de réformés.

— Ouais, c'est ça. Et j'ai appris comment qu'on fait pour met' vingt-cinq orangistes dans une cabine téléphonique, a dit Magee-le-Chauve d'un air rusé.

— Et comment qu'tu fais ?

— Faut leur dire qu'y z'ont pas le droit d'y entrer. »

Tout le monde a explosé de rire. C'est alors qu'un gros camion avec une plaque d'Antrim est arrivé devant le portail et a klaxonné. Magee s'est précipité et a commencé à le diriger tel un pétrolier entrant dans le canal de Suez.

« Y a quoi dans c'camion ? a demandé Caroline à Paddy.

— C'est l'tissu à McAllister. Au moins, y z'ont rempli cette part du contrat.

— Comment ça ? » a demandé Maeve.

Paddy a jeté un coup d'œil autour de lui avant de répondre : « McAllister, ce serait un arrangement avec les protestants. Y a aucune raison pour qu'y soyent loyaux envers les gens d'ici.

— Parce qu'on est mixtes, c'est ça ?

— Ça, a acquiescé Paddy. Pis y a not' patron. On fait un drôle d'attelage. » Il a relevé les sourcils, l'air critique, comme pour dire : « Pas besoin d'expliquer plus, hein ? »

Maeve a hoché la tête à son tour, feignant de comprendre ce qu'il voulait dire, même si elle n'en avait pas la moindre idée. Elle l'a regardé suivre le camion jusque derrière l'usine, puis elle s'est retournée en écarquillant les yeux vers Caroline, qui a haussé les épaules. De nouveau elles ont éclaté de rire, et sont allées pointer.

Maeve est entrée dans l'usine en frissonnant. L'air était sec et froid, car la chaleur des cigarettes, du thé et des toasts, ainsi que les relents de pets et de déodorants avaient été éventés pendant la semaine de congé. Elle a entendu la vaste double-porte du fond s'ouvrir. Magee-le-Chauve est entré en faisant de grands signes au chauffeur du poids lourd. Maeve s'est demandé comment celui-ci faisait pour ne pas lui foncer dessus. Dès que l'arrière du camion a été ouvert, et la rampe descendue, Billy Stone et Paddy Quinn ont commencé à décharger les rouleaux de tissu. Ils les ont empilés au fond de l'usine sous la surveillance de Mary, qui cochait des cases sur son bloc.

« Ça fait combien tout ça, Mary ? a demandé Fidelma Hegarty en jaugeant la pile de rouleaux. Ça m'a pas l'air de r'présenter plus d'quinze jours de boulot ! Ou alors pas beaucoup plus. »

Mary s'est frotté le front. « Un peu plus d'une quinzaine. Ça va vous occuper.

— Que deux s'maines ? a relevé Mabel Moore. Y a assez d'place ici pour entasser un mois d'travail. Y nous font pas confiance ou quoi ? »

Billy a déposé un rouleau de tissu sur sa table à découper. Maeve a ressenti un frisson dans sa nuque en le voyant passer la main sur l'étoffe, l'air de savoir ce qu'il faisait.

« Chais pas quel accord y a entre Andy et McAllister, a repris Mary. Mon boulot, c'est d'êt' sûre qu'y livrent le tissu, et vot' boulot à vous, c'est d'leur livrer des chemises à eux.

— Bon, ben j'f'rais mieux d'm'y mettre, a dit Fidelma en faisant claquer ses ciseaux dans le vide.

— Ouais, t'as raison, a acquiescé Mabel en s'asseyant avec un soupir. L'thé s'boit pas tout seul, et les ch'mises se cousent pas toutes seules non plus. »

Billy a enfilé son gant métallique et a mis la lame en route. Maeve l'a regardé découper le tissu jusqu'à ce que la lumière verte de son fer s'allume. Puis elle a fait jaillir la vapeur dans l'air, a posé une chemise sur sa planche et commencé à repasser.

Andy est arrivé à la porte à huit heures quinze, flanqué de la petite nana que Maeve avait vue lorsqu'il faisait passer des entretiens. Il l'a escortée jusqu'au bureau de Mary, où il a dit quelque chose qui a fait vaciller la jeune fille. Puis il a grimpé quatre à quatre l'escalier en caressant sa cravate et Maeve l'a imaginé en train d'admirer sa propre bite.

Elle a croisé le regard de Fidelma. « Et ouais », se sont-elles dit en silence.

Maeve est revenue à son repassage. À présent que ses muscles étaient chauds, elle avait l'impression de n'avoir jamais cessé le travail. Néanmoins, l'atmosphère avait changé. Une grande partie de la tension qui était montée peu à peu avant l'Orange Day s'était désormais évaporée. La plupart des réformés ressemblaient à des oies vidées, à croire que les marches au son des tambours les avaient aidés à évacuer quelque chose de leur système. Mais tout le monde était de mauvais poil. Ils n'avaient toujours pas compris la nouvelle organisation : les couturières passaient des paniers pleins de pièces achevées de la même manière qu'auparavant, les gens allaient chercher leurs lots au mauvais endroit. Quand la sonnerie de la pause a retenti, ça a été un véritable soulagement car il n'y avait pas eu de changement à la con dans l'organisation de la cantine – tout était depuis longtemps optimisé pour profiter de son thé, de ses toasts et de ses clopes.

Maeve traînait pour finir une chemise en écoutant le présentateur à la radio donner les derniers détails concernant l'affaire Fred West. Elle se demandait comment s'y prenaient les Anglais pour générer autant de tueurs en série – ne voyaient-ils pas les gens disparaître sous leur nez, ou bien étaient-ils simplement trop polis pour dire quoi que ce soit ? En ville, personne n'entretenait l'espoir de devenir tueur en série, parce qu'ici, tout le monde savait de quelle couleur vous aviez chié avant même que vous vous soyez torché le cul.

Elle a rangé son fer et posé la chemise repassée sur le portant. Puis elle a vu que la nouvelle était assise telle une idiote devant sa machine à coudre. Maeve s'est alors souvenue du conseil de Dale Carnegie : « Pour se faire des amis, il faut commencer par se montrer amical. » Elle a pris une grande inspiration. « C'est l'heure de la pause, a-t-elle dit. Tu verras, ça passe plus vite que tu crois, tu f'rais mieux de t'magner le train. »

Elle est allée à la cantine, la nouvelle la suivant comme un petit chien.

« On a droit à du thé et des toasts le matin. L'après-midi, c'est du thé et des biscuits, a-t-elle dit en prenant une tasse. Vas-y à fond sur le lait. Faut pas qu'y soit trop chaud si tu veux l'boire. » Puis elle a attrapé une assiette avec des toasts. « Tu prends tes toasts ici. Après, t'as cinq minutes pour tout t'enfiler.

— Merci, m'dame », a dit la petite nana.

M'dame ? a pensé Maeve en prenant son assiette. *Sale petite conne.*

Cet après-midi-là, la première vague de chemises McAllister est arrivée jusqu'à Maeve. Repasser cet épais tissu de qualité lui plaisait, faire glisser le fer sur le dos, raidir le col à la vapeur, c'était un vrai plaisir, encore une preuve que l'argent facilitait la vie. Elle a été surprise d'entendre la sonnette retentir : la journée de travail avait passé plus vite que sa semaine de vacances.

Aoife et Caroline se sont engouffrées dans les toilettes, aussi Maeve a pris son sac et elle est sortie avec Fidelma. La nouvelle traînait à la porte.

« Ben t'as pas d'chez toi où rentrer ? lui a demandé Fidelma en haussant les épaules dans sa veste en jean.

— J'attends Mr Strawbridge qui va me ramener, a-t-elle répondu en agitant sa chevelure.

— Ah ouais ? a fait Fidelma en regardant Maeve.

— Ouais. Il a dit qu'y me ramènerait chez moi. Comme ça c'est facile pour moi.

— Ouais, a ricané Maeve, Andy est connu pour ça. C'est un homme facile.

— Hein ? a fait la petite nénette. J'comprends pas. »

Fidelma a soupiré et s'est frotté le nez. « Mon chou, suis mon conseil et prends le bus. Ou fais-toi ramener par une voisine.

— Ouais, a renchéri Maeve. Fais gaffe avec ce mec-là. »

Le bruit de la porte du bureau d'Andy qui se refermait a résonné à travers l'usine déserte.

« Tu sais quoi ? a dit la petite nénette à Maeve. J'crois qu't'es juste jalouse. »

Maeve en est restée bouche bée. « T'as dit quoi, là ?

— Je vois que vous mettez en pratique les conseils de Mr Carnegie, Mizz Murray, a lancé Andy derrière elle. Nouer des liens d'amitié avec votre nouvelle collègue.

— Ah, vous me connaissez, m'sieur Strawbridge. Je suis cette personne rare qui cherche à venir en aide aux autres avant de penser à elle-même.

— Bien sûr, a-t-il répondu avec une étincelle dans l'œil, vous n'avez pas conscience de l'énorme avantage que cela vous confère. »

La nouvelle et Fidelma regardaient Maeve et Andy en s'interrogeant : *Mais c'est quoi ces conneries entre vous ?*

« Il me semble que votre dernière recrue gagnerait à lire ce livre elle aussi.

— Dans ce cas, peut-être pourrez-vous le prêter à Wendy lorsque vous l'aurez terminé, Mizz Murray ? »

Maeve a regardé Andy en écarquillant les yeux, se souvenant que Dale disait que le prénom d'une personne était ce qui flattait le plus son oreille, ce qui comptait le plus pour elle. Il lui a souri, puis a posé la main sur l'épaule de Wendy et l'a fait sortir. Il s'est arrêté devant sa voiture, cherchant ses clés dans sa poche. Wendy s'est retournée vers Maeve et lui a lancé un regard venimeux. Maeve a croisé les bras et relevé un sourcil, l'air de dire *cause toujours*. La Jaguar d'Andy a flashé et cliqueté en se déverrouillant, et tous les deux y sont montés.

« C'te p'tite gonzesse, y en a eu plein d'aut' avant elle, a soupiré Fidelma. Elle aura pas l'temps d'toucher son premier chèque.

— Est-ce qu'y en a qui t'écoutent, Fidelma. Quand tu les mets en garde ? »

Elle a longuement regardé Maeve. « J'pense que beaucoup d'gens trouvent Andy Strawbridge plus convaincant qu'une nana dans mon genre », a-t-elle répondu en se dirigeant vers le parc des caravanes.

Le lendemain, Maeve fumait avec les anciens de l'usine près du portail tout en regardant Andy se garer. Tout le monde s'est tu lorsque Wendy est sortie de la Jaguar en renvoyant ses cheveux en arrière. Maeve a senti la jalousie l'envahir. Les regards se sont braqués sur la jeune fille lorsqu'elle a traversé le parking avec Andy, qui s'est arrêté devant eux, a tapoté sa montre et relevé les sourcils. Puis il est entré dans l'usine, la petite Wendy gloussant à ses côtés.

« Les gosses, ça devrait pas jouer avec les allumettes, a fait Mabel Moore.

— Ben ouais, mais y en a qu'apprennent rien tant qu'elles se sont pas brûlées », a dit Maeve en espérant ne pas en faire partie. Puis elle a écrasé son mégot et elle est allée pointer.

Plus tard dans l'après-midi, Andy s'est arrêté devant la planche à repasser de Maeve et l'a regardée travailler pendant plusieurs minutes.

« Mizz Murray ?

— Quoi ? a-t-elle répondu sans quitter son fer des yeux.

— Passez me voir tout à l'heure dans mon bureau », a-t-il dit avant de repartir.

Après ça, Maeve a eu les nerfs en pelote. Elle n'avait pas envie d'aller dans le bureau d'Andy car elle était loin d'avoir terminé son foutu bouquin, s'étant enlisée dans le chapitre 12, « Si vous avez tort, sachez l'admettre ». Mais après la pause, elle a gravi l'escalier et passé la tête à l'intérieur du bureau.

« Oui. Bien sûr, disait-il au téléphone. Je vérifierai ça aussi. »

Il lui a fait signe d'entrer. La porte s'est refermée derrière elle et elle s'est assise face à lui.

« Oui, oui. Écoutez, il y a quelqu'un dans mon bureau, donc je ne peux en discuter tout de suite. » Andy a tiré sur le fil du combiné, qu'il a coincé entre son épaule et sa mâchoire pour défaire le double boutonnage de ses poignets. « Oui, oui, oui », a-t-il ajouté en relevant ses manches.

Il avait un joli bronzage, comme beaucoup de soldats que Maeve voyait dans la rue. Il n'avait pas la peau blanc-bleu de James, ni celle gris verdâtre de la plupart des hommes de la ville.

« Je m'en occupe », a-t-il dit en reprenant le combiné dans sa main.

Maeve regardait le tas de formulaires Invest Northern Ireland qui recouvrait son bureau. Il y avait beaucoup de chiffres et de symboles représentant la livre sterling.

« Bien. Je vous le ferai savoir. Au revoir. » Andy a raccroché avec un cliquetis, puis il a lissé sa cravate. « Mizz Murray.

— Monsieur Strawbridge. »

Soudain elle s'est arrêtée sur son nom. *Straw Bridge. Pont de paille. Pas un truc qui dure. Pas un truc sur lequel on pose le pied en toute confiance.*

« J'aimerais savoir ce que vous pensez du plan d'optimisation des locaux de l'usine.

— Pourquoi vous me demandez c'que j'pense ? Tout ça, c'est l'idée d'Aoife.

— Je m'intéresse à votre opinion, Mizz Murray, ce qui, j'imagine, est nouveau pour vous. »

Maeve s'est carrée sur la chaise et a croisé les bras. « Ben, c'est pas pour dire du mal de vous ou d'Aoife, mais tout est parti en vrille. »

Maeve était aux anges de constater que cette réorganisation était un échec, que tout le monde se plaignait et aspirait à revenir à l'organisation antérieure.

« Le changement ne se fait jamais en douceur, a dit Andy en haussant les épaules. Les gens préfèrent toujours s'en tenir à ce qu'ils connaissent. »

Maeve ne voulait pas s'en tenir à ce qu'elle connaissait. Elle n'en pouvait plus des corn flakes pour le petit déjeuner. Elle en avait marre du fromage et des cornichons coincés entre deux tranches de pain de mie tartinées de margarine. Elle en avait ras le bol des œufs, des fayots et des toasts au dîner. Elle voulait se pinter au « morito » plutôt qu'à la vodka orange.

« J'ai toute confiance dans le succès de ce nouveau système d'organisation lorsque vous vous y serez tous habitués. » Andy se balançait sur son fauteuil en regardant Maeve. « Je dois dire que Mizz O'Neill est d'une intelligence remarquable. Elle ira loin. »

C'était à croire qu'Andy avait dévissé une valve dans la poitrine de Maeve, et qu'elle sentait l'air sortir de sa poitrine.

« À vous, maintenant, a-t-il repris en la regardant droit dans les yeux. Je suis curieux de découvrir votre potentiel réel.

— Si vous lisez mon CV, vous en saurez plus.

— Je l'ai lu, en effet. Vous avez d'excellentes notes en perspective – des B. Pas aussi spectaculaires que pour Mizz O'Neill, mais étonnamment bonnes, eu égard à votre milieu d'origine. »

Maeve devait se concentrer pour ne pas oublier de respirer, et ça ne lui plaisait pas du tout.

« Vous savez, Mizz Murray, je pense que vous et moi nous ne sommes pas si différents. » Andy la regardait de la même manière que sa mère s'intéressait aux offres spéciales dans la vitrine du boucher.

« Je suis parti de zéro. On m'a traité comme de la merde. Il a fallu que je m'acharne pour m'arracher au ruisseau. »

Ça démangeait Maeve de jouer un petit violon invisible devant le visage d'Andy. Elle aurait voulu savoir ce que c'était, pour lui, le « ruisseau ». Elle n'aurait pas été surprise d'apprendre qu'il avait un oncle en prison, mais elle aurait parié une semaine de salaire que la dernière mort violente dans sa famille remontait à la Seconde Guerre mondiale. Andy avait l'air d'un type qui a pris des repas chauds tous les jours, a reçu des leçons de piano toutes les semaines, et a toujours connu un sapin de Noël au pied garni de cadeaux. Et dans le pire des cas, même s'il avait vraiment vécu des choses difficiles, c'était un homme. Même quand c'était la merde pour un homme, c'était toujours dix fois pire pour une femme.

« On dirait que vous avez échangé le ruisseau contre le bourbier. »

Andy a plissé les yeux et soupiré. « Le potentiel magnifique de l'Irlande du Nord peut échapper à qui considère les choses de loin. Mais avec ces pourparlers d'accord de paix, il y a des chances pour que le changement advienne. »

Maeve ne connaissait personne capable de croire que des discussions pour préparer des discussions mèneraient à autre chose qu'à d'autres discussions à la con sur des discussions à la con. « Vous voulez dire que vous croyez au processus de paix ?

— Je n'ai pas dit ça. Je pense qu'il existe une possibilité. Avec les États-Unis qui font pression sur cette province, les Britanniques *et* les Irlandais doivent trouver une solution. L'Europe aussi. Ils investiront sur toute personne capable de fournir des solutions à des problèmes tels que ceux de votre ville. »

Maeve n'aimait guère les solutions que les hommes avaient inventées pour régler certains « problèmes » historiques : ceintures de chasteté ; lobotomie ; asiles d'aliénés ; camps de concentration.

« Je travaille à créer au sein de cette communauté déshéritée un modèle d'intégration et de prospérité qui fera office d'exemple pour d'autres lieux à travers l'Irlande du Nord.

— Bonne chance, Andy. »

Il a eu une petite grimace suffisante, ce qui a ramené Maeve à la réalité. « Oh, ce n'est pas de chance que j'ai besoin, Mizz Murray. Mais de temps. D'un peu plus de temps. »

Il s'est levé, a contourné le bureau jusqu'à Maeve, l'a fait se relever, a repoussé les cheveux sur son visage et l'a embrassée.

En redescendant l'escalier, elle s'est concentrée sur ses gestes, exactement comme quand elle feignait de ne pas être bourrée devant sa mère, puis elle est allée aux toilettes et s'y est enfermée. Elle a retiré sa polaire et agité son tee-shirt. Elle s'est figée en entendant la porte s'ouvrir. Quelqu'une est entrée et s'est arrêtée devant le WC où elle se trouvait. Elle a baissé son jogging et sa culotte pour tenter de faire pipi, mais elle a juste pété. Elle a essuyé la moiteur entre ses cuisses et tiré la chasse. Après s'être rhabillée, elle a ouvert la porte.

Fidelma Hegarty se tenait là, les bras croisés.

« Salut Fidelma », a dit Maeve sans faire attention à l'expression de son visage. Elle s'est approchée du lavabo, a tourné le robinet et laissé l'eau froide lui couler sur les doigts.

« Alors, qu'est-ce qui s'passe entre toi et ce connard d'Andy ?

— Rien.

— Me raconte pas d'conneries, Maeve Murray. Hier, t'étais là en train de mettre en garde cette p'tite nana, et aujourd'hui, tu montes le voir. »

Maeve a fermé le robinet, pris une serviette en papier bleue, et s'est essuyé les mains.

« Je sais d'quoi j'parle, avec Andy, a repris Fidelma. J'ai eu droit à ma part. Comme la moitié d'l'usine. Et c'est pas un si bon coup qu'y croit. »

Maeve a lâché la serviette en papier humide dans la poubelle.

« Tu peux faire mieux qu'ça, Maeve. Vachement mieux, même. Laisse à Andy les gonzesses du genre Wendy. Et toi, t'approche pas d'lui. »

Maeve a regardé les gouttelettes d'eau tombées sur le carrelage.

« Tu sais quoi ? a dit Fidelma en soupirant si fort qu'elle a semblé se vider. J'en ai ras l'cul de c'trou pourri. P'têt que j'aurais dû bosser plus à l'école. Ce serait cool d'avoir le choix.

— T'as encore le temps, Fidelma. Y a les cours du soir. »

Celle-ci l'a regardée d'un air mauvais. « C'est ça. Et pis y a Harvard et tout ça. » Là-dessus elle a tourné le dos à Maeve et elle est sortie.

Maeve et Aoife attendaient Caroline devant le portail de l'usine. Adossée à la Jaguar d'Andy, Wendy examinait ses ongles.

« Je suis sûre qu'elle aura sa bite dans la bouche avant même que j'aie goûté à mes haricots », a dit Maeve, écœurée rien que de penser à son repas.

Aoife a hésité avant de répondre. « On dirait que tu la détestes encore plus que lui. »

La remarque a atteint Maeve en plein cœur.

« À vrai dire, je pense pas grand-chose ni d'elle ni de lui. »

Aoife a alors lancé à son amie un regard étrange. « Et de quoi avez-vous discuté, Andy et toi ? Du livre ? »

Maeve a senti ses tétons durcir. « Nan. C'est bizarre mais il m'a demandé ce que je pensais de l'optimisation. »

Aoife s'est raidie. « Et qu'as-tu répondu ? »

Maeve essayait de ne pas penser à la queue d'Andy, bien dure contre sa hanche. « J'ai dit que pour l'instant, c'était plutôt un désastre. »

Un nuage est passé devant le soleil. Maeve avait l'impression que le ciel retenait son souffle avant de cracher des aiguilles de pluie.

« La nouveauté met du temps à s'imposer. Au début ça n'est jamais facile. »

En voyant Andy sortir de l'usine, Wendy s'est redressée tel un petit chien qui fait le beau.

« Y a des nouveautés qui s'imposent vite, on dirait. »

Maeve détestait cette déception dans sa voix. Et elle détestait Andy de l'avoir embrassée comme si elle lui appartenait, de l'avoir rivée à son bureau en lui témoignant une attention qu'elle n'avait jamais reçue, réduisant la ville, l'usine, le bureau à ses lèvres posées sur les siennes. Ça n'avait duré que quelques secondes, mais elle avait l'impression qu'il avait aspiré la poussière et la crasse laissées par la vie ordinaire dans ses poumons et ses os pour la remplir d'un liquide inflammable, sombre et chaud. Jamais on ne l'avait embrassée ainsi. Jamais non plus elle ne s'était laissé embrasser ainsi. Et jamais elle ne s'était retrouvée piégée de la sorte.

« Je ne comprends pas ta relation avec lui, a dit Aoife.

— Quelle relation ? a répondu Maeve en observant Wendy qui riait d'une remarque d'Andy.

— Je ne sais pas comment décrire les choses, a repris Aoife en rougissant. Mais il y a un truc entre vous. On dirait que vous vous détestez, et en même temps que vous voulez être ensemble. »

Maeve a regardé la Jaguar sortir lentement du parking, puis s'éloigner dans la rue en rugissant.

« Andy est anglais. On m'a élevée dans la haine des Anglais », a dit Maeve en repensant à ce moment où elle était à quelques centimètres de la poitrine d'Andy, à cet instant, elle avait su que, s'il essayait de la baiser sur son bureau, elle enlèverait elle-même sa culotte.

« Ça, je le comprends, Maeve. C'est le fantasme que tu projettes sur lui que je ne comprends pas. »

Il n'avait pas essayé de la baiser. Il avait fait un pas en arrière et avait baissé les manches de sa chemise en disant : « Je crois que vous avez un gros potentiel, Mizz Murray. »

« Il m'a dit que j'avais un gros potentiel, Aoife. C'est peut-être ça qui m'excite. Quelqu'un qui croit en moi.

— Oui, mais un gros potentiel pour quoi ? » a demandé son amie, inquiète.

Quand Andy est arrivé le jeudi matin, plus trace de Wendy sur ses talons. Fidelma et Maeve ont échangé un regard : *Et voilà.* Mais Mary n'a donné aucune explication avant la pause de la matinée.

« Andy a dit qu'è sait pas coudre.

— Donc, on la verra p'us alors ? » a demandé Marilyn Spears.

Mary a acquiescé et plus personne n'a rien dit avant qu'elle ait quitté la cantine.

« Paraît qu'y l'a baisée à couillons rabattus », a gloussé Marilyn, tout le monde se marrant avec elle.

« Ah putain, ferme-la, a lâché Fidelma en froissant son journal. J'pense qu'elle a bien compris la l'çon. » Elle a baissé la tête tandis que la rumeur se taisait, et elle a considéré d'un œil noir la photo du tout dernier espoir du parti travailliste, Tony Blair. « 'Garde-moi çui-là, a-t-elle dit à Maeve. Si Maggie Thatcher était encore dans la course, v'là exactement l'genre de poulain qu'è cornaquerait.

— Tu crois ? » Maeve a regardé la photo. Blair ressemblait à ces portraits aux sourires parfaits qu'on voyait à l'église Free Presbyterian Church of Ulster, des gens qui croyaient dur comme fer à de sacrées conneries.

« Ah putain, elle mouillerait carrément pour lui, avec tous ses discours sur comment affaiblir les syndicats. »

Maeve ne savait pas grand-chose des syndicats. Pour elle,

c'était des organisations composées essentiellement de types aux visages rouges, gueulant pour d'autres mecs qui bossaient dans des usines automobiles ou des mines de charbon. Elle se souvenait que Thatcher s'était bagarrée avec les mineurs durant les grèves. Il fallait cependant lui rendre justice, elle avait été aussi salaude avec la classe ouvrière anglaise qu'avec les grévistes de la faim qu'elle avait laissés crever à Long Kesh.

« Et nous, est-ce que nous avons un syndicat ? a demandé Aoife.

— Ouais, pour sûr, a crié Mabel Moore à la table voisine. Saint Dycat, priez pour nous. »

Mabel était tellement morte de rire qu'elle a dû s'agripper au bras de Marilyn, sous l'œil froid de Fidelma.

« Je voulais dire, avons-nous des délégués syndicaux, a repris Aoife en rougissant.

— Ici, y en a pas, a répondu Fidelma. On nous a dit qu'on en avait pas b'soin.

— Qui c'est qu'a dit ça ? » a demandé Maeve.

Mabel a regardé Billy et Paddy Quinn avant de répondre : « Ceux qui commandent », comme une porte qui se ferme.

Fidelma a poussé son journal vers Maeve. « Tiens. T'as qu'à finir les mots croisés pour moi.

— T'es coincée ?

— Septième ligne. En dix lettres : unité et soutien. Ça commence par un S. Et ça se termine par un E. »

Maeve a froncé les sourcils. « Simplicité, ça irait, mais c'est pas ça.

— Je pense que c'est solidarité », a dit doucement Caroline. Aoife a acquiescé.

Maeve a inscrit les lettres dans les cases avec le sentiment qu'elle avait raté un test qu'elle ne souhaitait pas passer.

Le jeudi soir, Caroline a emmené Mémé Jackson au bingo, laissant Maeve toute seule au fond de son duvet avec *Comment se faire des amis et influencer les autres*. Elle venait d'entamer le chapitre 18, « Ce que tout le monde veut », quand la sonnette a retenti. Elle s'est traînée jusqu'à la fenêtre pour regarder dehors.

Fidelma était debout dans la rue, un lourd sac bleu à la main. Maeve a ouvert la fenêtre et crié : « Salut Fidelma !

— J'ai ach'té d'quoi boire, a-t-elle dit en plissant les yeux à cause de la pluie.

— Tu veux que j'descende ? a demandé Maeve en s'extirpant de son sac de couchage.

— Tu crois qu'j'ai l'intention d'aller picoler sous un pont ? Réfléchis et ouv'-moi donc. »

Fidelma a examiné l'appartement avant de s'installer dans le fauteuil de Maeve. Puis elle a plongé la main dans son sac, en a sorti deux cannettes de cidre. Elle en a lancé une à Maeve, qui s'est sentie ridiculement soulagée en l'attrapant. La cannette de Fidelma a émis un sifflement de satisfaction lorsque celle-ci l'a ouverte. Elle l'a portée à sa bouche et a bu longuement, puis elle l'a reposée en soupirant. « Ah la vache, ça fait du bien.

— Ouais. La semaine a été dure, a répondu Maeve en sirotant la sienne.

— Y a p'us très longtemps à attend' avant les résultats ?

— Lundi dans quinze jours.

— Ouais, c'est bientôt. Donc, si t'as les bons résultats, tu t'barres en Angleterre ?

— Ouais. À Londres.

— Ah, Londres. Chuis jamais allée.

— Ben moi, chuis juste allée pour les entretiens. »

Autant Maeve contrôlait son langage en compagnie d'Aoife ou d'Andy, autant elle se relâchait avec Fidelma.

« Ça va t'changer, Londres.

— Pour sûr. T'irais là-bas, toi, si tu pouvais ? Ou p'têt aux States ?

— Ah, les States, c'est trop loin. Pis faut un visa. L'Angleterre, ça m'branche pas trop. Mais c'est plus près.

— T'es allée quand en Angleterre ?

— Y a un moment, à Liverpool.

— Ah ouais ? Comment qu't'as trouvé ça ?

— Oh, c'était cool. J'ai pris du bon temps après l'avortement. »

Maeve a avalé une gorgée de cidre. Elle n'avait jamais entendu personne hormis un prêtre prononcer ce mot en dehors des cours de catéchisme. Et les prêtres avaient du mal. Ils le disaient en serrant les dents, ou en tonnant.

« Ah ouais, a fait Maeve en se demandant ce qu'elle pourrait ajouter. Et c'était pas trop la galère ?

— Ben, trouver comment traverser, et payer pour toutes ces conneries, c'était la galère. Mais tu sais quoi ? Après, ben moi j'étais bien. Rien à voir avec toutes les conneries sur le regret comme les curetons nous farcissent la tête. Y a qu'une fois où c'est qu'j'ai eu des problèmes. Et ça, pa'ce que j'étais là-bas, à picoler et à m'vider d'mon sang dans un putain d'bar irlandais en Angleterre au lieu d'êt' dans mon pieu.

— Sûr qu'c'était pas génial.

— Ah, bordel, non. »

Fidelma s'est tue. Maeve songeait aux affiches que leur prof de caté avait épinglées sur le tableau, montrant des sacs poubelle noirs remplis de bébés avortés, démembrés, dont les mains minuscules se tendaient vers elles, et ce pendant les cinq années où elle avait été obligée de suivre les cours de catéchisme.

« Y savaient pourquoi qu'j'étais là. Z'avaient qu'à m'regarder pour deviner.

— Ah ouais.

— Et y m'ignoraient. Rien de rien, pas un mot. Et pis y a ce gringalet qui s'approche, un peu avant la fermeture. » Fidelma a lancé à Maeve un regard féroce. « Juste pour qu'tu saches, y servent des demis dans les pubs, en Angleterre. Faut demander des pintes en précisant. Pis y ferment super tôt.

— Ouais, j'ai entendu dire qu'c'était n'importe quoi, a acquiescé Maeve.

— Pour sûr. Onze heures.

— Ah, juste quand on commence à s'amuser.

— C'est exactement ça. Et donc, y a c'gars qui s'approche de moi et qui commence à m'peloter.

— Comme si t'en avais envie, même si t'aurais été en forme.

— Voilà. Et pis tu sais, j'étais vannée, avec le voyage, l'aspiration, les saignements. J'me sentais vaseuse. Donc j'y enlève les mains d'mon jean, et j'y dit "nan". J'étais polie. Mais lui, y voulait pas ranger ses paluches.

— Putain, le salaud.

— Ouais. Y a un truc qui faut savoir : c'est quand lâcher l'affaire. » Fidelma s'est tue, à croire qu'elle se rappelait quelque chose. Puis elle a secoué la tête et repris. « Donc, y m'tournait autour pareil qu'une mouche à merde, alors j'y ai dit "casse-toi".

— C'est bien.

— Et là, tu sais quoi, y s'approche, tout près, et y m'dit à l'oreille que tout' façon, y baise pas les tueuses de bébés.

— Non.

— J'te jure. Qu'est-ce tu voulais qu'je fasse ? Fallait qu'j'y donne une leçon. C'était pas trop dur vu qu'il était enflé comme une arbalète. Mais après, j'étais cuite. D'habitude, chuis pas comme ça après avoir foutu une raclée à un gars. En général, ça m'fouette le sang.

— Ouais, mais t'étais pas toi-même, là.

— Ah que non. L'a eu du pot », a fait sombrement Fidelma. Elle a fixé sa cannette un moment. « J'ai pensé qui fallait qu'tu saches qu'c'est Andy Strawbridge qui m'a filé le pognon pour le voyage. »

Maeve a bu une gorgée de cidre et l'a sentie pétiller jusque dans son estomac. « Ah ouais ?

— Chais pas, mais c'était sans doute pas le sien. Mais quand j'y ai dit, y m'a filé l'argent fissa. En livres sterling, en plus, a précisé Fidelma avec un hochement de tête d'appréciation.

— Ah, c'est sympa de sa part de te l'avoir filé en livres sterling.

— Pour sûr. Y a pas pire que de s'prendre la gueule dans un magasin anglais avec un Indien pour qu'il accepte les billets marqués Ulster Bank.

— Ouais. Vu les circonstances, c'était délicat d'sa part.

— On peut voir les choses de c'te manière. Ou on pourrait dire que j'étais sûrement pas la première nana qu'il envoyait se faire avorter de l'aut' côté de la mer. » Fidelma a repris une gorgée de cidre et l'a avalée comme si ça l'aidait à avaler la pilule. « Et chuis sûre que j's'rai pas la dernière. »

Maeve était encore d'humeur maussade le vendredi soir, bien que James et Aoife les aient amenées, Caroline et elle, chez Dicey.

Il y avait deux avantages à aller là-bas : primo, c'était un peu grunge, donc la musique était bonne ; secundo, c'était à l'étage, donc aucune chance qu'un gros salopard de l'UVF débarque là-haut pour tirer sur tout le monde. Aoife était partie discuter avec une des nanas qui traînaient au fond. Elles n'étaient pas totalement gothiques, pas totalement lesbiennes non plus, c'était ce genre de gonzesses bizarres qui s'habillent tout en noir et cachent leurs nichons sous des tee-shirts de groupes de rock. Genre Winona Ryder. Genre *Aoife*.

James était assis juste un peu trop près de Maeve et la regardait se pinter avec Caroline. Elle se demandait vraiment comment il pouvait rester assis là, complètement sobre, à siroter un Coca, mais elle soupçonnait que ce genre de trait de caractère lui permettrait de survivre pendant de longues années dans un service de pédiatrie, à annoncer aux parents que leur unique enfant avait un cancer incurable, avant de leur demander s'ils accepteraient de donner son cerveau à la science.

Soudain, Maeve a remarqué que Caroline ne bougeait plus, qu'elle était aux aguets, tel un chien de chasse pointant un canard dans un dessin animé.

Il était facile de voir qui attirait ainsi son attention.

Un grand mec se tenait au bar, jean bootcut, tee-shirt à damier, les cheveux enduits avec soin de gel effet mouillé. Maeve le jaugeait quand il s'est retourné et a regardé Caroline droit dans les yeux, mais cette dernière, au lieu de faire comme d'habitude, c'est-à-dire de tourner la tête en rigolant et de donner un coup de coude à Maeve, est restée pétrifiée, fixant toujours le garçon. L'instant d'après, celui-ci est venu vers elles avec une audace incroyable. Il n'a même pas fait semblant de la draguer.

« Les filles, est-ce que j'peux vous offrir un verre ? »

Caroline n'a pas perdu une seconde : « On est toutes les deux à la vodka orange. »

Cinq minutes plus tard, lorsqu'il est revenu avec deux Smirnoff et deux minuscules bouteilles de Fanta, Maeve s'était fait une opinion. À la fin de la chanson suivante, Caroline et lui se roulaient de grosses pelles.

Maeve était assise à côté de James, mal à l'aise. Il n'avait pas reparlé de ce qui s'était passé la nuit de l'Orange Day (ce qui à la fois ennuyait et arrangeait Maeve).

« On dirait qu'ils s'entendent bien », lui a-t-il crié à l'oreille.

Maeve a acquiescé en faisant la grimace.

« Est-ce que Caroline sait pour… nous ? »

Maeve s'est raidie plus encore. « Non. Et elle a pas besoin de savoir. »

James a tressailli, et Maeve a eu l'impression d'avoir frappé Mémé Jackson.

« Excuse-moi, James. C'est juste que, tu sais… a-t-elle dit à court de mots.

— Je sais », a-t-il acquiescé.

Maeve a regardé Aoife penchée vers la nana aux yeux foncés avec qui elle discutait toujours. Il y avait quelque chose de gamin dans leur manière d'être. D'innocent. Aoife ne s'était pas comportée ainsi avec Maeve depuis la mort de Deirdre.

« Et elle, elle sait ? » a demandé Maeve en désignant Aoife.

James a secoué la tête. « Non. Elle a déjà suffisamment de choses à gérer. »

Maeve a acquiescé à son tour, puis elle a vidé son verre et l'a contemplé jusqu'à ce que James comprenne.

Maeve a senti ses entrailles se serrer en voyant disparaître les phares arrière de la voiture de James dans la bruine. Elle s'est retournée et a grimpé les marches jusqu'à l'appartement, derrière Caroline et son mec, puis elle est allée directement dans sa chambre. Elle s'est allongée sur son lit : ça tournait. Dans la chambre d'à côté, Garth Brooks évoquait d'une voix nasillarde les prières restées sans réponse.

En quelques années, Maeve s'était taillé une expérience beaucoup plus importante que Caroline en matière de pipes, aussi elle avait toujours supposé qu'elle serait la première à LE faire. Elle s'était figurée arrivant à Londres et rencontrant un musicien qui aurait tout le temps envie d'elle. Elle imaginait également le coup de fil qu'elle passerait à Caroline le lendemain matin, celle-ci la traiterait de salope, et elle répondrait : « C'est de l'amour, pas que d'la baise », puis elle réconforterait Caroline en lui disant qu'un jour elle rencontrerait quelqu'un à son tour, et elle LE ferait elle aussi. Mais moins de vingt minutes plus tard, elle a entendu Caroline et son nouveau jules en pleine action, tandis qu'elle contemplait le plafond (son hymen encore intact étant la seule chose qui vibrait entre ses jambes).

MARDI 26 JUILLET 1994

20 jours avant les résultats

Dans sa chambre, Caroline se préparait pour son premier rendez-vous officiel avec Martin. Il lui avait promis de l'emmener manger à Strabane, puis au cinéma à Lifford. Maeve et Aoife écoutaient Pearl Jam dans le salon, en feignant de ne pas être jalouses. Soudain, Caroline a poussé un cri déchirant.

Maeve a regardé Aoife, puis elle a baissé la musique.

« Ça va, ma poulette ?

— J'arrive pas à fermer mon pantalon !

— Quoi ? »

Aoife a éteint la musique.

« J'ARRIVE PAS À FERMER MON PLUS BEAU PANTALON ! »

Elles ont débarqué toutes les deux dans la chambre. Caroline était debout, en soutif, son ventre protubérant formant un V à travers la braguette ouverte.

Maeve a pris les choses en main. « Allonge-toi, rent' le ventre et réessaye. »

Maeve elle-même a retenu sa respiration tandis que Caroline se jetait sur le lit, rentrait le ventre et tentait de fermer le bouton. Au bout de dix secondes d'efforts, elle a lâché : « Oh mon Dieu, chuis tellement grooooooosse !

— Tu n'es pas grosse, a dit Aoife, c'est sûrement parce que tu vas avoir tes règles.

— C'est pas les règles. Je suis grosse ! Pour vous deux, tout va bien : vous êtes debout toute la journée. Regardez-vous : vous avez même perdu du poids. Moi, j'ai un cul, on dirait une saucisse qui a explosé ! »

Maeve a eu la gentillesse de ne pas préciser que non seulement elle avait perdu du poids, mais qu'elle s'était également raffermie. Son ventre, ses bras et ses jambes étaient plus minces que quelques semaines auparavant. Jamais elle n'avait été aussi canon. Attention, Aoife quant à elle avait un look complètement héroïne chic, avec un écart de trois centimètres entre les cuisses, et les os de ses hanches dépassaient de son jean. Maeve savait que, même si elle s'injectait de l'héroïne, elle ne perdrait jamais cette allure charpentée qui allumait des étincelles dans les yeux des fermiers venus s'en jeter un chez Kelly après une bonne journée au marché.

« Chérie, t'es pas grosse, a dit doucement Maeve. Tu as pris un peu. Allez. Enfile un de tes aut' pantalons, et demain, on s'met à la marche.

— J'veux pas m'mettre à la marche comme toutes ces vieilles bonnes femmes. Pas question ! »

Caroline s'est retournée et a enfoncé le visage dans sa couette. Maeve a compris : se mettre à la marche revenait à publiquement admettre son âge, son poids et sa condition sociale. N'empêche. Elle était inquiète pour Caroline. Elle avait vu à quoi ressemblaient les autres ouvrières au bout de quelques mois passés derrière une machine, à coudre neuf à dix heures par jour en se goinfrant de petits gâteaux, de chips et de Coca.

« Écoute. L'usine, ce sera bientôt fini. Tu seras à la fac, et tu perdras tes bourrelets. Pour l'instant, t'as qu'à arrêter de bouffer des gâteaux et te concentrer sur le maquillage. »

Caroline a posé un oreiller sur sa tête et l'a serré contre ses oreilles.

Aoife a lancé un regard noir à Maeve, puis elle s'est assise à côté de Caroline. « Caro, Martin ne fera pas plus attention que ça à ce que tu portes.

— Mais moi, oui, a-t-elle répondu à travers l'oreiller. C'est pas que pour lui !

— Tu sais, ça me paraît toujours aussi étrange de vivre dans cette ville : on risque sa vie quand on va au pub, et on devrait s'inquiéter de la taille de son cul ? »

Caroline a rigolé sous l'oreiller. Puis Aoife a posé la main sur son épaule en la caressant doucement. « Je pense que tu dois t'aimer toi-même autant que Mémé Jackson t'aime. »

Caroline s'est alors redressée : « Oh, Aoife », puis elle l'a prise dans ses bras.

Maeve est sortie de la chambre, le cœur au bord des lèvres.

Le vendredi, Caroline est allée au bowling avec Martin, ce qui n'aurait pas été un problème si Aoife ne s'était pas rendue à Belfast pour voir un film que James voulait absolument lui faire découvrir. Maeve s'est tout à coup retrouvée confrontée à l'un des plus gros problèmes que lui posait la vie dans une petite ville : elle n'avait plus personne à qui causer, sans parler de baiser. En proie au désespoir, elle a pris le chemin de chez ses parents.

« Salut !

— S'te plaît, Maeve, fais pas d'bruit. Y a les infos qui commencent. »

Elle est entrée en tapinois dans le salon et s'est assise à côté de son père.

« Y vont parler d'cette attaque au mortier à Newry, lui a-t-il expliqué en lui tapotant le genou.

— Je m'demande si ce s'ra aussi pire que l'mortier d'la salle du presbytère.

— Paraît que personne est mort. Mais y aurait plus de quarante blessés.

— Main'nant, on est au-delà de soixante-dix », a dit sa mère avec une certaine fierté.

À la BBC, un journaliste potelé a qualifié l'attaque au mortier de *réponse terroriste disproportionnée* face au rejet par le Sinn Fein de la déclaration de Downing Street. Maeve n'aimait pas trop les attaques au mortier ; elle préférait les attentats ordinaires. En général, dans ces cas-là, les gens étaient prévenus, même si le timing et la localisation n'étaient pas toujours parfaits, on comprenait qu'il y avait une bombe dans le coin qui allait tôt ou tard exploser, et ça vous laissait le temps d'évacuer, ou au moins de tirer les rideaux pour empêcher les plus gros morceaux de verre de vous tailler les oreilles en pointe. Maeve avait appris très jeune qu'après une explosion il ne fallait pas bouger. Elle aimait écouter ses oreilles siffler pendant que sa mère ou son père fonçait à la cabine téléphonique pour appeler Mamie Murray avant que les Rosbifs ne coupent les lignes. Parfois, l'électricité était également coupée, et ils s'asseyaient en rond autour de la radio à piles avec des bougies, attendant le bulletin d'information officiel qui détaillait (ou souvent contredisait) ce qu'ils avaient appris par les voisins.

Quand Maeve avait atteint l'âge de dix ans, les murs qui entouraient la caserne de la RUC en plein centre-ville avaient été si bien renforcés que le souffle des bombes rebondissait dessus, détruisant maisons et personnes à travers tout le voisinage. Faire entrer des bombes à l'intérieur était devenu compliqué, ça nécessitait des pots-de-vin, des otages, et un retardateur. Le mortier lançait des obus par-dessus les murs, ce qui constituait donc une excellente solution pour contourner l'obstacle.

Le problème, c'était qu'il ne s'écoulait que quelques secondes entre le tir et l'explosion, donc pas le temps de prévenir qui que ce soit, pas même la mise en garde d'un clin d'œil ou d'un hochement de tête qu'on recevait parfois avant une embuscade pour vous faire comprendre qu'il valait mieux éviter telle route à telle heure, ou qu'il fallait rester à la maison un peu plus tard que d'habitude tel ou tel matin. Voilà pourquoi « l'attaque au mortier de la salle du presbytère » (ainsi baptisée pour la différencier de « la première attaque au mortier » et de « la dramatique attaque au mortier ») s'était avérée une vraie surprise non seulement pour la RUC, mais aussi pour le père Goan, les résidents de la maison de retraite toute proche, et la foule présente à la répétition en costumes du spectacle de Noël.

Miss Magee avait décidé de lever des fonds pour les Rwandais qui, avait-elle expliqué, avaient eu un coup de folie et s'étaient gaillardement entretués. Comme les établissements primaires et secondaires représentaient des versions de la Nativité, Miss Magee avait eu l'autorisation de donner un spectacle laïque. Toutes les ados de la ville l'avaient suppliée de monter une version de *Dirty Dancing* (même si la ville était cruellement dépourvue de garçon arrivant ne serait-ce qu'à la cheville de Patrick Swayze), mais Miss Magee – toujours réaliste – avait choisi *Le Magicien d'Oz*. Deirdre et Maeve jouaient des Munchkins. (« Ben, ce serait dur d'imaginer une de vous deux chausser les souliers rubis à Judy Garland », avait dit leur mère.)

L'essayage des costumes se déroulait dans la salle paroissiale. Deirdre et Maeve s'étaient faufilées à travers les grandes portes doubles avec une foule de gosses. À l'intérieur, il faisait chaud, la lumière était crue et l'atmosphère vibrait d'excitation. Miss Magee avait tiré les rideaux de toutes les fenêtres afin que personne, de l'extérieur, ne puisse rien voir des répétitions.

Maeve et Deirdre étaient alignées avec les autres Munchkins pour essayer leurs costumes. Tous étaient gênés par leur maquillage, appliqué par des dames qui avaient acquis leurs techniques dans les années 1960 et qui les avaient tous plâtrés avec le même fond de teint orange, avant d'appliquer un fard à paupières bleu et un rouge à lèvres très rouge – elles avaient la main lourde. Pour finir on leur avait enduit les joues d'un rouge qui leur donnait davantage l'air d'Oompa Loompas que de Munchkins. Après cela, ils étaient allés faire la queue à la table des rafraîchissements, où on distribuait de petites bouteilles de limonade et des paquets de chips censés leur donner de l'énergie pendant toute la répétition. Ils se sont assis sur des chaises en plastique alignées contre le mur et ont regardé Miss Magee faire répéter à Dorothy, à l'épouvantail, au bûcheron en fer-blanc et au lion les scènes clés en costume (précaution devenue obligatoire après le scandale de *La Mélodie du bonheur*, où la robe de Maria avait craqué alors qu'elle chantait *So Long, Farewell*, obligeant le père Goan à baisser le rideau plus tôt que prévu et à se lancer dans cinq dizaines de son rosaire).

Quand Miss Magee a été certaine que ses stars étaient bien ficelées dans leurs costumes, elle a tapé dans ses mains pour avoir le silence, puis elle a dirigé tout le monde à sa place.

Le rideau s'est levé, révélant Róisín McGrath/Dorothy en train de discuter avec un chien en peluche dans un panier, tandis que Linus McMurphy, accroupi derrière la scène, se mettait à aboyer et à japper en guise de réponse (casting de génie qui d'une part l'occupait, tout en le laissant en sécurité). Róisín cassait les pieds à Maeve avec ses histoires de chant et de danse, et ses rêves de devenir une star à Hollywood, pourtant celle-ci a senti quelque chose s'allumer en elle lorsque Róisín a soudain commencé à briller, comme dans le film au moment où l'image passe en Technicolor, à briller si fort que jamais ça n'était arrivé dans leur ville avant, ni après cela.

« Tatie Em a dit de trouver un endroit où tout est calme. Où crois-tu que je devrais chercher, Toto ? »

Róisín a écouté le chien lui répondre, en inclinant la tête, tandis que sous la scène Linus McMurphy aboyait un truc qui, si l'on était cynique, pouvait se traduire par « dans ton cul ». Róisín a regardé la salle, laissant ses yeux dériver par-dessus les têtes, et elle a entamé *Somewhere over the Rainbow*. Elle avait une vraie voix, à l'époque, Róisín. Et elle était canon. Quinze ans, travaillant pour préparer son brevet, toujours à chanter et danser, même quand elle n'était pas retenue pour les spectacles locaux. Une vraie plaie. Mais même si Maeve avait déjà tout entendu à propos de ce lieu magique situé au-delà de ce putain d'arc-en-ciel, et ce chaque semaine, pendant des mois, Róisín était tellement douée que sa voix ardente la scotchait toujours, de même que toutes les personnes présentes.

C'est alors que le premier obus de mortier a frappé la salle paroissiale.

Maeve apprendrait plus tard que l'IRA avait tiré trois fois. Le deuxième obus avait rebondi contre le mur de la caserne et explosé chez le bookmaker voisin. Le troisième avait réussi à passer par-dessus et à toucher sa cible, sauf qu'il n'avait pas explosé. Les journaux écriraient que les enfants avaient eu « de la chance » car, bien que tous entassés dans la salle, ils n'avaient souffert que de plaies superficielles.

Avant ce soir-là, Maeve croyait qu'« avoir de la chance » c'était par exemple lorsqu'on payait 5 pence pour la pêche à la ligne, et qu'on rapportait au bout de sa canne un petit paquet contenant une surprise qui valait plus de 5 pence. « Avoir de la chance », c'était trouver 50 pence dans un manteau que votre maman avait déniché au magasin de charité Saint-Vincent-de-Paul. « Avoir de la chance », c'était gagner une boîte de chocolats à la loterie de Noël. Jusque-là, Maeve adorait ça, « avoir de la chance ».

Elle n'a pas eu l'impression d'« avoir de la chance » quand, au moment de la déflagration, tout l'air de la salle a été aspiré, avant de leur revenir dessus à la vitesse de l'éclair, les morceaux de verre déchirant d'abord les rideaux, puis leurs vêtements, et enfin leur peau. Les lumières se sont éteintes, quelqu'une dans le noir s'est mise à crier, et tous les autres se sont joints à elle, comme s'ils avaient déjà répété la scène.

Les femmes qui s'étaient occupées du maquillage se sont

empressées de réciter le script qu'elles avaient appris par cœur pour ce genre d'occasion. Maeve a entendu des voix qu'elle connaissait lancer dans le noir :

Oh Marie, Sainte Mère de Dieu. Sainte Mère de Dieu. Sainte Mère de Dieu.

Doux Jésus.

Oh, mon Dieu, aidez-nous. Aidez-nous maintenant !

Puis ont jailli les pleurs et les cris.

Bernie, Bernie, t'es où ?

Joe ? Joe, t'es là ?

Maaa-maaaan...

Viens là, Brendan !

Les lampadaires s'étaient éteints. Le clair de lune filtrait par les fenêtres dévastées, se reflétant sur le verre qui brillait par terre, sur les vêtements, dans les cheveux. Maeve s'est levée. Le verre craquait sous ses pieds. Ses jambes tremblaient comme si elles n'étaient pas sûres de pouvoir la porter. Elle avait ce putain de vers, *wish upon a star*, qui lui trottait dans la tête.

Elle a touché son visage. Il était gluant de maquillage. Elle avait mal à la fois partout et nulle part.

« Deirdre ? »

La voix de Maeve était étouffée par les cris, les hurlements, la clameur, sur fond de sirènes des pompiers et d'alarmes des magasins. Elle voulait rentrer à la maison, mais elle savait que sa mère la tuerait si elle rentrait toute seule.

« Deirdre ? »

Maeve entendait bien son ton geignard. Elle en était extrêmement gênée. Entendre les adultes pleurer aussi lui déplaisait profondément. Elle aurait voulu qu'elles soient courageuses. Qu'elles se taisent.

Elle s'est lancée à la recherche de sa sœur parmi un défilé de visages luisants de maquillage, de sang, de larmes, et finalement l'a retrouvée recroquevillée contre le mur, les yeux écarquillés. Elle s'est assise à côté d'elle et elles se sont donné la main tandis que Frankie McCanny emportait Róisín McGrath loin de la scène. Des adultes munis de torches sont arrivés et les ont déplacés dans l'église, où Maeve a assisté au tri des blessés, comme si elle regardait un épisode spécial Noël de *Jeunes Docteurs*, jusqu'à ce que sa mère déboule, sans manteau. Plus tard, elle leur a expliqué qu'elle faisait la vaisselle quand elle avait entendu l'explosion. Elle avait laissé l'eau chauffer et s'était précipitée dehors car elle savait – ah oui, putain, elle le savait – qu'elles n'avaient rien mais qu'il leur faudrait un bon bain.

Elle avait scruté l'église, puis les avait repérées, alors elle avait foncé sur elles tel un missile téléguidé. « Ça va, les filles ? »

Maeve a hoché la tête, mais Deirdre avait toujours le regard fixe. Leur mère les a remises debout et les a poussées vers la porte. L'infirmière McKenna a crié que, si elles attendaient cinq minutes, elle les examinerait, mais leur mère a secoué la tête en disant : « Tout va bien. È sont pas blessées. »

Et tout allait effectivement bien lorsqu'elles se sont retrouvées assises sur une couverture sur le canapé, à boire un bol d'Ovomaltine en regardant *Miss Marple*. Maeve a été la première à prendre son bain. En entrant dans la salle de bains, l'odeur de désinfectant lui a piqué le nez. Elle s'est placée debout sur un vieux journal, où sont tombés les fragments de verre à mesure que sa mère lui retirait son costume, comme s'il était collé sur elle.

Sa mère a repris sa respiration, puis lui a dit de grimper dans la baignoire. Maeve est entrée dans l'eau chaude.

« T'as des coupures dans l'dos. Ça va piquer. »

Elle a rempli d'eau un récipient puis l'a versée sur le dos de Maeve. L'antiseptique piquait là où la peau était coupée. Ensuite sa mère lui a passé la tête sous la douche, mais au lieu de lui frotter les cheveux avec ardeur, à son habitude, elle les a doucement massés avec le shampoing. Puis elle lui a dit de ne pas bouger, le temps de vider la baignoire, et elle a écarté les morceaux de verre pour que Maeve puisse se relever sans se blesser. Après l'avoir rincée, séchée, sa mère a passé une pommade antiseptique sur ses blessures et lui a donné son pyjama, qu'elle avait mis à chauffer sur le radiateur. Quand Maeve est sortie de la salle de bains, sa mère faisait à nouveau couler un bain, pour Deirdre. Étrangement, celle-ci – qui était juste à côté de Maeve au moment de l'explosion – n'avait pas une égratignure.

Le lendemain, on a appris que Róisín McGrath avait passé la nuit à l'hôpital, bien qu'elle souffre « seulement » de ce que les médias avaient qualifié de *blessures superficielles*. On l'avait filmée sur son lit d'hôpital, racontant qu'elle chantait lorsque l'obus était tombé. Ce passage au journal télévisé avait constitué son quart d'heure de célébrité, car il suffisait de la regarder pour savoir que sa vie ne serait plus jamais la même.

Maeve a écouté l'envoyé spécial de la BBC présent à Newry, dans la rue dévastée, résumer cette nouvelle attaque au mortier.

… ce nouvel attentat ne fait que diminuer un peu plus les perspectives de progrès en Irlande du Nord…

Ensuite, le présentateur du journal a effectué une transition en douceur vers un autre sujet impliquant le ministère de la Défense, qui tentait de ne pas s'acquitter des *dédommagements massifs* attribués à des femmes licenciées parce qu'elles étaient enceintes.

Maeve a songé aux personnes qui avaient survécu à cette attaque au mortier – celles qu'on avait dû emmener, et celles qui étaient reparties toutes seules – et elle s'est demandé si elles parviendraient à trouver le sommeil. Elle se rappelait la manière dont leur mère les avait mises au lit ce soir-là, Deirdre et elle, sentant le désinfectant, les oreilles sifflant dans le noir. Elle était restée éveillée pendant des heures, à regarder Deirdre dans le lit jumeau, dont les yeux ouverts brillaient comme du verre brisé.

LUNDI 1er AOÛT 1994

14 jours avant les résultats

Il n'y avait pas de chemises à repasser ce matin-là, aussi Mary a envoyé Aoife et Maeve à la cantine préparer des cartons pour le transport des chemises. Ça a bien plu à Maeve, en dehors du fait que ça lui entaillait un peu les doigts. Elle aimait transformer le morceau de carton plat en cube, puis plier les rabats pour en faire une boîte remplie d'air. C'était plus marrant que les petits emballages individuels où l'on rangeait les chemises de luxe Mc Allister, qui réclamaient davantage d'attention et étaient plus fragiles.

Aoife a rangé une boîte, puis elle s'est retournée et a attrapé une autre plaque de carton. « As-tu remarqué quelque chose à propos du tissu, ce matin ? »

Maeve a haussé les épaules.

« On dirait qu'ils nous ont livré la moitié de la quantité que nous avons reçue il y a deux semaines, a repris Aoife. Il semblerait que nous n'ayons là qu'une semaine de travail.

— Du moment qu'on a assez pour remplir notre mission, ça m'est égal comment ils nous livrent. »

Aoife se battait avec un rabat récalcitrant et, de frustration, elle a laissé choir le carton. Maeve l'a ramassé, a fini de le plier, puis l'a empilé sur les autres.

« Je peux te parler de ma candidature à Cambridge ? a demandé Aoife.

— Bien sûr.

— En fait, quand j'étais à Belfast avec James, Scott m'a dit quelque chose.

— Quel connard, celui-là. »

Aoife a pris un nouveau morceau de carton qu'elle a commencé à mettre en forme, et elle a regardé Maeve à travers, façon tunnel. « Il n'est pas si mauvais, Maeve, une fois qu'on le connaît un peu. »

Celle-ci songeait que la tolérance d'Aoife envers les connards, les branleurs et plus généralement la bêtise constituait une des compétences clés que Dale Carnegie tentait d'inculquer à des personnes dans son genre à elle. « Je te crois sur parole. »

Aoife a soupiré en ajoutant : « Enfin bref... Il m'a demandé si j'avais compris que Cambridge m'avait acceptée pour augmenter leur taux en matière de diversité.

— Aoife, la dernière fois que je t'ai regardée, tu n'étais pas noire.

— Oh, je ne pense pas que Cambridge soit aussi avancé en matière de diversité. » Puis elle a rougi, à croire qu'elle était gênée de dire du mal de l'université qui l'acceptait sous réserve de ses résultats.

« Alors qu'est-ce qu'il voulait dire ?

— Parce que je suis allée à St Jude, ils pourront me classer parmi les étudiants venant d'un milieu sous-représenté. »

Maeve a posé une nouvelle boîte sur le mur qu'elles étaient en train de construire, puis elle a longuement regardé Aoife. « S'ils te comptent dedans, toi, c'est vraiment qu'ils sont à court de représentants de la diversité.

— Je ne pense pas que cela soit en lien avec la représentation nationale. C'est plutôt la question de qui entre à Cambridge. Je crois comprendre que, au cours de son histoire, Cambridge n'a pas admis beaucoup d'élèves venant d'écoles publiques, et encore moins d'écoles publiques mixtes. »

C'est là que Maeve a compris. Inutile pour Aoife d'avoir la

peau foncée pour être classée parmi les élèves « issus de la diversité » à Cambridge. Elle serait la fille venant d'une ville d'*Ulster* en proie aux Troubles, ayant étudié dans un établissement public, qui plus est acceptant des élèves des deux sexes ! Elle avait beau être issue d'une famille qui avait de l'argent, avoir été aimée, avoir vécu dans une belle maison, ses origines paraîtraient modestes comparées à celles des étudiants issus des écoles privées, aux accents très british. « J'ai compris. Être riche, c'est une notion relative.

— C'est ça. Toi, tu trouves que je suis riche. Moi, je trouve que Scott est riche. Scott, lui, pense que les gens avec qui il sort sont des riches. Et ceux-là considèrent ceux qui occupent la niche sociale au-dessus d'eux comme des riches.

— Et ainsi de suite en remontant jusqu'à la reine d'Angleterre », a dit Maeve en lançant sa dernière caisse sur leur barricade. Elle s'est imaginé Aoife à Cambridge, habillée tout en beige et utilisant le bon couteau au moment approprié. Elle se mettrait à épeler son prénom « Eva » et gommerait son accent. Elle épouserait un Anglais dont elle adopterait le nom de famille. Elle deviendrait ce que Cambridge voulait qu'elle soit. Jamais Maeve ne pourrait rentrer dans le moule. Quant aux étudiants pauvres à la peau foncée, ils n'avaient aucune chance. Aoife était juste assez « différente » – juste assez « défavorisée » – pour que toutes ces bonnes gens à Cambridge soient confortés dans leurs intentions charitables sans avoir à consentir un réel effort.

« Mais la diversité ne m'y fera pas entrer si je n'ai pas les notes qu'il faut.

— Tu les auras », a répondu Maeve en fixant des yeux les caisses vides attendant d'être remplies de chemises bien pliées, qui en temps voulu seraient à leur tour remplies d'Anglais.

« En fait, Maeve, il y a un risque que je n'aie pas les notes nécessaires. Et les perspectives ne sont pas les mêmes pour toi et pour moi. Nos familles sont différentes.

— Ah, là, tu m'en bouches un coin ! »

Aoife a laissé ses cheveux lui retomber devant le visage avant de refermer la boîte. « Je ne dois avoir que des A. Dans mon monde à moi, deux A et un B, c'est un échec. »

Maeve a poussé un carton du bout du doigt, songeant que, dans son monde à elle, laisser mourir sa sœur était un échec. Le carton a glissé, puis il est tombé par terre, laissant un trou dans le mur de boîtes. Puis elle en a lentement poussé un autre, songeant que sa mère n'avait même pas été capable de garder sa fille en vie. Le carton est tombé par terre. Maeve a posé le doigt sur un troisième, en se rappelant le plus gros, le plus spectaculaire échec de leur famille : Deirdre n'avait même pas été capable de continuer à respirer, alors que c'était pourtant tout ce qu'on lui demandait. Quand le troisième carton est tombé, le mur a vacillé, mais il a tenu bon.

« Je suppose que l'échec, c'est comme la richesse : c'est relatif. »

Puis elle a donné un coup de pied à leur empilement de caisses, et elles sont toutes tombées avec fracas. Aoife a tressailli en les voyant s'égailler par terre.

« Écoute, je sais qu'avec tout ce que tu as traversé, ce n'est pas facile pour toi de m'entendre parler de mes petits problèmes. »

Maeve s'est tendue.

« Et je suis désolée de le faire. Seulement je n'ai personne d'autre à qui parler, Maeve. Seules toi et Caroline m'avez donné une chance dans cette ville. Sans vous deux, je ne sais pas ce que j'aurais fait. »

Soudain, Maeve s'est sentie très très lasse. Elle s'est assise sur une chaise, les yeux fixés sur ses baskets, essayant de rassembler des mots épars dans sa tête et dans sa bouche.

« J'ai sûrement tort, a repris Aoife, et je ne veux pas créer d'embrouilles entre nous. Mais bientôt, on va toutes prendre des chemins différents. Et je veux que tu saches que je serai toujours là pour toi. Quoi qu'il arrive. »

Maeve a levé la tête et donné à Aoife ce dont elle avait besoin : un petit sourire. Juste assez pour agiter le drapeau blanc entre elles. Celle-ci l'a accepté avec un grand hochement de tête. Maeve entendait presque Dale Carnegie l'applaudir.

« Si on ramassait tout ça avant que Mary débarque et en fasse une attaque ? »

Caroline partait en balade jusqu'à l'antenne-relais de télévision à côté de Strabane.

« Martin est chou. J'ai dit que j'avais jamais vu la lumière rouge en haut de l'antenne-relais, et il a dit : "Viens, j't'emmène", et il tient parole. Y m'emmène à Legfordrum ce soir. Pour voir le coucher d'soleil. »

Maeve leur a fait un vague signe pour les congédier, profondément agacée de se retrouver seule pour dîner. Finalement, elle a décidé d'aller chez ses parents pour tenter de gratter quelques poissons panés. Elle est passée à l'épicerie acheter des petits gâteaux recouverts de glaçage, histoire de ne pas arriver les mains vides, et elle a poussé la porte de la maison.

« Coucou !

— Ah, entre Maeve. Y a Sarah qu'est là. »

Maeve a soupiré. Sarah McCanny – cette vieille sorcière – avait forcément déjà bouffé tous les poissons panés jusqu'au dernier.

Et évidemment, quand Maeve a passé la tête dans le salon, Sarah était affalée sur le canapé, en train de manger un poisson pané.

« Seigneur, y a pas mieux qu'un bon p'tit poisson pané. »

La télé était éteinte parce que Sarah faisait partie de cette génération qui n'était pas capable de raconter des conneries tout en regardant des conneries.

« Eh ben, t'as de la chance ce soir, Sarah, on dirait que not' Maeve nous a ramené le dessert et tout ça. »

Sarah a montré ses fausses dents à Maeve : « Oh, c'est des French Fancies ? Y a rien d'mieux qu'un bon p'tit French Fancy ! »

Maeve lui a adressé un signe de tête en se dirigeant vers la cuisine, en coinçant bien son sac sous son bras.

« Tu lances le thé, Maeve ? J'en prendrais ben une p'tite tasse.

— Moi aussi !

— Prépare toute une théière et ramène des tasses pour tout l'monde. Ton père est chez Toot, y l'aide à réparer son vélo. Y s'ra pas d'retour avant tard ce soir.

— OK, a crié Maeve en serrant les dents. Y reste des gaufres ?

— Nan, chérie. On a mangé les dernières. Mais y a plein d'pain d'mie, et ton père a acheté des chips, si tu veux t'faire un p'tit sandwich.

— Ah super, merci. »

Comme toutes les personnes présentes dans la maison, devant Sarah, Maeve devait adopter les meilleures manières possibles, car elle racontait tout ce qu'elle voyait à toutes les familles de la ville qu'elle allait voir tour à tour (« Pour sûr, vous allez pas m'croire : si vous savez tout l'bazar qu'y a eu chez les Dolan mercredi dernier. Et tout ça pour une boîte de sardines ! »). Elle est entrée dans la cuisine en proie à une véritable rage et a balancé les French Fancies sur le comptoir. Puis elle a débranché la bouilloire et l'a placée sous le robinet, tout en pestant contre la bedaine de Sarah, qui n'avait pas dîné chez elle depuis l'automne 1982, quand son fils unique avait été arrêté à la fac de Manchester et condamné à trois fois perpétuité pour avoir dirigé un atelier de fabrication d'engins explosifs (tout le monde savait qu'il était innocent car – ainsi que son propre père l'avait dit en guise de défense au tribunal – même si Dermot avait un visage qui aurait pu servir de mannequin pour passe-montagne, il n'était pas assez futé pour être monsieur-pipi dans un bar irlandais, sans parler de fabriquer des bombes et de les écouler dans un appartement à Cheetham Hill).

Depuis lors, Sarah économisait jusqu'au moindre penny pour se payer le voyage en bus et en bateau jusqu'à la prison, en Angleterre. Maeve savait que lui offrir le dîner chaque jour et lui donner quelques livres pour faire imprimer le visage de Dermot sur des tee-shirts ou des posters, c'était participer à une sorte d'effort de la communauté pour soutenir la famille face à cette erreur judiciaire. Mais cela ne diminuait en rien sa faim ni sa rage. Elle a branché la bouilloire et l'a mise en route. Puis elle s'est beurré deux tranches de pain de mie, a ouvert un paquet de chips oignon-fromage et s'est fait un sandwich. Elle a réparti le sucre et le lait dans cinq tasses, a préparé une grande théière bien pleine et a tout apporté dans le salon sur un plateau.

Sarah a adressé un grand sourire à Maeve lorsqu'elle a posé la théière devant le feu, le temps qu'elle infuse. « T'es-t'y pas une bonne fille, toi ? T'aides ben ta maman, même si t'es déjà partie d'la maison.

— Ah pour sûr, j'ferais n'importe quoi pour ma maman. »

Celle-ci lui a fait les gros yeux, l'air de dire *si t'en r'mets une couche, tu vas t'étouffer*. Maeve a poussé Chris, le forçant à se rapprocher de Sarah sur le canapé.

« Alors, dis-y main'nant, t'es toujours à l'usine ? »

Maeve s'est blindée pour pouvoir résister à un interrogatoire aussi intense que celui que les Rosbifs avaient infligé au fils de Sarah à Londres. « Ben ouais.

— Ah mon Dieu, c'est-y pas épatant toutes les possibilités qu'ont les jeunes aujourd'hui ? Voyez-moi ça, un boulot à l'usine, dans la même ville où qu'elle habite. » Sarah a hoché la tête d'émerveillement, tandis que la mère de Maeve écrasait son mégot.

« Le thé va êt' prêt, Paul », a dit Maeve.

Celui-ci a fait la grimace mais il s'est tout de même levé pour faire le service. Sarah a regardé Maeve mordre dans son sandwich.

« Et c'est quoi qu'tu manges, toi ? Un p'tit sandwich aux chips ? »

Maeve a acquiescé, gardant son sandwich tout près d'elle car Sarah était capable de vouloir goûter.

« T'auras p'us qu'la peau sur les os si tu manges pas quèque chose de plus nourrissant pour ton dîner, a-t-elle dit tandis que Paul passait les tasses. Et pis c'est bientôt les résultats, hein ? » a ajouté Sarah, à croire que la fin du monde était imminente.

Maeve a secoué la tête, car c'était difficile de parler la bouche pleine.

Sa mère lui a lancé un regard noir devant tant d'impolitesse. « Alors, è va les avoir… C'est quand ? Cette semaine ?

— C'est mi-août ! Comme tous les ans ! » a dit Chris. Depuis qu'il avait commencé à travailler pour son brevet, il était incollable en matière d'examens.

« Deux s'maines, hein ? a repris Sarah. Et quèque tu vas faire après ? Tu vas de l'aut' côté d'la mer ? »

Maeve redoutait ce moment. Elle savait comment ça se passait car Deirdre avait connu ça avant elle. Tous les voisins lui avaient demandé ce qu'elle allait étudier, et chaque fois qu'elle répondait « sociologie des médias », ils la regardaient sans comprendre, alors Deirdre essayait de leur expliquer de quoi il s'agissait, et quels emplois elle pourrait occuper ensuite, mais après ça, les gens n'osaient plus s'adresser à elle, et ils disaient à sa mère : « Bah, avec l'aide de Dieu, è pourra s'trouver un poste de prof après avoir fini sa sauce-au-logis d'immédiat. » Les enfants brillantes issues de familles telles que celle des Murray étaient censées se diriger vers des carrières sûres pour élever le niveau de toute la famille : médecine, droit, comptabilité ou enseignement. Des domaines qui donnaient accès à un emprunt et un mari, afin de leur faire grimper un ou deux barreaux de l'échelle. Personne ne savait sur quoi débouchaient des études en sociologie des médias.

« J'espère bien aller à Londres pour faire du journalisme », a répondu Maeve.

Sarah a fait la moue et rentré le menton dans son cou, créant un séisme qui marquait sa désapprobation depuis son front jusqu'à son col. « Le journalisme ? C'est pas un métier facile pour une fille. Et c'est pas loin d'êt' un mouchard.

— Oh, j'resterai sûrement travailler à Londres après qu'j'aurai obtenu mon diplôme. J'voudrais pas prend' le risque de travailler ici ! » a répondu Maeve en enfournant la fin de son sandwich dans sa bouche. Puis elle s'est emparée du paquet de chips à moitié vide.

« Dame, faudra qu'tu fasses attention à toi quand est-ce que tu seras là-bas. Pense à mon Dermot. À toutes les années qu'il a passées à moisir en prison. »

Maeve s'est représenté Dermot en vieille patate pourrie au fond d'un placard sombre, histoire édifiante d'un catho doté de quelques idées qui s'était trop approché du soleil impérial.

« Qu'est-ce qu'il étudiait là-bas, déjà, Sarah ? » a demandé la mère de Maeve.

Tout le monde était parfaitement au courant que Dermot McCanny n'avait pas eu des notes suffisantes pour enseigner en Irlande et qu'il avait dû se résigner à partir étudier l'histoire dans une fac de second ordre en Angleterre.

« L'histoire. Mon Dermot, y voulait êt' prof d'histoire. »

Et pour la cent cinquantième fois, elles ont mesuré l'ironie de la situation de cet étudiant en histoire irlandais qui allait devenir une note de bas de page dans la longue histoire des erreurs judiciaires britanniques.

« Et est-ce qu'on a des nouvelles si y vont bientôt l' transférer ici ? »

Sarah a posé sa tasse pour se signer. « Pas encore. Pas encore. J'en ai les g'noux tout esquintés à force de prier pour qu'y m'le renvoient par chez nous. Si seulement y l'transféraient à Long Kesh, j'pourrais l'voir toutes les semaines.

— Ah pour sûr, qu'est-ce que ça s'rait bien pour vous deux.

— Mais les Anglais, des nèfles ! Tu s'rais pas sûre qu'y sauraient verser la pisse hors d'une chaussure même avec les instructions écrites sur la s'melle ! »

Tout en léchant les miettes de chips sur ses doigts, Maeve s'est demandé s'il régnait chez Sarah la même atmosphère que chez eux. Celle de l'absence. Comme si le temps à la fois s'était arrêté, et les avait laissés en carafe. Elle s'est levée pour aller chercher les French Fancies.

« Oh, ben v'là les French Fancies, main'nant, a dit Sarah quand Maeve est revenue. Pour sûr, y a rien d'mieux qu'un p'tit French Fancy. »

Maeve a souri en voyant une miette de poisson pané trembler au bord de la moustache de la vieille dame, et elle a regretté de ne pas être au sommet de Legfordrum pour une partie de jambes en l'air au pied de l'antenne-relais de la télé.

Aoife avait invité Caroline et Maeve chez elle le samedi soir. « Maman et papa rentrent de France dimanche soir », avait-elle expliqué, ce qui voulait dire qu'alors elles ne pourraient plus faire ce qu'elles voulaient. Caroline avait décliné l'invitation, elle avait déjà proposé à Martin de passer la nuit chez elle.

Maeve n'a pas pu supporter de la voir allumer des bougies et passer l'aspirateur sur la moquette en poils pubiens presque chauve et elle a attrapé sa veste en cuir : « J'y vais.

— Ah, passez une bonne soirée, les filles », a répondu Caroline en lançant *The Thunder Rolls* de Garth Brooks.

Maeve approchait du portail de chez Aoife quand elle a aperçu Billy qui arrivait vers elle en voiture. Au dernier moment, sa main, qui instinctivement s'était levée pour lui faire signe, a changé de direction, et elle a repoussé ses cheveux en arrière, telle une star tournant dans une pub pour un shampoing. Elle a vaguement vu les hommes qui accompagnaient Billy. Ils ressemblaient aux types qui étaient venus le chercher à l'usine peu après la tuerie devant le quartier général de l'UVF, un peu plus tôt dans l'été. Une espèce de tache d'encre s'est répandue en elle alors qu'elle se rappelait les paroles de Billy à propos du bar, chez Kelly. Elle était contente que la voiture se dirige vers l'extérieur de la ville, et encore plus soulagée d'aller boire un coup chez Aoife.

Lorsqu'elle a poussé la porte de derrière, quelques notes de *Molly's Lips* sont arrivées à ses oreilles. Aoife et James étaient assis à la table de la cuisine avec une bouteille de vin, au lieu de danser pieds nus comme l'aurait fait Maeve si elle avait eu à sa disposition tout cet alcool et un chauffage par le sol.

« Salut !

— Salut Maeve ! » a dit James en souriant. Et Dieu sait pourquoi, Maeve a piqué un fard (ce qu'Aoife a remarqué, parce qu'elle remarquait absolument tout). « Vodka orange ? lui a-t-il demandé en se levant.

— Ouais, vas-y, a-t-elle répondu en s'asseyant en face d'Aoife, qui jouait avec un poisson rouge en cellophane prédisant l'avenir sentimental.

— Quel dommage que tu n'aies pas pu venir à Belfast la semaine dernière. Ça t'aurait plu, *Reservoir Dogs.* C'était bien mieux de le voir au cinéma de la fac que dans une grande salle en ville. »

Maeve a lancé un regard furieux à Aoife. « Ah, désolée, j'étais trop crevée de ma semaine de boulot. J'aurais pas été de très bonne compagnie. Je sais pas comment elle a fait, elle », a-t-elle répondu en toisant de nouveau Aoife d'un regard qui lui disait *non mais, tu te fous de ma gueule ?*

« Un autre week-end ? » a fait James en lui tendant un verre.

Maeve a acquiescé en regardant le poisson dans la main d'Aoife se retourner sur lui-même. « Ça veut dire quoi, ça ? »

James a consulté la notice. « On dirait qu'Aoife est menteuse, a-t-il en dit en prenant le poisson. À ton tour, on va voir ce qu'il dit de toi. » Il a pris le poignet de Maeve, lui a ouvert la main et y a posé le poisson. Ils ont vu la tête et la queue se mettre à vibrer, à croire que la créature était tout entière parcourue par un courant.

« Alors, je suis quoi, moi ?

— On dirait que tu es amoureuse », a dit James en évitant son regard.

Maeve a retiré sa main et s'est renfoncée sur sa chaise.

James a ensuite posé le poisson dans sa paume à lui. Il s'est complètement enroulé sur lui-même comme s'il voulait se protéger de coups éventuels.

« Et là, ça signifie quoi ? » a demandé Aoife.

James a hésité avant de répondre : « Le poisson pense que je suis passionné. »

Maeve a senti son cœur se serrer. James était en fait aussi passionné que le poisson en cellophane dans sa main. Elle n'avait pas besoin d'une boule de cristal pour voir l'avenir qu'il se préparait consciencieusement. D'abord il obtiendrait son diplôme de Queen's University avec des résultats respectables. Il deviendrait médecin, puis consultant auprès du service public de santé. Il contracterait un petit emprunt pour s'acheter une vaste demeure dans une ville plus haut de gamme que celle où il avait grandi. Si elle épousait James, ils auraient deux garçons puis des jumelles qui s'exprimeraient avec un accent qu'ils n'auraient jamais besoin de gommer. Avec dévouement et discrétion, James passerait douze heures par jour à sauver des vies à l'hôpital tandis que Maeve s'ennuierait à mort à la maison, se shootant aux médocs afin d'être assez assommée pour s'occuper de ses gosses sans les maltraiter. Ils reviendraient passer des moments horribles ici, et logeraient chez ses parents à lui. Maeve aurait besoin d'un Valium pour pouvoir descendre dîner en passant devant le *magnifique* vitrail du palier sans y lancer une brique (celui-ci figurait sur une double-page en couleur dans le livre de référence au sujet de l'art du vitrail en Ulster). Mrs O'Neill gourmanderait sa maladroite petite-fille rousse parce qu'elle rirait trop fort, ferait tomber sa tasse en céramique de Denby, aurait perdu son manteau pour la deux centième fois, mais elle serait gaga de son petit-fils, un grand blond qui serait très doué en maths et saurait si bien manier ses couverts. Maeve se voyait la nuit, les yeux grands ouverts malgré les dangereuses quantités de vin et de pilules qu'elle ingurgiterait, contemplant un plafond couleur Souffle givré tandis que James dormirait comme un bébé à ses côtés. Imaginer cet avenir lui a donné soif. Elle s'est sentie soulagée quand James a posé le poisson sur la table et s'est levé.

« Aoife m'a dit que tu n'as pas vu *La Liste de Schindler*. »

Maeve a secoué la tête. Elle ne savait pas grand-chose de l'Holocauste – en cours d'histoire, ils avaient étudié les massacres des peuples autochtones des Amériques par les Européens qui leur avaient volé leurs terres, les avaient contaminés avec leurs virus mortels et avaient détruit leur mode de vie traditionnel. Les réformés étudiaient presque toujours l'histoire des camps de concentration, ce que Maeve trouvait dérangeant.

« C'est celui avec Liam Neeson et Ralph Fiennes ?

— Ouais. Ça se passe dans une usine. J'ai pensé que ça pourrait t'intéresser », a dit James, à croire qu'Aoife ne bossait pas à l'usine, elle aussi.

Maeve s'est levée et a suivi James et Aoife dans le salon de télévision. James a mis la cassette dans le magnétoscope et a conseillé à Maeve de suivre la fille au manteau rouge.

À la seconde où la gamine est apparue, Maeve a su qu'elle était foutue. Donc elle a fait la même chose qu'à l'enterrement de Deirdre : elle a fait abstraction de la situation et elle est restée assise, les yeux secs, à regarder cette mignonne petite gonzesse s'en aller vers la mort.

LUNDI 8 AOÛT 1994

7 jours avant les résultats

Ça ne rigolait pas ce lundi-là devant la pointeuse, aucune ambiance non plus pendant que les machines chauffaient. Maeve a eu du mal à s'y mettre, car dans sa tête se rejouaient sans cesse les images de ce dernier assassinat. Elle a suivi Fidelma quand elle est sortie faire sa pause clope à neuf heures et demie. Mickey McCanny faisait les cent pas.

« Paraît qu'y l'ont abandonnée dans la chamb' avec ses quat' petits garçons autour d'elle, a-t-il dit en crachant par terre. C'était des heures avant qu'leur papa rent' à la maison. Et l'bébé dans son berceau qui pleurait pour avoir sa maman.

— C'est dingue. Une vraie folie.

— T'imagines rentrer chez toi comme ça ? Tes p'tits qui courent vers toi, en pyjama, tout pleins d'sang ?

— Et c'est dingue aussi d'penser à çui qui verra jamais l'jour.

— Des sauvages. Tuer une femme enceinte qui met ses mômes au lit. Des sauvages !

— Même si les not' font des trucs limites, jamais y descendraient une femme enceinte de sept mois. »

Maeve ne disait rien. Des années de propos hypocrites au sujet des dommages collatéraux et des morts civiles accidentelles avaient créé l'illusion que l'IRA n'aimait pas voir des hommes, des femmes et des enfants tués au cours de ses opérations.

Qu'elle avait une certaine morale comparée à l'UVF, qui était contente de pouvoir tuer le plus de catholiques possible. L'IRA allait presque jusqu'à blâmer ses « cibles légitimes » pour la mort des civils pris entre deux feux. Ce n'était pas que l'IRA ne tuait pas de femmes enceintes devant leurs enfants ; mais au moins elle disait que c'était « regrettable ».

Maeve ne savait pas très bien ce que l'UVF déclarerait à propos de ce meurtre. Mais elle était à peu près sûre que le mot « regret » n'y figurerait pas.

« Ce qui m'fout vraiment en l'air, c'est toutes ces conneries à propos de la paix, a dit Fidelma. Y a des jours, le seul truc qui m'aide à entrer dans cette putain d'usine le matin, c'est de m'dire qu'une nuit l'IRA va p'têt en dézinguer quèques-uns. »

Paddy hochait la tête au moment où la porte s'est ouverte pour laisser sortir Billy.

Fidelma lui a lancé un regard si plein de haine que Maeve a été surprise qu'il ne se consume pas sur place. Celle-ci s'est rappelé l'avoir croisé la nuit du meurtre. Elle avait vu les visages de ses compagnons lorsqu'ils étaient passés devant elle. Elle doutait qu'il y ait un chapitre dans *Comment se faire des amis et influencer les autres* traitant de pareille situation. Pour que les conseils de Dale marchent, encore fallait-il être sûre que vos collègues ne vous rangent pas dans la catégorie des cibles légitimes.

Le mercredi, Aoife est passée les voir à l'appartement, affichant un air très sérieux. Chaque fois qu'elle s'apprêtait à dire quelque chose, les mots restaient coincés dans sa gorge. Maeve doutait que ce soit le dernier assassinat en date qui lui fasse cet effet.

« Qui veut une goutte de vodka ? »

Caroline l'a regardée comme si elle avait suggéré qu'elles se fassent un piercing à la chatte. « Bien sûr, y a pas école demain !

— Bah, on est pas obligées de se prendre une cuite. Juste

un verre ou deux ! J'ai envie d'boire. » Maeve s'est levée et a regardé Aoife.

Elle s'est trémoussée, puis a acquiescé. « Juste une goutte. »

Caroline a reculé en relevant les sourcils.

« J'te prépare un Coca, Caro. »

Maeve a rapporté une bouteille de vodka Tesco, des verres et deux litres de véritable Coca-Cola. Elle savait que c'était bizarre, cette fixette qu'elles faisaient sur le Coca. Celui de la marque Tesco ne coûtait rien du tout, et pourtant elles continuaient d'acheter du vrai Coca, qui leur revenait presque aussi cher que la vodka Tesco (Aoife avait fait un calcul précis, verre par verre). Mais Maeve avait été élevée au vrai Coca. Dans la bataille entre Coca et Pepsi, sa famille avait choisi son camp. (La mère de Maeve pensait que le Pepsi, c'était pareil que les protestants : un truc arrivé sur le tard, qui essayait de se faire passer pour authentique.) Maeve était à peu près persuadée que sa préférence pour le vrai Coca était ce qui témoignait le mieux de son bon goût.

Elle a donné leurs verres à Caroline et Aoife, puis elles ont trinqué. « Donc, j'crois qu'j'ai deux cents ch'mises d'avance pour l'instant cette semaine. Ça m'fait 5 balles de prime ! Et vous, z'en êtes où ? »

Caroline a levé les yeux au ciel. « Tu parles, j'ai réussi à faire trois épaulettes en plus, donc ça fait 9 pence. »

Maeve a tendu à Aoife un nouveau verre, un peu plus corsé cette fois. « Je crois que j'en suis à deux cent vingt chemises d'avance.

— Une prime de 5,5 livres ? Bravo ! » a lancé Maeve, en bonne élève de *Comment se faire des amis et influencer les gens* qu'elle était. Elle a fini son verre, puis a tendu la main vers Aoife pour qu'elle lui donne le sien, pas encore tout à fait vide.

Aoife a docilement terminé puis le lui a passé.

« T'as pas l'air dans ton assiette, Aoife, lui a dit Caroline.

Je tuerais pour une prime de 5,5 livres ! J'peux t'échanger mes épaulettes, si tu veux.

— Ça devrait faire 7,5 livres.

— Hein ? » a fait Maeve en lui tendant un verre plein.

Aoife a avalé une longue gorgée avant de reprendre. « J'ai étudié les prix des chemises. En comparant ce que nous gagnons par rapport à ce qu'elles sont vendues. »

Maeve a soupiré. Aoife s'apprêtait à leur dire qu'elles se faisaient entuber par Andy. Que les chemises qui leur rapportaient quelques pennies à elles étaient vendues 30 à 40 livres en magasin. Qu'Andy se faisait des couilles en or tandis qu'elles trimaient pour une misère.

« Donc, tu as découvert qu'Andy nous entube. C'est pas un scoop. »

Aoife a repris une grande gorgée de vodka, laissant presque son verre à marée basse. Caroline a incliné la tête et l'a regardée, tel un oiseau qui contemple un vermisseau. « Oh, Aoife. Mais qu'est-ce qui te bouffe comme ça ? »

Celle-ci a vidé son verre et l'a posé sur la table. « J'ai dressé la liste de ce que chaque personne gagne en fonction de chaque pièce, a-t-elle dit en sortant un carnet. Épaulettes. Dos. Cols. Côtés. Poignets. Devants.

— Et ?

— Donc. Les chemises de base qu'on produit pour Marks & Spencer coûtent 30 livres en magasin. Et Andy nous paie environ 5 livres pièce.

— Ouais, bien sûr, on sait que c'qu'on touche, nous, ça fait pas tout, a dit Maeve en remplissant le verre d'Aoife. Y faut payer le tissu, et toutes les charges de l'usine – l'électricité et tout ça –, et pis aussi le transport. Tout ça, ça s'additionne. »

Aoife a balancé son carnet sur la table et elle a pris ses lunettes. « Ouais. J'ai calculé tout ça. Billy m'a parlé du coût du tissu. Les jolies chemises que nous fabriquons pour McAllister sont taillées dans un tissu assez cher. Celui qui sert au modèle standard de chez Marks & Spencer est beaucoup moins onéreux. Quant à celui de Primark, c'est vraiment le prix plancher. »

Caroline a pris le carnet et en a lu quelques pages. « Même en prenant en compte les ch'mises ratées, Andy s'fait une bonne marge sur le tissu de base !

— Ouais. Donc, j'ai posé des questions à un ami de papa sur la gestion de l'usine – il faisait les comptes avant qu'Andy reprenne la direction. Et quand papa est rentré de France, il a consulté les sommes qu'Andy touche d'Invest NI – c'est public. »

Maeve a hoché la tête comme si elle comprenait de quoi il s'agissait.

« Ensuite, papa et moi, on a calculé en gros ce que coûtent les taxes, les retraites et autres prélèvements sociaux. »

Maeve a songé aux trucs qu'elle faisait avec son père. Sélectionner les chevaux sur lesquels parier au Grand National. Feuilleter les programmes du *TV Guide* pour définir le meilleur choix entre *Antiques Roadshow* et *Family Fortunes.* Faire des concours de pets sur le canapé. « OK. Et ? »

Aoife a poussé le carnet vers Maeve, qui a passé les chiffres en revue. « Donc, il nous baise la gueule.

— Et bien profond », a ricané Caroline.

Aoife a hoché la tête. « Papa m'a expliqué que les subventions qu'Andy touche sont censées l'aider à développer une clientèle régulière et créer un bataillon de travailleurs.

— Ça veut dire quoi ? a demandé Caroline.

— À la base, ces subventions lui donnent du temps pour conclure ses ventes, se faire un carnet d'adresses de clients, et former suffisamment de personnes pour que l'entreprise devienne autonome et s'agrandisse.

— Mais il a que McAllister, a fait Maeve. C'est son seul client.

— Papa n'est pas sûr que McAllister soit un vrai client. Ils sont peut-être de mèche avec Andy. »

Maeve se rappelait comment le gringalet avait reniflé toute l'usine. Et les yeux pleins de convoitise du gros rouquin tout en sueur.

« Et puis Andy a fait passer un tas d'entretiens, a ajouté Caroline, et finalement il a juste embauché Wendy.

— Mais elle a fait long feu. Et d'après ce que nous savons, elle touche toujours son salaire.

— C'est pas une usine, qu'il dirige, a conclu Maeve, c'est un atelier de tonte.

— Ouais, a ajouté Caroline, et c'est nous les moutons. »

Maeve n'a pas déclaré *Bon alors, qu'est-ce qu'on fait maintenant ?* Parce que, bordel, qu'est-ce qu'elles pouvaient bien faire ? Aller frapper à la porte d'Invest NI pour virer ce salaud d'Andy ? Le faire chanter pour obtenir plus d'argent ? Organiser une grève générale de toute l'usine ?

« Passe-moi la bouteille, a demandé Caroline. J'en ai besoin. »

Maeve lui a tendu la vodka, puis elle s'est levée pour aller à la fenêtre. Elle a contemplé l'usine, verte de rage.

Pas parce qu'Andy les plumait. Pas parce qu'Aoife venait de gâcher leur été. Elle était furieuse contre elle-même. Elle était censée se destiner à une carrière de journaliste. Elle disposait des mêmes éléments qu'Aoife. Mais c'était son amie qui avait mis au jour les magouilles qui se déroulaient sous leur nez.

« J'ai demandé à papa ce qu'on pouvait faire », a repris Aoife.

Maeve s'est retournée et a vu le visage soucieux de Caroline.

« Et qu'est-ce qu'il a proposé ?

— Il dit que sans preuves incontestables, il est très difficile d'entamer une action. Et tout ce que nous avons, ce sont des suppositions.

— Ouais, a dit Caroline. Mais même si on avait des preuves, qui c'est qui nous écouterait, nous ? »

Aoife a de nouveau compulsé son carnet, puis l'a rejeté sur la table. « Mais ça n'est pas bien de rester là sans rien faire. »

Toutes trois se sont tues. Puis Caroline a repris d'une voix douce. « Oh, Aoife, même si on avait des vraies preuves, ça nous avancerait à quoi de nous en prendre à Andy ? L'usine serait fermée. On aurait p'us d'boulot. Et là, j'parle pour moi, mais un p'tit salaire, c'est mieux que pas de salaire du tout. »

Aoife a soupiré et s'est calée dans le canapé. « Ce travail à l'usine s'avère beaucoup plus intéressant qu'on ne l'imaginait. »

Maeve a saisi la bouteille de vodka en se demandant quelles autres leçons il leur restait à apprendre. Elle a pensé à Mr Bradley, son vieux prof d'anglais. Il était du coin, et même s'il avait épousé une gonzesse de Cavan qui n'arrêtait pas de se plaindre des Troubles, on tenait compte de ses opinions. Il n'était pas le Robin Williams du *Cercle des poètes disparus*, mais il savait comment prendre ses élèves.

Un jour où il avait une terrible gueule de bois, il leur avait lu la fable de l'empereur et de ses habits neufs.

Maeve s'était vite laissée embarquer par l'histoire : un homme vaniteux possédant plus d'argent que de bon sens, à qui des hordes de laquais léchaient le cul en prétendant voir son costume invisible pour ne pas être accusés de bêtise ou de malhonnêteté. Mais ça l'avait gonflée que l'empereur aille parader en ville jusqu'à ce qu'un petit garçon le montre du doigt en disant qu'il était tout nu. Dans la vraie vie, Maeve savait que ça aurait été une fille dans son genre à elle qui aurait souligné l'évidence. Mais les contes ne fonctionnaient pas comme ça. Les hommes qui écrivaient les histoires s'attribuaient les meilleurs rôles. Les femmes formaient le décor.

Bradley avait terminé de leur lire l'histoire, puis il leur avait demandé de s'imaginer sur place, regardant l'empereur s'avancer dans la rue, à poil.

Maeve se voyait parmi la foule, bouche bée devant cet homme qui venait vers elle, couilles ballottantes, tel un gros orangiste tout nu.

« Maintenant, je vous demande d'écrire votre version de l'histoire », a-t-il dit en ouvrant son journal à la rubrique hippique. Vous pouvez adopter le point de vue du maire, d'une personne dans la foule, d'un cheval, d'une mouche sur un cheval, ça m'est égal. Vous avez une demi-heure. »

Maeve aimait bien quand Bradley avait la gueule de bois et qu'il leur faisait faire des trucs de ce genre. Tout le monde savait qu'on pouvait écrire une ligne ou tout un roman, ça ne changeait rien : leur prof n'en avait rien à battre du moment qu'on le laissait soigner tranquillement sa gueule de bois.

Maeve s'est aussitôt mise à écrire.

Évidemment, elle s'est imaginée en servante à forte poitrine, vaquant à toutes sortes de tâches dans une taverne enfumée, apportant des pots de bière mousseuse à de vieux marchands concupiscents. C'est là qu'un petit gamin vif arrive en criant « V'là l'empereur ! » et que tout le monde se précipite dehors. Maeve la servante pose son plateau et les suit, se frayant un chemin parmi la foule. Elle aperçoit l'empereur avançant dans la rue, sa femme assise à côté de lui dans un carrosse, l'air mortifiée. Et le petit gamin de crier : « Pour sûr, il est à poil ! »

Dans le silence qui suit, nul ne peut plus faire semblant. Certaines personnes écarquillent les yeux, d'autres se détournent, la plupart agitent des drapeaux avec un sourire figé. C'est alors que Maeve la servante de la taverne s'écrie : « Et il a une toute petite bite. »

Dans sa version du conte, l'empereur s'effondrait sous le torrent de rires de ses sujets, tandis que l'impératrice fusillait du regard Maeve la servante.

Maeve l'élève en était rendue au moment où les soldats emmenaient Maeve la servante, quand Bradley a dit d'une voix monocorde : « C'est terminé. Posez vos stylos. » Puis il a parcouru des yeux la classe en cherchant qui il allait interroger.

Maeve s'est sentie prise de panique. Elle avait aimé écrire

cette fable, mais n'avait pas du tout envie de la lire devant ses camarades. Mr Bradley a commencé par James Kelly, qui a tout lu d'une traite : « Aveugle de naissance, j'ai raté le seul moment amusant qui ait jamais mis un peu d'animation à Cunuville. »

Maeve s'est faite toute petite sur sa chaise, prenant garde à ce qu'on ne la remarque pas tandis que Mr Bradley interrogeait les élèves au hasard, jusqu'à ce que la sonnerie retentisse. « Posez vos devoirs sur mon bureau en sortant. »

À la fin de la semaine, il les leur a rendus, faisant ses commentaires au passage, ainsi tout le monde savait qui avait fourni un bon travail et qui avait merdé. Pourtant, il a tendu son texte à Maeve sans rien dire. Sur la première page, il avait écrit : *Venez me voir à la fin du cours.*

Quand la cloche a sonné, elle a pris soin d'être la dernière à se lever, puis elle s'est traînée jusqu'au bureau du prof avec nonchalance, ce qui agaçait celui-ci.

« J'ai lu votre histoire.

— C'est vrai, m'sieur ?

— Oui. Et j'aimerais savoir si ça se termine bien. Finissez-la. »

— Oui, m'sieur.

— Vendredi prochain, ça ira. »

Cette nuit-là, elle n'a pas dormi. Elle se demandait comment elle allait achever le conte. Elle a songé à une fin heureuse, à la Disney, où le fils de l'empereur arrivait sur son cheval blanc pour sauver Maeve la servante du donjon de l'impératrice. Il la laverait, l'habillerait et l'épouserait avant de l'asseoir sur un trône d'or, une couronne scintillante sur la tête. Ensemble, ils remplaceraient les menteurs et flatteurs de l'ancienne cour par des gens ordinaires et honnêtes, qui feraient eux-mêmes leurs vêtements, leurs lois et leurs tartes aux pommes.

C'était nul.

Elle a imaginé une fin triomphale, où les habitants de la ville se soulevaient, sauvant Maeve la servante et renversant le trône pour instaurer une démocratie socialiste. Seulement Maeve ne savait que trop bien comment toute héroïne transgressive finissait :

Jeanne d'Arc, sur le bûcher.

Emily Wilding Davison, piétinée par les chevaux du roi.

Bernadette Devlin, neuf balles dans le corps pendant qu'elle donnait le bain à ses enfants.

À quatorze ans, Maeve savait que son récit ne pouvait pas bien se terminer.

Le vendredi suivant, elle a posé son histoire achevée sur le bureau du prof, puis elle s'est assise et l'a écouté parler d'une voix traînante de la différence entre courtisans et paysans, et entre magie et réalité dans *La Tempête*. Puis il a formé des groupes et leur a demandé quels changements ils feraient en Irlande du Nord s'ils possédaient des pouvoirs magiques, le genre de conneries qui faisaient encore plus regretter à Maeve de ne pas vivre dans un endroit normal. Ensuite il s'est plongé dans son histoire. Maeve était tellement distraite qu'elle n'a même pas descendu la proposition de Kevin Browne de transformer les protestants en moutons qu'ils se répartiraient ensuite entre catholiques (Maeve voulait encore moins d'un mouton que d'un protestant). Elle regardait Bradley tourner la dernière page de son histoire. Il a froncé les sourcils, puis levé les yeux vers elle. Elle n'a pas aimé ce qu'elle lisait sur ses traits, alors elle s'est concentrée sur *La Tempête*.

À la fin du cours, Master Bradley lui a rendu son texte sans faire de commentaires. Elle a bredouillé « Merci, m'sieur », puis a couru s'enfermer dans les toilettes.

Quelle fin impressionnante ! avait-il écrit à l'encre rouge. *Dommage qu'elle ne soit pas plus heureuse.*

Maeve est restée un moment aux toilettes en se demandant ce qu'il voulait dire. Est-ce qu'il lui demandait de réécrire l'épisode de la lapidation ? Une fin heureuse valait-elle mieux qu'une fin impressionnante ? Par la suite, pendant des semaines, elle avait essayé d'imaginer une fin heureuse crédible. Ou du moins, qui ne soit pas si incroyablement violente et tragique. Hélas, et ce n'était pas la première fois, son imagination lui faisait défaut.

Un peu avant la dernière sonnerie, Maeve a frappé à la porte du bureau d'Andy. Pendant toute la journée, elle avait tenté de rassembler le courage nécessaire pour l'affronter. Il rangeait des papiers lorsqu'elle est entrée.

« Eh bien, voilà un plaisir inattendu, Mizz Murray. »

Malgré elle, elle a ressenti un frisson à travers tout son corps, et comme une tension dans sa culotte. Pour se distraire, elle a regardé le bureau, recouvert de papiers de l'usine et de formulaires d'Invest NI.

« Et donc ? Que puis-je faire pour vous ? »

Avant qu'elle ait eu le temps de répondre, le téléphone s'est mis à sonner. Andy a froncé les sourcils. « Répondez », lui a-t-il demandé.

Maeve a croisé les bras en essayant de réveiller la Fidelma Hegarty qui était tapie en elle. Andy l'a regardée, a relevé les sourcils et désigné du menton le téléphone. Elle a cédé et décroché. « Bureau d'Andy Strawbridge. Que puis-je faire pour vous ? »

La voix de Mary a retenti à l'autre bout de la ligne. « Miss Murray, pourriez-vous demander à Mr Strawbridge de descendre dans mon bureau quand vous aurez le temps, s'il vous plaît ? Dites-lui que ces messieurs des assurances sont là pour le voir.

— Qui est à l'appareil ?

— Tout de suite, Miss Murray. À la minute », a terminé Mary en raccrochant.

Maeve a remis en place le combiné. « Mary dit que ces messieurs des assurances sont dans son bureau et qu'ils veulent vous voir.

— Et merde », a dit Andy en balançant son stylo, qui a traversé le bureau pour tomber de l'autre côté. Maeve s'est penchée pour le ramasser en bonne servante qu'elle était. « Attendez-moi ici. Ne répondez pas au téléphone. Je m'occuperai de vous dès que j'en aurai fini avec *ces messieurs*. »

À sa façon de prononcer ces derniers mots, Maeve a compris que les types qui se trouvaient dans le bureau de Mary ne méritaient pas ce titre, selon les critères d'Andy. Il s'est levé, a lissé sa cravate, puis il est sorti.

Maeve ne s'était jamais retrouvée seule dans le bureau d'Andy. Elle s'est assise à sa place, appréciant la chaleur du cuir sous ses fesses. Elle a regardé les papiers épars sur son bureau. Andy remplissait une demande pour obtenir les 10 % finaux d'une subvention. Maeve a retenu sa respiration : 21 000 livres. Une somme pareille aurait financé l'achat de quatre maisons dans le lotissement municipal où elle vivait, ou deux maisons dans le quartier étudiant de Belfast. Elle a pris une feuille où apparaissait une liste de noms. Le sien lui a sauté aux yeux, avec une série de chiffres à côté. Tout en les parcourant, elle a compris qu'il s'agissait bien des montants qu'on lui avait versés chaque semaine à l'usine. Elle a cherché les noms d'Aoife et de Caroline. Elle a senti quelque chose se dénouer en elle quand elle a compris que toutes les sommes étaient justes.

C'est alors qu'elle a remarqué la longueur de la liste.

Hugo Arkinson
Mary Bradley
Brenda Coyle
Frances Duffy
Miriam Frost
Cecil Jones

Cette liste ressemblait aux légendes des vieilles photos scolaires que le *Town Times* publiait de temps à autre.

Mais au lieu des mentions [décédé] qui y figuraient, la moitié de ces noms méritaient d'être estampillés [faux].

Maeve a soudain compris qu'elle tenait là la preuve qu'Andy arnaquait le gouvernement. Et ça l'a mise en rogne.

Si elle avait été la protagoniste d'un roman de Nancy Drew, elle aurait volé cette liste et quitté immédiatement l'usine avec Aoife.

Elles l'auraient ensuite portée avec le carnet d'Aoife à un grand journal et le rédacteur en chef en aurait fait dans son froc tant il aurait été excité à l'idée de publier ce scoop en exclusivité.

FLAGRANT DÉLIT :
LE PATRON DOUTEUX D'UNE USINE
DE CHEMISES ÉPINGLÉ PAR SES COUTURIÈRES

La carrière de journaliste d'investigation de Maeve aurait démarré sur les chapeaux de roues, tandis que celle de juriste d'Aoife aurait été auréolée de la gloire d'avoir fait condamner Andy.

Hélas, le seul journaliste que Maeve connaissait était Paddy Slevin, du *Town Times*, expert pour reconnaître les gens sur les photos de premières communions ou dans l'interprétation du taux de mortalité des agneaux de printemps. Et si elle allait voir la police, on lui ferait sauter les rotules, ou pire encore.

Ce qui lui laissait une seule possibilité en matière de maintien de l'ordre : l'IRA.

Maeve connaissait parfaitement leurs positions sur l'occupation de l'Irlande (un crime), le fait de baiser un Rosbif (un crime), de se droguer (un crime), de voler une bagnole pour faire la bringue (un crime) et d'être homo (un crime). Mais elle ignorait totalement ce que l'IRA pensait des magouilles financières.

Elle a essayé d'imaginer ce que ferait Aoife. Ou Bernadette Devlin. Ou Fidelma Hegarty. Puis elle a plié la feuille, l'a glissée dans son pantalon et est retournée à sa planche à repasser.

Maeve savait à quelle porte frapper. C'était drôle d'ailleurs. Ce n'était pas comme si le nom de Ciarán Friel apparaissait dans les pages jaunes à la rubrique « juge de paix ». Elle savait juste que c'était à lui qu'elle devait s'adresser.

Un de ses fils – un petit gars tout maigrichon qui, disait-on, pouvait espérer entrer dans l'équipe senior de Tyrone – lui a ouvert la porte.

« Faut que j'parle à ton père. »

Maeve imaginait le genre de personnes venant parler à son père que le gamin avait vues défiler.

« Il est au salon. »

Bien sûr qu'il était au salon. Les hommes tels que Ciarán Friel ne restaient pas assis à la cuisine, une tasse de thé entre les mains. Ils s'installaient devant la télévision, attendant que leurs femmes leur apportent leurs thés sans qu'on leur ait demandé. On leur servait aussi leurs repas chauds, et on s'occupait de leur vaisselle. Leurs pantalons étaient lavés, séchés et pliés avant d'être rangés dans le bon tiroir. Les tapis qu'ils foulaient étaient régulièrement aspirés, les toilettes où ils chiaient récurées, leurs harpes de Long Kesh, leurs croix celtiques en faïence de Belleek et leurs chandeliers en cristal de Tyrone époussetés. Mais évidemment, Ciarán Friel ne voyait rien de tout ça. Ce genre d'homme remarquait uniquement ce qui n'allait pas, quand sa femme ne menait pas à son terme une des nombreuses tâches qui permettaient à celui-ci de consacrer son temps et son énergie à planifier la fin sanglante de l'occupation de l'Irlande par les Britanniques.

Maeve est entrée dans le salon où Ciarán Friel était assis dans son fauteuil près de la cheminée, ses trois fils adolescents avachis sur le canapé. À la télé, un moteur de voiture vrombissait. Ciarán a considéré Maeve d'un air indifférent.

« Il faut que je vous parle. »

Ciarán a hoché la tête et levé la main en direction des garçons qui se sont levés et ont quitté la pièce. Puis il a baissé le son de la télé. « Assieds-toi. »

Maeve s'est retrouvée perchée sur le bord du canapé tel un jeune prêtre. Ciarán l'a examinée. Elle s'était habillée pour l'occasion – jean bootcut, petit haut noir sous un cardigan noir large. Elle avait fait un saut chez elle et piqué dans la boîte à bijoux de sa mère une croix celtique en or et des croix de sainte Brigitte montées en boucles d'oreille. Elle était assez maquillée pour montrer qu'elle faisait des efforts – qu'elle était une jeune fille comme il faut – mais pas au point de passer pour une traînée. Enfin, voilà l'image qu'elle espérait donner.

« Tu es la fille de Seán Murray.

— Je m'appelle Maeve.

— Et tu travailles à l'usine, de l'autre côté de la route. »

Elle a acquiescé.

« J'ai été très triste d'apprendre pour ta sœur quand c'est arrivé.

— Merci. »

Quelques secondes d'un silence respectueux se sont écoulées.

« J'ai appris que tu devrais avoir d'excellentes notes à tes examens.

— Ah. On croise les doigts.

— Et donc, où c'est que tu vas aller ? »

Il savait très bien où elle avait envoyé sa candidature. Toute la ville savait où chaque élève voulait aller. On savait même à quoi aspiraient les meilleurs des élèves protestants. Maeve a eu le pressentiment que Ciarán Friel allait marquer un point.

« À University College London. »

Le regard de Ciarán est retourné à la télévision, où un connard d'Anglais à la chevelure opulente filait sur une route de campagne dans une petite voiture rouge en criant vers la caméra.

« Tu vas à Londres, hein ?

— Ouais. À Londres. »

Ciarán s'est frotté le nez. « T'aurais pas pu aller dans une fac à Derry par exemple, ou à Belfast, ou même à Dublin ?

— Le prof d'orientation m'a dit d'essayer UCL et Goldsmiths », a-t-elle répondu, mettant Dusty McDonnell dans la merde.

« Ah, c'est une vieille tradition irlandaise. D'envoyer les meilleurs et les plus brillants d'entre nous de l'autre côté de la mer. »

Maeve a hoché la tête et a feint un air attristé. Elle ne savait pas si elle devait regarder le type dans sa voiture rouge, comme Ciarán Friel, ou si elle devait le regarder, lui, aussi a-t-elle décidé de fixer la harpe de Long Kesh juchée sur la cheminée.

« Y a des siècles qu'on fait ça. On a construit Londres pour les Anglais, tu le savais ? On l'a reconstruit après la guerre.

— Oui, c'est vrai. J'ai des oncles qui ont travaillé sur ces chantiers. »

Ciarán l'a toisée de son regard froid. « C'est pas seulement des hôpitaux et des maisons et des bureaux qu'on a construits pour eux. Des routes. Des égouts. Des chemins de fer. Ce nouveau Eurotunnel, c'est le travail d'honnêtes Irlandais. »

Maeve savait qu'elle devait la fermer et ne pas parler des toilettes que récuraient des Irlandaises, des culs anglais qu'elles torchaient, des vieux qu'elles nourrissaient à la petite cuillère, des médicaments qu'elles distribuaient, des lits qu'elles faisaient, des repas qu'elles cuisinaient, des couches qu'elles changeaient, des élèves auxquels elles enseignaient, des lettres qu'elles tapaient, des sols qu'elles lavaient. Elle s'est contentée de hocher la tête, ainsi qu'on le lui avait appris, pour montrer que non seulement elle savait où était sa place dans le grand ordonnancement des choses, mais aussi qu'elle en était reconnaissante.

« Alors, de quoi tu veux me parler ? »

Maeve a repris sa respiration. « De l'usine. »

Soudain, il s'est concentré sur elle. « Qu'est-ce qui se passe ?

— On pense qu'Andy Strawbridge s'en met plein les poches.

— Qui ça, "on" ? » Il avait des revolvers dans les yeux.

« Moi et d'autres filles qui travaillent là-bas.

— Et dis-moi un peu comment vous, les minettes, vous êtes arrivées à cette conclusion ? »

Maeve a fermé les yeux un instant. « Ben, y a beaucoup d'argent d'Invest NI qui arrive là, et en dehors de sa voiture de luxe, on ne voit pas où passe l'argent, parce que c'est pas dans nos poches. Donc on a jeté un coup d'œil pour voir combien on était payées pour chaque chemise. En comptant nos salaires. Le loyer. Pour l'électricité, on n'est pas sûres. Mais les coûts ne correspondent pas aux subventions qu'il touche. Et puis j'ai trouvé ça. » Maeve a déplié la fiche des salariés tandis qu'à la télé trois crétins d'Anglais faisaient le tour d'une jeep blanche dans un studio d'enregistrement.

« As-tu pris en compte les frais d'assurance ? a demandé Ciarán en tendant la main pour qu'elle lui donne la feuille.

— C'est si cher que ça les assurances ? a-t-elle répondu en la lui donnant.

— Eh bien, a-t-il expliqué en examinant le papier, l'usine étant placée où elle est, il y a des primes très élevées à payer, localement, par exemple, pour être sûr que personne ne va s'introduire dans les lieux pour voler les machines ou saccager l'usine. » Ciarán a regardé Maeve. « Tu voudrais pas que ce genre de choses arrivent, hein ? Tu voudrais pas qu'il oublie de verser ses gages aux deux parties de la communauté locale ? Et qu'l'usine se retrouve en danger, et que tous ces boulots si durs à trouver disparaissent ? »

Elle a compris. Andy payait pour être protégé. Et comme la ville était divisée en deux, il arrosait les deux camps.

Ciarán attendait qu'elle lui montre qu'elle avait compris. « Ben ouais. Il faut qu'il paye ses charges. »

Ciarán s'est retourné vers la télévision.

Maeve savait qu'il était temps pour elle de le remercier de lui avoir enseigné ces notions financières qu'elle ignorait. Mais un éclair de folie l'a traversée, et elle a songé que peut-être Ciarán Friel ne savait pas tout.

« Il y a un autre problème avec Andy Strawbridge : il ne respecte pas les femmes. »

Ciarán a poussé un long soupir puis a de nouveau fait face à Maeve. « J'ai appris moi-même que le respect, ça se gagne. À la dure. »

L'insulte a frémi dans l'air pendant quelques secondes. Puis Maeve a senti que sa bouche s'ouvrait encore une fois. « Andy Strawbridge pelote les ouvrières de l'usine. Il choisit quelle fille il ramène en voiture chez elle en échange de faveurs sexuelles. Il agresse des femmes dans son bureau. Je me demandais si tout cet argent pour protéger l'usine pouvait aussi servir à nous protéger, nous. »

Ciarán Friel est devenu tout rouge. Maeve s'est demandé dans quel autre endroit de son corps le sang affluait ainsi.

« C'est des grosses accusations venant de la part d'une toute petite gamine. »

À la télé, la caméra a zoomé sur le public, en liesse après un commentaire du con à la chevelure touffue.

« Et qui c'est qui va confirmer tes dires, ma jolie ? a ajouté Ciarán Friel en froissant la feuille dans sa main. Quelle preuve as-tu contre ce chef d'entreprise qui a apporté des capitaux et des emplois dans une zone économiquement défavorisée ? »

Il a lancé le papier avec tous les noms des salariés dans la cheminée, où il a brûlé tandis que le présentateur télé traversait une ville ensoleillée dans une autre voiture. Maeve s'est levée pour partir.

« Où tu crois aller, ma p'tite ? J'en ai pas fini avec toi. »

Maeve s'est retournée. « Pour sûr, vous en avez pas fini avec moi, vous et les vôtres. Vous faites de nous ce que vous voulez. Comme vous le faites depuis toujours. Sauf que moi j'en ai fini avec vous. J'en ai fini avec vous et avec cette ville de merde. Merci beaucoup. Et j'espère bien que vous allez en crever. »

Au point où elle en était, ne risquant pas grand-chose de plus, elle a claqué la porte d'entrée derrière elle.

Sarah McCanny, qui prenait le soleil sur le perron de la maison voisine, l'a regardée : « Dieu tout-puissant, Maeve Murray, mais qu'est-ce qui t'arrive donc ? »

Elle s'est éloignée sans lui répondre, en se demandant si elle arriverait à Londres entière.

LUNDI 15 AOÛT 1994

Jour des résultats

Au moment où Maeve et Caroline franchissaient le portail de l'école, la mère d'Aoife est passée devant elles en trombe dans sa 2 CV bleue, comme si elle s'enfuyait.

« J'imagine qu'elle est venue chercher les résultats à Aoife, a dit Caroline.

— Ouais, sans doute. » Mais en cet instant, Maeve se moquait bien des résultats d'Aoife. Elle regardait un groupe de garçons avec qui elles avaient été en classe pendant des années. Ils étaient appuyés contre un mur, l'air plus âgés qu'ils ne le paraissaient encore quelques mois plus tôt, minces et bronzés à force d'avoir travaillé à la ferme, d'avoir transporté des tonnelets de bière ou récolté la tourbe. Elle leur a adressé un signe de tête puis elle est entrée dans l'école. Aussitôt, elle a été agressée par des relents de désinfectant, de sueur, de nicotine et d'ennui. Le Christ saignait toujours sur la croix haute d'un mètre accrochée au-dessus de la porte du gymnase, et la Vierge Marie contemplait ses pieds, à croire qu'elle venait juste de remarquer qu'on les avait peints dans une couleur pêche luisante.

Elles se sont dirigées vers le bureau de Dolan-Gras-Double, leurs baskets crissant sur le sol. Devant la porte, elles se sont arrêtées et se sont regardées droit dans les yeux. Caroline a secoué la tête en croisant les bras. Maeve a levé les yeux au ciel, frappé à la porte, puis a passé la tête à l'intérieur. Dolan était assise à son bureau, une boîte d'enveloppes marron devant elle, portrait craché de Mary les jours de paie.

« Eh bien, a-t-elle dit, entrez donc. »

Maeve s'est exécutée, luttant contre l'envie inexplicable de faire la révérence.

« J'espère que vous avez passé un bon été, a dit Dolan.

— J'ai commencé à travailler à l'usine, mademoiselle.

— J'espère alors que vous avez eu le bon sens d'économiser plutôt que de dépenser votre argent », a-t-elle ajouté en relevant un sourcil.

Maeve a hoché la tête, elle voulait juste qu'elle lui file ses putains de résultats. Dolan a parcouru la section des M, a pris une enveloppe et la lui a tendue. « Je vous souhaite sincèrement bonne chance. »

Maeve l'a remerciée puis elle est sortie.

« On s'retrouve aux casiers », a-t-elle dit à Caroline avant de dévaler les marches. Elle s'est assise sur un banc, serrant contre elle l'enveloppe fermée en se demandant ce que Dolan avait voulu dire par « Je vous souhaite sincèrement bonne chance ». Voulait-elle consoler Maeve parce qu'elle avait eu de mauvaises notes ? Lui souhaitait-elle bonne chance parce qu'elle savait que Maeve en aurait besoin pour se rendre en Angleterre ?

Quelques instants plus tard, Caroline s'est assise à côté d'elle. Le banc tremblait sous leurs fesses.

« Prête ? »

Caroline a secoué la tête.

« Moi non plus. »

Elles contemplaient leurs enveloppes.

« Je vais me pisser dessus si on reste assises là encore longtemps », a dit Caroline en se tortillant.

Maeve a essayé de se reprendre. « OK. On les ouvre ensemble ? À trois ? »

Caroline a acquiescé.

« Bon. Un. Deux. Trois… » Maeve a déchiré son enveloppe, puis a regardé ses résultats, incrédule.

« Jésus, Marie, Joseph, a fait Caroline. J'ai trois B ! » a-t-elle glapi, puis elle s'est mise à taper des pieds par terre comme lorsqu'elles voulaient marquer leur approbation au cours des assemblées des élèves ou des événements sportifs en intérieur.

« Et toi ? »

Maeve a donné sa feuille à Caroline sans dire un mot.

« Trois A !!! a-t-elle hurlé. Sainte Mère de Dieu, Maeve ! »

Non seulement Maeve avait réussi, mais elle avait fait mieux que réussir. Trois. Putains. De A. Elle s'est levée et a rugi : « YEEEEEES !

— Mesdemoiselles. » En haut des marches, Dolan-Gras-Double les contemplait d'un air presque attendri. « Je sais que vous allez vous envoler vers un glorieux destin mais j'apprécierais que vous respectiez une dernière fois la paix de St Jude.

— Oh pardon, mademoiselle, pardon ! s'est excusée Maeve en lui souriant. C'est juste que… vous savez…

— Oui. Je sais, a-t-elle répondu en lui rendant son sourire. Vous êtes libres de faire tout le bruit que vous voudrez dehors. »

Maeve et Caroline se sont relevées d'un bond et sont parties comme des fusées. Dehors, elles ont rejoint la foule de leurs anciens camarades de classe qui échangeaient avec effusion au sujet de leurs résultats et des endroits où ils allaient poursuivre leurs études. Mais Maeve n'en avait strictement rien à foutre, tout ce qu'elle avait en tête, c'était *Trois A* !

Elle allait enfin se casser de cette ville !

Elle a essayé de se calmer avant d'ouvrir la porte de chez elle. Elle se rappelait la fois précédente où sa famille avait vécu dans l'attente de ces mêmes résultats. Deirdre avait eu les nerfs complètement en vrac pendant des semaines. Leur père était allé lui-même jusqu'à St Jude chercher son enveloppe. Puis il lui avait apportée, il l'avait glissée – intacte – sous sa couette. Elle n'avait pas réagi sur le coup et au bout de plusieurs heures n'était toujours pas sortie de sa chambre. Ils attendaient, assis, craignant le pire, n'osant pas répondre quand on sonnait à la porte parce qu'ils n'avaient rien à dire. À la fin, leur mère était montée, avait pris l'enveloppe et l'avait déchirée. Les résultats de Deirdre étaient très bons : c'était son passeport pour Queen's University. Mais, se demandait parfois Maeve, serait-elle encore vivante si de mauvais résultats l'avaient contrainte à rester ici ?

Elle a pris une longue inspiration et tourné la clé. Lorsqu'elle est entrée dans le salon, son père regardait *Breakfast TV*, et il lui a adressé un petit sourire. « Alors ? Comment ça a été ? »

Maeve lui a tendu l'enveloppe, puis s'est mise à tripoter ses cheveux fourchus.

Il a sorti le papier, qu'il a scruté en le tenant à bout de bras. Puis il l'a déposé avec soin sur l'accoudoir du fauteuil et a hoché la tête. « Eh ben. Ça c'est ma fifille. » Il s'est levé, l'a serrée contre lui, radieux. « C'est ma fifille à moi, ça. »

La mère de Maeve les observait. « Elle a réussi ?

— Oh oui, a-t-il dit en tapotant l'épaule de sa fille.

— Et donc, ces résultats ?

— Trois A, a-t-il dit en prenant soin de bien articuler. Trois A, tu entends ça ?

— Trois A ? a répété sa mère en se levant pour aller vider son cendrier dans la cheminée. Et qu'est-ce qu'elle a eu, Aoife O'Neill ?

— Je l'ai pas encore vue. On m'a rien dit non plus. »

Alors sa mère à son tour est venue la serrer contre elle. Maeve a respiré son odeur de clope, de thé et de déo, la laissant l'étreindre jusqu'à ce qu'elle la relâche pour attraper une cigarette. « Trois A. Dame. Et la petite Caroline, qu'est-ce qu'elle a eu ?

— Trois B.

— Eh ben. Les Jackson, en fait, y sont pas lents : y prennent leur temps.

— Mais toi, t'as fait beaucoup mieux que ça, pas vrai ? a repris son père, rayonnant. Et t'as sûrement fait aussi bien que cette Aoife O'Neill, hein ? T'es une bonne fille. Une très bonne fille.

— Ouais, mais faut que j'retourne à l'usine main'nant.

— J't'accompagne, lui a dit son père en attrapant sa veste. J'vais p'têt aller faire un p'tit tour en ville après.

— Un p'tit tour au School Bar, tu veux dire ! s'est agacée la mère de Maeve.

— Ben, si j'peux pas boire un p'tit verre un jour pareil, chais pas quand est-ce que j'pourrais ! » a-t-il répondu, de très bonne humeur.

C'est alors que Maeve a entendu un bruit dans le couloir qui ressemblait à la sonnerie d'un téléphone. Elle a regardé sa mère : « C'est quoi, ça ?

— Ben c'est pas un jukebox, hein ! »

Maeve a regardé son père.

« J'ai été payé par le labo, a-t-il dit, toujours aussi souriant. J'ai pensé que ça serait pas mal d'améliorer le confort de cette maison.

— J'imagine que j'ferais mieux d'aller répond' sinon y a personne qui va bouger ses fesses », a dit la mère de Maeve en se levant.

Celle-ci l'a regardée décrocher en disant : « Septneufdeuxsix-six... ? »

Elle a ensuite entendu une voix minuscule qui ressemblait à celle de sa tante Mary sortir du combiné.

« Ouais... ouais... c'est ça, a dit sa mère en levant les yeux au ciel. On a eu les résultats. »

Mary a répondu, minuscule mitraillette débordant d'enthousiasme.

« Ah pour sûr, elle s'est bien débrouillée… ouais. Trois A. »

Une explosion de félicitations a jailli du téléphone tandis que la mère de Maeve lui souriait en lui faisant les gros yeux et en lui indiquant la porte.

« Ouais. Elle est presque lancée, main'nant. On verra jusqu'où è va aller. »

Maeve à son tour a souri à sa mère en lui faisant les gros yeux, s'imaginant voler au-dessus de la ville comme un obus de mortier. Elle espérait vraiment atteindre sa cible.

Entre le soleil ardent et les rumeurs sur les résultats des examens, l'usine semblait exulter. Mais Aoife n'était pas venue travailler. Maeve s'imaginait qu'elle était partie s'amuser avec ses parents, pour fêter son entrée prochaine à Cambridge dans un endroit plus chic que McHugh's Café.

Quand la sonnerie de la pause a retenti, elle s'est retrouvée juste derrière Fidelma Hegarty dans la queue.

« C'est l'jour des résultats, hein ? »

Maeve a acquiescé.

« T'as réussi à avoir c'qu'y faut pour te barrer d'ici ?

— Ouais. »

Fidelma lui a décoché une bourrade qui a failli l'envoyer valser. « Bravo ma poulette, c'est génial. »

Fidelma a attendu que Maeve se soit servi son thé et ses toasts, puis elles ont rejoint Caroline. « Et toi, comment ça s'est passé ?

— Trois B.

— Ça c'est des résultats ! Ou c'est qu'tu vas aller ?

— À Magee, a-t-elle répondu d'une voix misérable. En sciences politiques. »

Fidelma n'a rien ajouté : son visage était assez parlant.

« Donc main'nant tu t'barres à Londres, Maeve, c'est ça ?

— C'est ça.

— Bus et ferry, hein ?

— Ouais. J'ai déjà mon billet.
— Et combien que ça t'a coûté ?
— 25 balles avec le tarif étudiant.
— C'est pas donné, un billet pour Londres.
— N'empêche, c'est vachement moins cher que l'avion.
— Et quand est-ce que tu pars ?
— Mi-septembre.
— Mi-septembre, a répété Fidelma. C'est p'us très long. »

Un peu plus tard, Maeve a emmené Caroline fumer une clope. Elles ont retrouvé Mabel Moore assise sur une chaise en plastique, jambes écartées, sa jupe remontée sur les genoux.

« Salut les filles, paraît qu'vous vous êtes ben débrouillées.

— Ouais, assez bien, a répondu Maeve d'un ton détaché, comme si ses résultats étaient déjà de l'histoire ancienne.

— On peut pas faire beaucoup mieux qu'trois A, pour sûr ! » a rétorqué Mabel en la toisant avec froideur.

Maeve a secoué la tête, se sentant un peu conne.

« Ben non, hein, a repris Mabel. Alors te rabaisse pas comme ça, ma p'tite. Y en a plein d'aut' qui l'feront pour toi, et gratis avec ça. »

Presque sur commande, Mary est apparue à la porte. Elle a relevé sa main en visière pour se protéger du soleil. Mabel a lâché son mégot et l'a écrasé sous son talon. « Dis-y nous tout, Mary. Qu'est-ce qu'y s'passe avec les gars de McAllister. »

Mary s'est raidie. « Quoi ? a-t-elle répondu, à croire qu'elle n'avait jamais entendu parler de McAllister jusque-là.

— Les gars de McAllister, y devraient êt' de retour main'nant. Ou dire un mot. On leur a envoyé des palanquées d'chemises.

— Ah, j'en sais rien, Mabel. » Mary s'est de nouveau protégé les yeux. « Andy est tout le temps au téléphone avec eux. Pour moi, ça roule. »

Mabel s'est levée en se grattant le menton. « Tu peux dire

c'que tu veux, Mary. Pour moi, c'est pas réglo. Tout c'boulot qu'on leur a envoyé, on a mis toute la gomme. Ça m'a pas l'air très chrétien.

— D'après c'que j'vois, les choses se passent bien, avec toutes ces usines en Asie qui nous piquent le boulot. »

Mabel a secoué la tête et elle est rentrée en boitillant, Mary sur les talons.

« Qu'est-ce qui se passe, d'après toi ? a dit Caroline.

— Aucune idée, a répondu Maeve. J'espère juste qu'Andy continuera à nous donner du boulot pendant les quat' prochaines semaines. »

Elle prenait son temps pour fumer sa cigarette.

« Et où tu crois qu'elle est passée, Aoife ?

— Elle est sûrement en train de fêter ça en famille. Pendant que j'me fais chier à faire son repassage à sa place.

— Sans doute. On y retourne ? » a dit Caroline, l'air inquiète.

Maeve a écrasé sa clope et s'est levée en se demandant ce qui gênait tant son amie : elle n'avait pas l'air d'une fille qui a décroché de meilleurs résultats que prévu.

À l'intérieur, Maeve a aperçu Andy en haut, sur le palier. Il lui a fait signe de venir. Son cœur s'est mis à battre plus fort et elle a fait un pas vers lui avant de comprendre qu'il s'adressait à Mary. Elle a baissé la tête et s'en est retournée à sa planche à repasser.

Elle ne savait pas pourquoi, mais avec Andy, elle avait toujours l'impression d'être un poisson pris à l'hameçon ; elle espérait que ça ne serait pas comme ça avec tous les Anglais qu'elle rencontrerait, sinon la vie à Londres allait être vraiment épuisante.

Maeve et Caroline se sont rendues chez les Jackson après le travail. La route était encore baignée de la chaleur du jour.

Martin aidait toute la famille à installer Mémé Jackson à l'arrière de sa vieille Vauxhall Astra pour aller fêter les résultats de Caroline au Fir Trees à Strabane.

« Dommage qu'y ait pas d'place pour toi, Maeve ! a dit Caroline en passant le bras autour de Martin.

— Oh, t'inquiète pas pour moi. Ma mère m'a invitée à manger à la maison. Et j'vais essayer d'appeler Aoife pour voir qu'est-ce qui se passe.

— Ouais. C'est bizarre qu'on ait pas eu de ses nouvelles. Ni qu'on ait rien entendu sur elle.

— Ah, chuis sûre qu'on saura bientôt. Allez donc vous amuser », a-t-elle dit en faisant au revoir à la famille Jackson.

En arrivant chez elle, Maeve a découvert que son père n'avait pas réapparu depuis qu'il était parti en ville le matin.

« Et qu'est-ce que ça a donné pour la p'tite Aoife ? » a demandé sa mère.

Maeve a expliqué qu'Aoife n'était pas venue à l'usine et qu'elle n'avait aucune nouvelle.

« Ah bon ? a fait sa mère en découpant les couches de chocolat craquantes d'un Viennetta. Mais pourquoi qu'tu l'appelles pas d'la maison pour savoir ? »

Maeve ne tenait pas à parler à Aoife devant sa mère et ses frères. Elle préférait l'intimité d'une cabine téléphonique. « Nan, c'est bon. Elle va sûrement passer plus tard à l'appart pour discuter. »

Sa mère a hoché la tête et lui a servi une grosse part de Viennetta.

« Pourquoi qu'elle a la plus grosse part ? a grogné Chris.

— Parce que j'ai eu des bonnes notes, a répondu Maeve. Et toi, t'as fait quoi ? »

Elle a attaqué sa part de glace, heureuse que Dale Carnegie n'ait jamais dit qu'il fallait se montrer poli avec ses petits frères.

Une heure plus tard, Maeve composait le numéro d'Aoife dans la cabine téléphonique qui se trouvait dans la rue. Au bout de trois sonneries, elle a raccroché. Puis elle s'est adossée à la porte, ignorant Dervla Daly qui attendait pour téléphoner. Maeve ne pensait pas qu'Aoife soit chez elle, mais elle était contente d'occuper la cabine encore quelques minutes, histoire de faire chier Dervla. Elle a été surprise que le téléphone se mette soudain à sonner.

« Maeve ?

— Salut Aoife. On t'a pas vue à l'usine aujourd'hui. Ça va ? »

En attendant qu'Aoife lui réponde, Maeve a fait *barre-toi* à Dervla.

« Ça va. »

Mais sa voix disait le contraire.

« T'es sûre ? »

Dervla Daly a commencé à frapper à la porte, cassant les oreilles à Maeve.

« J'ai eu deux A et un B. »

Le cœur de Maeve s'est mis à frétiller comme un ballon à l'hélium coincé au plafond. « Oh non, Aoife ! »

Elle n'a pas répondu.

« Oh, Aoife, je suis tellement désolée. Ça veut dire que c'est cuit pour Cambridge ?

— Et pour Oxford.

— Oh, mais avec deux A et un B, tu pourras aller à Trinity. »

Dervla Daly cognait toujours à la porte, derrière Maeve.

« Sans doute. »

Maeve a mis sa main sur le combiné, a ouvert la porte de la cabine et crié « Mais putain, tire-toi ! », ratant presque la réponse murmurée par son amie.

« Mais je ne voulais pas aller à Dublin.

— Oh, Aoife, je suis tellement désolée.

— Et il faudra que j'apprenne le gaélique.

— Mais je suis sûre que tu t'en souviens encore puisque tu l'as appris à l'école quand tu étais dans le Sud.

— *An bhfuil cead agam dul go dtí an leithras ?* Ça ne va pas m'aider à passer le barreau en république d'Irlande. »

Maeve n'avait pas la moindre idée de ce que signifiait *Onouilkiyèdeugueumdeulgodioneletreusse* parce qu'elle n'avait jamais eu de cours de gaélique à l'école – le gouvernement britannique y avait veillé.

« Ahhhh. Mais tu pourras continuer tes études à Londres après Trinity. Y a plein de gens qui font ça !

— Je suppose que oui. »

Dervla a fait un doigt d'honneur à Maeve. Elle lui a répondu sans bruit *Va chier*.

« Maman m'a dit que tu avais eu de bons résultats.

— Ça aurait pu être pire.

— Mais tu n'aurais pas pu faire mieux », a répondu Aoife d'un ton amer.

Le silence s'est installé. Maeve se demandait ce qu'allait faire Dervla maintenant. Elle aurait voulu savoir quoi dire à Aoife. « Tu veux que je vienne ? »

La ligne a grésillé.

« Oui. Mais pas trop longtemps. Maman veut me parler. »

Maeve lui a dit « salut-bye-bye-ciao » jusqu'à ce qu'Aoife raccroche. Puis elle s'est raclé la gorge et a craché en haut du combiné avant de le remettre à sa place. Elle a ouvert la porte de la cabine et fait semblant de décocher un coup de pied à Dervla, qui s'est écartée en riant.

Au lieu de faire le tour de la maison d'Aoife pour frapper à la porte de la cuisine, Maeve a sonné à la porte d'entrée. Le carillon a retenti à travers toute la demeure, à croire qu'il voulait attirer l'attention d'un serviteur d'autrefois. Une ombre est passée derrière les panneaux de vitraux, puis la porte s'est ouverte.

« Maeve », a dit Mrs O'Neill avec un sourire forcé qui s'est aussitôt effacé. Les couleurs du vitrail ont éclaboussé leurs vêtements et le sol lorsqu'elle a refermé la porte, comme si on avait assassiné un arc-en-ciel. « Aoife prend une douche. Veux-tu l'attendre dans la cuisine ? »

Maeve a acquiescé et l'a suivie. « Est-ce qu'elle n'a pas eu de bonnes notes ?

— Si, en effet. Elle sera la première de la famille à aller à Trinity.

— Vous devez être fière d'elle.

— Je le suis immensément. »

Maeve admirait le cran avec lequel Mrs O'Neill lui mentait. Faisait semblant de ne pas être dévastée par les notes pas tout à fait parfaites d'Aoife.

« Veux-tu un café ? » lui a-t-elle proposé en désignant la cafetière à piston.

Maeve n'était pas une experte en bonnes manières, mais elle soupçonnait que Mrs O'Neill aurait dû la féliciter pour ses résultats plutôt que de lui proposer un café. Elle s'est alors rappelé le conseil de Dale Carnegie qui, au chapitre 10, disait qu'il fallait apprendre à se contrôler : « On ne gagne pas une dispute ».

« Non, merci, vous êtes gentille. »

Mrs O'Neill a hoché la tête comme pour dire : « Oui, oui, en effet. » Puis elle a repris : « Tu es tout en noir ce soir ? Tu es revenue à ta phase gothique. »

Maeve a décidé de voir dans ce commentaire une opportunité pour évoquer un goût en commun. « Non. Sans doute que le noir est ma couleur préférée. Pareil que vous avec le blanc ! »

Mrs O'Neill l'a regardée, puis a bu une gorgée de café. « En fait, Maeve, le noir n'est pas une couleur. Si jamais tu étudies la couleur, tu apprendras que sur le spectre chromatique, le blanc reflète la lumière, rendant toutes les couleurs présentes. Mais le noir absorbe la lumière. C'est donc une absence de couleur. »

Maeve a soudain compris que rien de ce qu'elle avait lu dans *Comment se faire des amis et influencer les autres* ne rendrait jamais la conversation avec Mrs O'Neill supportable.

« Le noir a d'abord été utilisé dans l'art pariétal par les peintres de Lascaux, en France. Ils faisaient brûler du bois jusqu'à ce qu'il soit réduit à l'état de carbone pur, puis ils l'utilisaient pour peindre des animaux. Plus tard, on a découvert que les os calcinés produisaient un ton de noir plus profond, plus intense que le bois. D'où le nom de cette teinte, "noir d'os".

— Vous avez déjà peint avec des os, Mrs O'Neill ? »

Celle-ci a toisé Maeve, ses pupilles tels deux minuscules lacs de haine sombre, ce qui était gênant car elle ne se moquait pas complètement d'elle en posant la question. Elle voyait très bien Mrs O'Neill photographier une vache, de la naissance jusqu'à l'abattoir, puis brûler ses os dans un creuset, près du pavillon d'été. Le prix des portraits de vaches monochromes peints avec la moelle calcinée de leurs propres os serait conséquent.

« J'utilise des Windsor & Newton », a répondu Mrs O'Neill. Elle s'est versé une demi-tasse de café, puis l'a prise entre ses mains et a fait tourner le liquide.

« Donc, vous voulez dire que la nuit n'est pas noire. La Guinness n'est pas noire. Le raisin n'est pas noir, ni les gens, ni les cassis ? »

Mrs O'Neill a enfin avalé une gorgée de café. « C'est cela. » Elle a reposé sa tasse sur la table avant de continuer. « Ce qui est intéressant dans certaines cultures anciennes, c'est qu'elles possèdent deux mots pour dire noir. L'un décrit ce noir lumineux, brillant, qu'on trouve dans un morceau d'ébène poli…

— Je ne sais pas ce que c'est que l'ébène. »

Mrs O'Neill lui a expliqué que c'était à peu près comme l'intérieur d'un morceau de charbon. Maeve voyait de quoi il s'agissait. Pareil qu'un corbillard éclatant.

« Et l'autre noir ? »

Mrs O'Neill regardait Maeve, mais elle lui a soudain semblé lasse. « C'est le noir mat, sans éclat. De la suie. De l'espace.

— Ou de la dépression », a dit Maeve, se voyant tout à coup

ainsi que Mrs O'Neill la voyait. Un trou noir au sein de sa famille, qui absorbait toute la lumière et l'amour, et qui en voulait toujours plus.

« Je pense qu'Aoife doit être sortie de la douche, a dit Mrs O'Neill.

— Faut que j'y aille. J'ai un truc à faire, j'avais oublié. » Elle est sortie en hâte par la porte de derrière, laissant Mrs O'Neill assise tel un sphinx à la table de la cuisine.

Maeve était passée devant le terrain des caravanes chaque semaine de sa vie en se rendant à la messe mais elle n'y était jamais entrée. Les personnes qui habitaient là n'avaient pas d'autre choix.

« Salut, a-t-elle dit à un petit môme inexpressif qui tentait d'appâter un chien avec un lapin vivant. Elle est où Fidelma Hegarty ? »

Le gamin lui a désigné une caravane tout au fond du terrain. Maeve y est allée et elle a frappé à la porte.

« Casse-toi, Tony. Louise est pas là.

— C'est pas Tony. C'est moi. Maeve. »

À l'intérieur, Fidelma s'est mise à bouger, faisant trembler la caravane. Maeve l'a entendue grommeler quelque chose. Une femme a répondu, à voix basse elle aussi.

« J'ai ramené des cannettes de cidre », a dit Maeve, qui se sentait très très conne.

La porte s'est ouverte. Une femme que Maeve ne connaissait pas en est sortie.

« Ah, j't'en prendrais ben une », a-t-elle dit en désignant le sac de Maeve, qui lui en a donné une.

« Merci », lui a dit la nana. Puis elle a crié vers l'intérieur : « J'y vais. »

Fidelma s'est approchée de la porte. « OK, Louise, rent' bien », a-t-elle répondu, un peu gênée.

Maeve a remarqué que Fidelma n'était pas dans son assiette.

« J'te dérange pas, hein ?

— Nan. Ent' donc. » Puis elle a décoché un regard mauvais au gamin qui n'avait rien perdu de la scène.

Maeve est entrée et a tendu à Fidelma le sac de cannettes. Celle-ci lui en a donné une, en a gardé une autre pour elle, puis elle a rangé le reste dans le frigo. « Assieds-toi. »

Maeve a pris place près de la fenêtre et a ouvert sa cannette. Elle avait mis les pieds une seule fois dans une caravane, en vacances à Bundoran. Mais celle de Fidelma sentait le parfum et le gaz plutôt que la mer.

Fidelma a refermé le frigo, puis elle a plié le sac plastique qu'elle a rangé dans un tiroir. « T'as personne d'aut', c'est ça ?

— Caroline est partie à Fir Trees. Et Aoife est pas d'humeur à faire la fête.

— Elle a pas eu des bons résultats ?

— Si. Deux A et un B.

— Mais c'est pas aussi bien que toi. »

Maeve a secoué la tête. Elle ne savait pas quoi penser du fait qu'elle avait mieux réussi qu'Aoife. Et elle ne savait pas quoi faire.

« C'est pas assez pour aller en Angleterre, hein ?

— Elle ira à Trinity. À Dublin.

— Ah ben ouais, c'est pas d'bol, a dit Fidelma en ouvrant sa cannette.

— Elle est vachement jolie, ta caravane. »

Fidelma a considéré Maeve, se demandant si c'était du lard ou du cochon, prête à dégainer. « C'est pas un palace, a-t-elle dit en se détendant à nouveau. Mais j'essaye qu'ça soye correct.

— C'est qui, là ? a demandé Maeve en montrant une photo.

— Ma maman. »

La mère de Fidelma était morte jeune. Deirdre avait fait partie d'un groupe d'élèves qui formaient une sorte de garde d'honneur à l'église, lors de l'enterrement. Elle avait raconté à Maeve que Fidelma et ses sœurs étaient passées en se donnant le bras, encadrant leur père qui, les yeux fous, injectés de sang, regardait en tous sens comme s'il cherchait une issue de secours.

« Ça fait combien d'temps qu'elle est morte ?

— Dix ans, a répondu Fidelma en s'asseyant lourdement sur le siège le plus éloigné de Maeve.

— Tu lui r'ssembles pas.

— Nan. J'ai tout pris du côté à mon connard de père, pas d'pot. »

Maeve n'a rien répondu. Tout le monde savait que le père de Fidelma était du genre à flanquer des raclées mémorables à sa femme. Après l'enterrement, il avait continué avec ses filles.

« Ça fait combien d'temps qu't'as emménagé ici ?

— J'avais dix-sept balais. J'en ai eu marre de mon vieux. J'aurais fini par l'estropier si j'étais restée.

— Et la nana que j'ai rencontrée en arrivant, elle habite ici aussi ?

— Mais bordel, Maeve Murray, c'est un interrogatoire ou quoi, là ? a fait Fidelma, sourcils froncés.

— Pardon, Fidelma, a-t-elle dit en se renfonçant.

— Ouais, c'est bon, 'scuse-moi, a-t-elle ajouté en écrasant sa cannette dans sa main. J'en ai ras l'cul en fait, c'est tout. Dans c'putain d'bled, tu peux pas péter un coup sans qu'quelqu'un veuille savoir comment qu'ça sent !

— Ah, m'en parle pas. »

Fidelma s'est levée pour aller se chercher une autre cannette de cidre. « J'vis ici toute seule. C'est pas qu'le loyer est cher, mais j'en peux p'us d'êt' là.

— Tu voudrais reprend' not' appart, après not' départ, à moi et Caroline ?

— JP Devlin, y loue pas aux gens comme moi. Ah putain, non. Cette saloperie d'usine, elle est à deux doigts de clamser.

Quand est-ce que ça sera fini, j'trouverai aut' chose pour m'occuper.

— Pour sûr que tu es déjà occupée ! Ça fait huit cents ans qu'on est occupées ! »

Fidelma a éclaté d'un grand rire tandis que la pluie se mettait à cliqueter sur la caravane.

Le lendemain, Maeve s'est réveillée en sentant qu'on lui donnait un petit coup dans les côtes.

« Maeve. »

Elle a grogné et s'est recroquevillée en position fœtale.

« Maeve ! »

On l'a secouée par les épaules, et ça lui a donné la gerbe.

« Putain, faut qu'tu t'lèves, Maeve Murray, sinon on va êt' en retard ! »

Maeve a soudain compris qu'elle était allongée sur le canapé de Fidelma. Elle était au bout de sa vie. Elle n'avait aucun souvenir après le moment où elle avait chanté en chœur avec Fidelma *Only a Woman's Heart*, pas même de s'être empaffée comme un sac. Elle savait bien que Fidelma n'en parlerait pas à la pause.

Elle s'est débarbouillée puis s'est traînée jusqu'à l'usine. Puant le cidre et la clope, elles sont arrivées juste à temps pour pointer. Maeve s'est retrouvée devant sa planche à repasser, le fer froid, sans aucune trace d'Aoife. Elle a regardé les chariots pleins de chemises qui attendaient d'être repassées, et elle s'est sentie s'affaisser sur elle-même. Elle a pris le réservoir de flotte et elle est partie le remplir à la cantine. Sa longue et dure journée dans la chaleur ne faisait que commencer.

Au bout d'une heure, elle a eu besoin de faire une pause. Elle est passée près de Fidelma, qui s'occupait de ses chemises en véritable Edward aux mains d'argent, puis elle a emprunté la sortie de secours. Mabel squattait la chaise, dehors, soulevant sa jupe jusqu'à sa culotte pour s'éventer. Mary était penchée sur sa clope.

« Salut », a grommelé Maeve.

Elles ont répondu par un signe de tête, Mabel a laissé retomber sa jupe, fermé les yeux et levé le visage vers le soleil, pareille à une marguerite sur une pelouse. Maeve a collé son Coca sur son front, avant de le verser dans sa gorge.

« On dirait qu't'as soif, c'matin, hein ? » a dit Mabel en entrouvrant un œil.

Maeve a hoché la tête. Elle n'était pas sûre d'être en état de parler.

« Plutôt une sacrée gueule de bois, a dit Mary. Juste le jour où on manque de monde et qu'on est en r'tard sur les délais. »

Une fourgonnette blanche a passé le portail de l'usine et s'est garée devant la double porte. Mabel a mis sa main en visière et observé le livreur qui déchargeait quelques rouleaux de tissu. « C'est tout c'qu'y nous envoient ?

— Main'nant, c'est au jour le jour. Y liv' le tissu tous les matins.

— Et j'vois les ch'mises qui repartent tous les soirs.

— Ouais, c'est ça. Direct chez McAllister pour êt' distribuées.

— On garde pas grand-chose sur place, hein ? » a fait Mabel en se redressant.

Mary s'est penchée sur sa cigarette. « Ben non. Y dit qu'y veut rester léger, même si je sais pas c'que ça veut dire.

— Mmmm. N'empêche qu'un gros camion qui apporte tout le tissu le lundi et qui remmène les ch'mises, ça consommerait moins d'essence.

— Qu'est-ce que j'en sais, moi, du coût du transport ? a répondu Mary en jetant sa clope à moitié fumée sur le goudron. Mon boulot, c'est d'vous faire tenir le rythme. C'est un boulot assez dur pour dix bonnes femmes dans mon genre. »

Là-dessus, elle est retournée à l'intérieur.

Mabel a regardé la cigarette de Mary. « Tu peux pas m'attraper ? »

Maeve a ramassé le mégot et l'a tendu à Mabel, qui l'a porté à sa bouche en disant « Faut pas gâcher ».

Maeve s'est discrètement essuyé les doigts sur son jean en se demandant si Mabel sentait le goût de la salive de Mary.

Quand la sonnerie a retenti, marquant la fin de la journée, les couturières se sont étirées, ont reculé leurs chaises et attrapé leurs sacs. Maeve s'est écroulée sur sa planche à repasser. Elle s'était tuée à la tâche toute la journée mais elle était toujours submergée de chemises. Une autre pile s'était amoncelée à côté de Fidelma. Mary et Andy contemplaient la table de pliage à côté de Sharon Rogers en fronçant les sourcils.

« Fidelma. Caroline. Maeve, a dit Andy. Venez par ici s'il vous plaît. »

Fidelma a serré les dents et s'en est allée vers lui au pas de charge comme si elle allait le boxer. Maeve l'a suivie, les poings serrés dans ses poches.

« Mesdames, nous devons expédier ces chemises ce soir.

— Vous voulez dire que *vous* avez besoin d'expédier ces ch'mises ce soir », a repris Maeve. Avec Fidelma à ses côtés, elle se sentait plus courageuse que de coutume.

« Nous sommes tous des rouages de cette usine, Mizz Murray, a répondu Andy. Nous devons tous faire un effort pour atteindre nos objectifs. »

Maeve essayait d'arborer l'expression de défiance qu'elle imaginait être celle de Fidelma.

« J'aimerais que vous restiez pour terminer ces chemises afin que l'employé de McAllister puisse venir les chercher. »

Fidelma en a touché une, posée sur la table, et l'a lissée. « Et ça vaut combien, ça, Andy ?

— Vous serez payées en heures supplémentaires.

— Les heures sup, c'est une fois et d'mie la paye normale. C'est pas ça que j'veux. J'veux l'double. C'est ça qu'on veut toutes », a ajouté Fidelma en désignant Maeve et Caroline. Toutes les deux ont acquiescé et croisé les bras pour montrer qu'elles étaient sérieuses.

« Juste pour aujourd'hui alors, a fait sèchement Andy. Ces heures vous seront payées double sur votre prochain bulletin de salaire.

— Et 5 liv' de plus chacune pa'ce qu'on va d'abord aller bouffer chez l'Indien. »

Maeve adorait le culot de Fidelma. Son assurance. Cette manière de comprendre qu'elle était en position de force – ce qui n'arrivait pas souvent – et de savoir l'exploiter.

« Il reste environ deux heures de travail, a répondu Andy en la regardant droit dans les yeux. Finissez-moi tout ça avant vingt heures et vous aurez double paie et l'Indien. Si vous n'y arrivez pas, vous serez payées au tarif normal sans le repas. Marché conclu ?

— Marché conclu », a-t-elle grondé avec satisfaction.

Maeve et Caroline se sont jetées sur leur plat indien à emporter tandis que Fidelma ouvrait une cannette de Fanta et en avalait une bonne gorgée. Maeve aimait le fait que Fidelma se sentait toujours à l'aise. Qu'elle était capable de s'asseoir confortablement, les doigts de pied en éventail, en laissant quelqu'un d'autre s'occuper d'elle.

« Paraît qu't'as un nouveau mec, a-t-elle dit à Caroline, qui a hoché la tête. Il est sympa avec toi ?

— Oh, il est adorable. Et il est si gentil avec Mémé Jackson. Y lui rapporte des p'tites gâteries et tout ça. »

Fidelma a lancé à Maeve un regard qui disait *au secours !* « Et il est chauffeur de taxi, c'est ça ?

— Ouais. Sauf que c'est dangereux de faire le taxi. Ce serait mieux qu'y fasse aut' chose. »

Maeve se demandait comment Martin avait le courage d'exercer cette profession qui l'obligeait à travailler tard chaque soir sans savoir s'il aurait à transporter un groupe d'ouvriers bourrés ou bien un paramilitaire loyaliste en possession d'une arme, chargé d'éliminer un catho de plus.

« Pour sûr qu'il a plein d'opportunités avec sa bagnole. Y peut conduire partout.

— Ouais, c'est vrai, a acquiescé Caroline. Y cherche aut' chose. Y garde l'œil ouvert, Martin. »

Maeve a regardé Fidelma en faisant semblant de vomir.

« Ah, ça m'ouvrirait des horizons si j'avais une caisse, moi aussi.

— Chavais pas qu't'avais l'permis », a dit Maeve. Elle ne parvenait pas à imaginer Fidelma au volant. Elle serait mortelle.

« Ah non, j'ai pas l'permis. Mais j'ai un oncle de l'aut' côté d'la frontière qui m'a appris à conduire. J'ai parcouru l'Donegal en long en large et en travers. C'est à peine si t'as besoin du permis en République – c'est pas pareil que chez nous, avec les Rosbifs.

— Quelle bande de connards, a acquiescé Maeve en enfournant une bouchée de korma.

— J'ai encore du mal à t'imaginer vivre au milieu des Angliches, à Londres, a repris Fidelma en s'enfilant un morceau de papadum. Ouais, c'est dur.

— Bah, j'y arriverai bien. Enfin, j'espère.

— T'es sûre, quand même ? J'me souviens d'toi le jour où cette chorale pour la paix s'est ramenée à St Jude.

— Oh, Fidelma ! s'est exclamée Caroline. Maeve avait que quatorze ans !

— Ouais, c'est sûr. N'empêche qu'elle leur a foutu les j'tons. »

Maeve se sentait toujours mal lorsqu'elle repensait au Chœur masculin pour la paix de Middleton. Ce jour-là, à son habitude, elle s'était rendue au gymnase avec toute l'école pour l'assemblée du jour. Dolan-Gras-Double était debout sur la scène, de même que les autres jours, leur faisant les gros yeux pour qu'ils se calment. Seulement les profs se tenaient au bout des rangées pareils à des gardes. Et les chaises étaient sorties, comme dans les grandes occasions, pour la visite d'un évêque par exemple, ou une conférence d'une ancienne élève expliquant comment émigrer. Sauf qu'on ne leur avait parlé de rien, aussi Maeve soupçonnait-elle qu'un politicien britannique flanqué d'un bataillon de militaires allait débarquer tout à coup pour une séance photo éclair. Dolan-Gras-Double s'est signée, a dit quelques prières, puis a passé un savon à tous les élèves pour une bêtise commise par Linus McMurphy – tout le monde était au courant. Enfin, elle s'est tue, a joint les mains, serrant si fort que Maeve a eu peur qu'elle se casse un doigt.

« Ce matin, a-t-elle repris en usant de cette voix qu'elle n'employait que dans des circonstances exceptionnelles, nous aurons le privilège d'entendre le récital extraordinaire d'un chœur qui nous rend visite. »

Les portes du gymnase se sont alors ouvertes en couinant. Maeve n'a pas eu besoin de se retourner pour savoir que ce n'était pas Jon Bon Jovi qui était entré.

Un groupe de types souriants et luisants de sueur a traversé la salle. À la coupe de leurs jeans, leurs ventres arrondis et leurs grosses têtes, on voyait bien qu'ils étaient anglais. Derrière Maeve, Cormac Kelly a fait à voix basse « FEE FI FOE FUM », évoquant aussitôt dans tous les esprits le vers suivant de la comptine, « Je sens l'odeur du sang d'un Anglais ». Dolan-Gras-Double lui a décoché un regard noir, et Cormac s'est fait tout petit sur son siège, sourire aux lèvres.

Les hommes sont montés sur scène et se sont mis en ligne.

« Je voudrais que vous fassiez bon accueil au Chœur masculin pour la paix de Middleton », a dit Dolan, qui a applaudi à tout rompre avec les profs, tandis que les élèves suivaient timidement. Mr Orr est resté les bras croisés. « Le Chœur masculin pour la paix de Middleton est en tournée en Irlande du Nord et chante bénévolement dans les écoles et les salles publiques afin de promouvoir la paix et la réconciliation. »

Maeve en avait déjà entendu parler. Ils étaient passés à la télé un peu plus tôt dans la semaine, et avaient éructé *From a Distance* dans une salle municipale sur Falls Road. La BBC avait interviewé le maître de chœur, un barbu qui avait expliqué qu'après avoir vu des petits enfants tués lors de l'attentat de Warrington, le chœur dont il était membre avait décidé qu'ils ne pouvaient rester ainsi les bras croisés une minute plus. Aussi avaient-ils décidé de risquer leur vie pour aller chanter des chansons en faveur de la paix en Irlande du Nord.

« Enculé », avait lâché la mère de Maeve – celle-ci ignorait jusqu'alors qu'elle connaissait un mot pareil.

Maeve a senti une crispation en elle en entendant un type un peu chauve jouer les premières mesures d'une chanson, et elle a compris qu'elle ne pourrait plus jamais écouter ce morceau. Puis les vingt-cinq Anglais bedonnants se sont lancés dans un classique de l'Eurovision, *A Little Peace*.

À la fin, la plupart des profs ont applaudi, mais les élèves, en revanche, avaient compris. Ils croisaient les bras, comme Mr Orr, laissant seulement les lèche-culs dans le genre de Dermie Crockett applaudir.

Le guitariste est revenu au micro et s'est éclairci la gorge. « Votre directrice m'a dit que vous connaissez cette chanson. Donc, cette fois, on aimerait bien que vous nous accompagniez, OK ? » Il a fait signe à un autre gars au piano, qui a commencé à jouer l'ouverture d'*Imagine*.

Ils n'avaient pas fini le premier couplet quand Maeve s'est levée. McVey lui a fait signe de se rasseoir d'un geste véhément. Mais elle s'est frayé un chemin à travers le labyrinthe de baskets et de bottes et elle a quitté la salle de gym. Claquant la porte extérieure, elle s'est retrouvée dans la cour. Un car était garé dans l'enceinte de l'école, pris en sandwich entre quatre véhicules blindés de la RUC et deux jeeps britanniques. Maeve ne bougeait plus, elle ne savait plus quoi faire.

Puis les portes se sont ouvertes derrière elle.

Elle s'est retournée, bras croisés, menton relevé, prête à affronter McVey, Dolan-Gras-Double ou n'importe qui d'autre. Mais c'est Joanne McGlinchey qui est arrivée au pas de charge, suivie de Paddy-la-Merde qui fonçait derrière elle.

« Putain, qu'ils aillent se faire foutre ! Pour qui qu'y s'prennent comme ça à venir nous cracher leurs chansons à la gueule ? Fait chier, merde ! »

De plus en plus d'élèves déboulaient dans la cour. Mr Orr est sorti à son tour, affichant pour la toute première fois un grand sourire. Il a entonné *The Fields of Athenry*, et tout le monde a repris en chœur, crachant la chanson à la gueule du bus, de la RUC et de ces Anglais qu'ils avaient abandonnés dans le gymnase.

Deirdre s'est approchée de Maeve, un sourcil relevé : « T'as réussi ton coup ! »

Maeve était rouge de fierté.

« Mais tu sais qu't'es cuite, main'nant, hein ? »

Elle n'avait pas tort. Dix minutes plus tard, Maeve a été convoquée dans le bureau de Dolan-Gras-Double. Elle est arrivée d'un pas martial, aussi pleine de défiance que Roddy McCorley marchant vers la potence sur le pont de Toome, seulement, en voyant le chef de chœur barbu assis là, elle a compris que ce qui l'attendait serait bien pire que de se faire pendre et écarteler par Dolan-Gras-Double. Elle a alors tourné les talons pour faire demi-tour, mais Dolan lui barrait la route. « ASSIEDS-TOI, Maeve Murray. »

Maeve a pris place sur la chaise à côté de l'Anglais. Il la considérait d'un air soucieux – expression qu'elle n'avait jamais vue en vrai chez un Anglais. Elle a croisé les bras, regardant droit devant elle.

« Donc, Maeve, Mr Smith désire te parler », a dit Dolan en la toisant durement. Toutefois, quelque chose dans son regard laissait penser à Maeve que cette confrontation n'était pas l'idée de la directrice, et que celle-ci désirait qu'elle fasse le nécessaire pour que ces types décampent le plus vite possible et en toute discrétion. Dans l'idéal, avant l'arrivée des journalistes.

« My-eve. »

Celle-ci s'est crispée en entendant son nom écorché par le barbu.

« Je voulais juste te dire que nous sommes ici pour montrer que nous croyons en un avenir meilleur. Nous sommes venus… »

Intérieurement, Maeve hurlait : *Pitié, pas pour construire des ponts et faire tomber les murs !*

« … pour construire des ponts et faire tomber les murs de la haine qui se sont bâtis ici, en Irlande du Nord. » Mr Smith a fait le geste qui consistait à mettre les murs par terre.

Maeve a essayé de ravaler ses émotions. Elle voyait bien à l'expression crispée de Dolan-Gras-Double qu'elle faisait également des efforts. Elle savait que ce pauvre couillon n'était pas responsable de toute la merde qu'elle et ses semblables devaient essuyer. Qu'elle n'avait qu'à le laisser continuer à discourir et qu'il finirait par s'arrêter et s'en aller, avec le sentiment de s'être Rendu Utile. Elle attendait donc en silence qu'il termine.

Dolan a repris une inspiration profonde et posé les mains à plat sur son bureau. « Nous apprécions votre geste, Mr Smith. » Puis elle s'est tournée vers Maeve. « À nous. As-tu quelque chose à dire à Mr Smith ? »

Maeve a secoué la tête. Dolan la regardait en écarquillant les yeux. Maeve a soutenu son regard, plissant les paupières.

Alors Mr Smith a posé sa grosse patte d'Anglais sur son épaule. « Écoutez, My-eve, chuis irlandais moi aussi. Ma mère est du comté d'Leitrim. Mon père, du Kerry. »

Leitrim et Kerry. Le genre d'union indécente qui ne pouvait avoir eu lieu que lors d'un bal irlandais à Londres.

« Mr Smith, arrêtez d'vous faire croire que vous êtes irlandais, a dit Maeve en haussant l'épaule pour virer sa main.

— Maeve Murray ! »

Mais elle a ignoré l'exclamation de Dolan. Les digues s'étaient rompues en elle. Elle ne pouvait plus s'arrêter. « Vous pouvez bien raconter toutes les conneries qu'vous voulez sur vot' sang irlandais, mais moi, j'vais vous dire la vérité, vous êtes *pas* irlandais !

— Miss Murray, modérez vos propos !

— Ce que vous pigez pas, c'est que même moi, chuis pas irlandaise – pas une vraie Irlandaise. C'est juste moi qui veux l'être. Mais pour les gens de la République, chuis rien qu'une sale nordiste. Aussi naze que les réformés qui veulent êt' britanniques alors que les vôt' les considèrent juste comme des péquenots d'Irlandais. Vous voulez pas d'eux. Ceux du Sud veulent pas d'nous. Tout le monde veut juste qu'on s'tire et qu'on aille crever sans la ramener dans un coin paumé où y z'auront p'us à nous écouter gueuler pour attirer l'attention. »

Évidemment, Maeve avait tout gâché en fondant en larmes. À ce stade, Dolan l'avait escortée hors de son bureau et l'avait enfermée dans la pièce de rangement de l'homme de ménage. Elle s'était assise et s'était rongé les ongles sous la lumière crue du néon, entourée d'eau de javel, de seaux et de serpillières, en se demandant si elle parviendrait jamais à se débarrasser de tous ces sentiments.

« Tu sais que tout ce qu'y voulaient, c'était nous chanter des chansons, a dit Caroline en raclant la fin de son tikka masala dans le récipient en alu. Y z'essayaient d'nous r'monter l'moral. Ça partait d'une bonne intention.

— Mais moi, toutes ces bonnes intentions, j'en peux plus, a répondu Maeve. Tout l'monde nous d'mande de faire des dessins ou d'écrire des poèmes. T'as des artistes qui sculptent des colombes. Des profs qui nous sucent la moelle en nous forçant à chanter *Imagine* – non mais, franchement, c'est pas montrer un total manque d'imagination, ça ?

— Ouais, a ajouté Fidelma. Et personne s'attaque au problème de fond.

— Par exemple ? a demandé Caroline.

— Par exemple virer la religion d'l'école, a répondu Maeve. Que ça reste dans les églises, où c'est sa place.

— Ouais, a repris Fidelma. Y devraient faire des écoles intégrées, là au moins on apprendrait à s'connaître entre cathos et réformés avant qu'on doive aller bosser côte à côte.

— Tout à fait. T'as moins d'risques de descendre quelqu'un avec qui t'es allé à l'école.

— Ah, chais pas si j'irais jusque-là », a fait Fidelma d'un air sombre.

Maeve et Caroline ont échangé un bref regard : *non, elle a vraiment dit ça ?*

« Si on veut réellement bien faire les choses, a repris Caroline, faut bâtir des nouveaux lotissements corrects. Qui accueillent tout le monde. Avec des aires de jeu pour les p'tits. Et des bancs pour les vieux comme Mémé Jackson.

— J'aimerais entrer dans la police, a dit Fidelma. Pour qu'y ait moins d'réformés d'dans. Plus de cathos. Plus de gonzesses. P'têt même des Asiatiques, pareil qu'on voit à Belfast. »

Pendant un moment, elles se sont remises à manger en silence. Puis Maeve a posé sa boîte. « Ah, putain, qu'est-ce qu'on en raconte, des conneries. Tout ça, c'est du boulot. C'est plus facile de se casser ailleurs.

— Tu crois ? a fait Caroline. Pour moi, partir, ce s'ra l'truc le plus dur que j'aie jamais fait.

— Mais putain, Caro, tu pars à Derry ! Pas sur la Lune ! »

Fidelma s'est carrée dans le fauteuil et a laissé échapper un rot. « Évidemment, si tu pars à Londres ou à Derry, tu peux toujours rev'nir si t'as envie. C'est pas comme ma frangine qu'est partie en Australie. J'y ai pas parlé d'puis trois ans.

— Trois ans ! s'est exclamée Caroline en posant la main sur sa poitrine. C'est dingue !

— Ouais, mais j'ai l'intention d'lui passer un coup d'fil, un d'ces jours », a répondu Fidelma d'un air satisfait.

Maeve a eu du mal à admettre la joie qu'elle a ressentie en voyant Aoife debout devant sa planche à repasser le jeudi matin. « Tu m'as manqué ! » lui a-t-elle dit, faisant rougir son amie. Mais, à mesure que la matinée passait, elle s'est aperçue que quelque chose avait changé entre elles. Pendant des années, elle avait cru que si seulement elle possédait un truc dont rêvait Aoife – comme la copie clandestine d'*Outcesticide* de Nirvana – leurs relations seraient plus simples. Or, à présent qu'elle avait obtenu exactement les résultats qu'Aoife désirait, non seulement l'écart entre elles ne s'était pas réduit, mais il s'était carrément démultiplié.

Voilà pourquoi Maeve travaillait lentement, laissant son amie prendre une bonne marge d'avance. En raison de cet écart, elle essayait de se faire plus discrète, de se montrer moins satisfaite d'elle-même, de passer inaperçue, pour ne pas blesser Aoife.

Tout en repassant un col de chemise, elle s'est demandé si c'était ça qu'Aoife avait ressenti pendant toutes ces années. Peut-être que celle-ci ne pouvait pas apprécier pleinement sa maison, ses vêtements, sa musique, ses livres, ses tapis épais et ses parents tant que Maeve traînait dans le secteur, avec sa sœur morte, ses vieilles godasses et cette espèce de faim insatiable dans les yeux.

Maeve a alors compris qu'Aoife avait besoin d'avoir des amies qui lui ressembleraient plus. Or Trinity College, à Dublin, devait grouiller de filles dans son genre.

Maeve a senti son moral tomber dans ses chaussettes en comprenant tout à coup que c'était elle qui serait la bête curieuse à l'université, pas Aoife.

Après le déjeuner, Mary est sortie de son bureau et a grimpé l'escalier jusqu'au bureau d'Andy. Ce n'était pas son genre de quitter son bureau le jeudi lorsqu'elle était absorbée par la paie du lendemain à préparer. Cinq minutes plus tard, ils sont redescendus tous les deux, et sont restés plantés là, l'air lugubres.

« Oh, oh, a lancé Mabel Moore. J'vous avais dit. J'vous avais dit ! On va s'marrer, main'nant ! »

Maeve a pris Aoife par le bras et l'a emmenée vers le fond, hors de la ligne de mire.

« Je sais que vous vous êtes pliés en quatre pour moi ces dernières semaines, a dit Andy. Ce contrat avec McAllister est un gros morceau pour nous. Et vous n'avez pas démérité. Beau boulot. Super chemises. Vous avez été formidables. Absolument formidables. »

Andy a regardé autour de lui, comme en quête de signes d'approbation. Mais Mabel Moore en a remis une couche : « Ouais, Andy. On sait qu'on est formidables, mais putain, accouchez main'nant ! »

Andy s'est éclairci la gorge et son regard s'est perdu au-dessus des têtes de ses employés. « Mary a appris de l'administrateur de chez McAllister que nous toucherons notre chèque seulement la semaine prochaine. »

Mary a baissé la tête tandis que toute l'usine explosait.

« Alors ça, Andy Strawbridge, c'est vot' problème, a grondé Marilyn Spears, pas l'nôtre. On s'ra payés d'main, et voilà. »

Andy a croisé les bras, toisant tout le monde, à croire qu'il était Kurtz dans *Au cœur des ténèbres* et ses ouvriers, une bande ridicule d'indigènes prêts au pillage.

« Je suis venu vous demander une faveur.

— Les faveurs, c'est réservé aux amis, Andy Strawbridge, a dit Fidelma. Et dans c't'usine, vous avez pas d'amis.

— Je comptais sur le chèque de McAllister pour payer les salaires de cette semaine.

— Nous, on compte pas sur McAllister, on compte sur vous ! s'est écrié Mickey McCanny.

— Le chèque de McAllister sera encaissé jeudi prochain, a poursuivi Andy comme s'il n'avait rien entendu. Ce jour-là je vous paierai vos deux semaines de travail.

— Tu parles !

— Tu nous prends pour des cons ?

— Et comment que j'vais nourrir les p'tits la semaine prochaine ?

— Écoutez. Je ne me suis pas attribué de salaire depuis un mois. N'est-ce pas, Mary ? »

Mary a serré les lèvres et acquiescé.

« Ce n'est que pour une semaine. Je ne prétends pas que ce sera facile. Je sais ce que c'est d'avoir des factures à payer.

— Ouais, mais nous, c'est pas les mensualités d'une Jaguar qu'on paye ! a lancé Mabel. On veut juste bouffer !

— Il n'y a pas d'autre moyen, a conclu Andy, laissant entendre que tout était déjà décidé. Donc je vous laisse le choix. Vous pouvez vous en aller dès maintenant, et revenir chercher votre salaire de cette semaine dans huit jours, ou bien continuer à travailler et toucher deux semaines d'un coup ensuite.

— T'es un vrai connard, Andy Strawbridge ! a gueulé Marilyn Spears en quittant les lieux au pas de charge. J'ai des gosses à nourrir ! Un emprunt à payer ! Comment que j'pourrais faire confiance à un serpent dans ton genre ? » Elle s'est arrêtée pour regarder les autres couturières. « J'me casse ! J'me barre d'ici et j'm'en vais chercher un aut' boulot ailleurs. »

Quelques réformées se sont levées pour lui emboîter le pas. Mais la plupart des gens sont restés à leur place, et ont baissé la tête, sonnés.

« Si vous êtes trop nombreux à partir, je m'en irai moi aussi », a déclaré Andy.

Mais une fois à la porte, Mabel Moore et Sharon Rogers ont hésité. Et pour une fois, Billy n'était pas sur la brèche. Il demeurait tranquillement près de sa machine à découper.

« Je fermerai l'usine et elle ne rouvrira pas. J'ai nombre de solutions de repli », a conclu Andy.

Maeve ne croyait pas qu'il ait des quantités de solutions de repli. Mais il en avait sûrement quelques-unes. Les autres n'avaient pas cette chance, pour la plupart.

« Réfléchissez », a-t-il dit avant de remonter dans son bureau.

Fidelma Hegarty a donné un coup de pied dans son chariot de chemises, qu'elle a envoyé valdinguer contre le mur. Elle l'a fusillé du regard comme si elle avait envie de lui donner une bonne leçon, et puis elle a poussé un gros soupir et s'est tournée vers les autres : « Qui c'est qui veut aller fumer une clope ?

— Moi », a répondu Maeve. Caroline et Aoife ont acquiescé et elles ont toutes suivi Fidelma. À côté du parking, les portes de l'usine étaient béantes. Paddy Quinn s'adressait à un petit groupe de couturières. Tout ça paraissait irréel à Maeve, la même impression qu'aux obsèques de Deirdre. Elle avait l'impression d'être une actrice dans une sitcom, attendant qu'on lui écrive sa prochaine scène, qu'on lui dise où se placer, quelle attitude adopter et quand il fallait hurler.

« Je pense qu'on devrait démissionner, a dit Aoife. Il ne nous paiera pas ce qu'il nous doit. Surtout pas alors que lui-même se sert au passage. »

Fidelma Hegarty l'a regardée en plissant les yeux : « C'est quoi ces conneries ?

— Papa et moi, on a étudié l'affaire. On a analysé nos revenus. Le nombre de chemises fabriquées. Les subventions qu'il touche. Ça ne colle pas.

— Donc, il nous baise, a fait Fidelma en haussant les épaules. Gros paquets d'pognon qui rentrent. Petits salaires à la sortie. Il s'en fout plein les fouilles. Et pas moyen de l'prouver. »

Maeve a revu le registre de paie falsifié brûler dans la cheminée de Ciarán Friel. « Y a pas qu'Andy qui s'en fout plein les fouilles, a-t-elle ajouté tranquillement.

— Qu'est-ce tu veux dire ? a fait sèchement Fidelma.

— C'est un truc que m'a dit Mary y a un moment, a-t-elle expliqué en regardant par terre. Andy gère l'usine. Mais quelqu'un d'autre tire les ficelles. Et j'ai entendu Ciarán Friel dire qu'Andy s'acquittait de ses droits envers la communauté.

— Il paie pour être tranquille ? » a interrogé Aoife.

Maeve a hoché la tête en se demandant ce qui se serait passé si elle avait donné cette liste à son amie.

« Dans ce cas, ne devrions-nous pas aller raconter à Ciarán Friel qu'Andy ne nous paie pas ? »

Fidelma a décoché à Aoife le même regard que la mère de Maeve posait sur celle-ci à l'époque où elle croyait que les statues de la Vierge bougeaient. « J'crois qu'ça vaut mieux pour nous qu'on s'approche pas de Ciarán Friel. Il était sûrement au courant du chèque à McAllister avant Mary. »

Maeve a senti son estomac se retourner. Elle était incapable de raconter à quiconque ce qu'elle avait fait, et moins encore à Fidelma.

« Alors on devrait s'tirer, comme dit Aoife, a ajouté Caroline en plongeant les mains dans ses poches. C'est vrai, on a besoin de l'argent de la semaine, mais on peut éviter de s'faire baiser une aut' semaine.

— Vous aut', z'avez pas de mômes ni d'emprunts à payer, a repris Fidelma. Vous pouvez dire à JP que vous quittez l'appart dans une semaine et r'tourner chez vos vieux. Si je s'rais vous, j'finirais l'été devant la télé. Ou je me casserais un peu plus tôt en Angleterre.

— T'as pas tort, a dit Caroline. Tata Joan t'accueillerait sans souci, Maeve. Tu pourrais trouver un boulot à Londres. Histoire de t'remett' sur pied. »

Maeve contemplait le goudron. Elle pourrait être à Londres dès le week-end suivant.

« Ou on pourrait aller passer quelques semaines en France. »

Elles se sont toutes retournées vers Aoife, bouche bée.

« On pourrait séjourner dans notre maison. Cela nous coûterait seulement le prix du ferry et du train. À peine une semaine de salaire.

— C'est une invitation, Miss O'Neill ? a demandé Fidelma. Les filles et moi ?

— Bien sûr, Fidelma… si tu as envie de te joindre à nous, on pourrait…

— J'te fais marcher, a-t-elle répondu en partant d'un gros rire avant de retrouver son sérieux. J'me d'mande si j'vais pas m'tirer en Angleterre, moi aussi. J'en ai marre de toujours me taper la même merde ici.

— Tu penses à quitter la ville, Fidelma ? a demandé Caroline en écarquillant les yeux. T'es sérieuse ?

— Pour sûr, a-t-elle répondu d'un air de défi.

— Et qu'est-ce tu feras en Angleterre ? a fait Maeve.

— J'ai ma p'tite idée. » Fidelma a fermé la bouche et croisé les bras. Maeve a essayé de l'imaginer en Angleterre. Elle ne se débrouillerait sans doute pas plus mal qu'elle, il fallait être honnête. Mais elle n'était pas convaincue que filer dès maintenant à Londres soit la bonne solution.

« Où qu'elle est, Mary ? a demandé Fidelma en regardant par la porte.

— Elle est dehors, de l'autre côté, avec Mabel Moore et Marilyn, a répondu Aoife.

— OK, Maeve, j'ai besoin qu'tu la surveilles et qu'tu l'occupes un moment. Et gueule un coup quand elle reviendra à l'intérieur.

— Qu'est-ce tu vas faire, Fidelma ? a demandé Maeve le cœur battant. Tu vas chercher des preuves des trafics à Andy ?

— Tu rigoles ! a-t-elle répondu en rentrant tranquillement. Qu'est-ce j'en ferais ? J'm'en vais passer un coup d'fil à ma frangine en Australie depuis l'bureau à Mary. Y a trop longtemps que j'l'ai pas appelée. »

Plus tard, dans la soirée, Caroline et Maeve regardaient *Top of the Pops*. Liam Gallagher chantait d'un ton monotone *Live Forever*, trônant devant des Anglaises carrément torrides. Maeve a soudain redouté d'être obligée de s'habiller ainsi afin de pouvoir passer pour une Anglaise, ce qui serait sans doute moins gênant que de finir comme Tata Joan.

« Donc, on se pointe lundi matin à l'usine pour bosser gratos une semaine de plus, ou on se taille en France dès demain ? » C'est en le formulant à haute voix qu'elle a compris qu'il était absurde de continuer à travailler à l'usine. Qu'elles feraient mieux de faire leurs valises et de partir au soleil pour la première fois de leur vie, dans un endroit chaud, inconnu et sexy.

« Oh, la France, c'est bête. Ça va nous coûter un bras, et c'est loin. C'est sacrifier beaucoup de boulot pour quelques jours de vacances, tu crois pas ? »

C'était rare que Caroline crache sa valda. Maeve a mis quelques secondes à s'en remettre.

« On serait vachement mieux en France qu'ici. Ça s'rait aut' chose qu'un week-end à Bundoran.

— Mais mon français est merdique.

— T'auras pas besoin de causer en français. Aoife meurt d'envie de nous montrer comment qu'elle sait parler.

— Et puis c'est bientôt l'anniversaire à Mémé Jackson. J'ai jamais raté son anniv.

— Oh, Caroline, t'en auras plein d'autres, des anniv ! Allez. J'irai si tu viens. Ce sera l'aventure.

— J'veux pas y aller sans Martin. »

Maeve a senti une grosse bulle exploser dans son ventre.

« Allez-y toutes les deux, a continué doucement Caroline. Toi et Aoife, vous rigolez bien, toutes les deux.

— Nan. On rigole bien *toutes les trois.* »

Caroline a secoué la tête gentiment mais fermement.

Maeve s'est enfoncée dans son fauteuil. « Bon, faut pas qu'on oublie de donner not' congé pour l'appart. J'pars à Londres la deuxième semaine de septembre. Quand c'est que tu commences à Magee ? »

Caroline s'est soudain fermée, adoptant une expression étrangement têtue que Maeve avait rarement vue dans la famille Jackson. « J'y vais p'us.

— Hein ? Comment ça, t'y vas p'us ?

— J'irai pas à la fac. J'reste ici. J'ai p'us envie d'aller à l'école.

— Quoi ? Mais t'as eu trois B ! Tu pourrais faire n'importe quoi avec ça ! Tu peux même devenir dentiste, si tu veux !

— Ouais, mais moi, c'que j'veux, a-t-elle répliqué en croisant les bras, c'est rester ici.

— Et comment tu vas payer l'appart ?

— Martin et moi on pense à l'prend' tous les deux. On va chercher du boulot en dehors de la ville.

— Martin et toi, vous allez vivre dans le péché, Caroline ? Qu'est-ce qu'y vont dire, tes parents ? Qu'est-ce qu'elle va penser, Mémé Jackson ? »

Caroline a piqué un fard. « Martin dit qu'y s'habitueront à ce qu'on vive ensemble. C'est p'us la même époque. Et qu'y s'ront contents que j'sois tout près. Magee, c'est loin.

— C'est à quarante-cinq minutes !

— En voiture ! Ça fait deux heures en bus. Et y pourront pas ramener Mémé Jackson en bus, ni la laisser toute seule. »

Maeve s'est alors souvenue de ce que sa mère lui avait dit au début de l'été : « C'est une Jackson, et les Jackson, ça bouge pas. »

Pas de voyage en France pour Maeve. Pas d'université pour Caroline. Il y avait quand même le bon côté des choses.

« Je r'prends ma chambre à Noël.

— Je mettrai des p'tits chaussons pour toi sous l'sapin », a répondu Caroline en souriant.

LUNDI 22 AOÛT 1994

9 jours avant la fuite des filles

Tout le monde est revenu travailler le lundi. Sauf Aoife.

« Papa m'a conseillé de ne pas continuer, a-t-elle dit à Maeve. Il faut que je commence à travailler mon gaélique. »

L'usine n'avait jamais été aussi déprimante. Plus personne ne rigolait. Plus personne ne chantait en chœur avec la radio. Ça ne chahutait pas à la pause. Pourtant, Maeve était à peu près sûre que si elle ne venait pas bosser cette semaine, elle n'aurait à peu près aucune chance de récupérer son salaire de la semaine précédente.

Chaque matin, un camion livrait le tissu de McAllister. Billy le découpait en morceaux que les couturières assemblaient.

Tandis que Maeve repassait, sans savoir si elle toucherait le moindre penny pour son travail, elle se représentait les chemises tachées de sueur, éclaboussées de bière, enveloppant de la bidoche anglaise, et se trimballant dans des villes portant des noms comme Upper Bucklebury ou Thrumpton.

En permanence sur les nerfs, Mary fumait clope sur clope, c'était à peine si elle prenait sa pause. On ne la verrait pas goûter à un seul biscuit de toute la semaine.

Andy passait beaucoup plus de temps que de coutume à arpenter le rez-de-chaussée de l'usine, telle Dolan-Gras-Double dans les couloirs du lycée quand venaient les inspecteurs. Maeve l'observait, à la recherche de détails révélateurs qui lui apprendraient s'il les avait vraiment arnaqués ou pas. Elle avait envie de croire qu'il leur disait la vérité au sujet de McAllister, même s'il niquait Invest NI, et qu'elle serait payée au même titre que tous ces salariés inexistants mais pourtant présents dans le fichier d'Andy. De toute façon, même si McAllister n'était pas de mèche avec Andy, c'étaient sans doute eux qui le baisaient. Et si McAllister était honnête, alors quelqu'un au-dessus d'eux s'en mettait plein les poches sur leur dos. Les gens qui bossaient à l'usine, eux, réformés et cathos, n'étaient que le premier échelon d'une chaîne alimentaire impitoyable.

Un soir, Maeve et Fidelma ont regardé Paddy et Billy emporter les cartons pleins de chemises.

« Tout c'qui reste ici, la nuit, c'est c'qui est cloué par terre », a fait observer Fidelma.

Et elle avait raison. Les machines à coudre, les tables, les radiateurs et les toilettes étaient vissés au sol. Et bien que Maeve ne se soit pas sentie rivée au plancher de l'usine, elle avait pourtant l'impression qu'Andy avait passé une laisse autour de son cou et qu'elle était attachée à l'usine.

Tout en regardant la télé ce soir-là, après le boulot, elle gardait un œil sur la fenêtre du bureau d'Andy. Quand les volets se sont fermés, elle s'est levée pour le voir quitter les lieux. Elle n'était pas la seule qui l'observait. Un groupe de mecs, assis en bas sur l'appui de fenêtre de l'épicerie, suivaient les mouvements du patron tandis que Billy verrouillait les portes de l'usine. Ils lui ont fait signe lorsque sa voiture s'est arrêtée au portail, façon barrage militaire. Puis ils l'ont vu filer en trombe, et Paddy Quinn a refermé derrière lui. Celui-ci a mis la clé dans sa poche, il a salué Billy et levé la main en direction des gars, qui se sont dispersés sans un mot.

Le jeudi, Mary est restée enfermée dans son bureau presque toute la journée, rideaux tirés et porte close. Elle ne s'est même pas arrêtée pour la seconde pause de la journée.

Mabel Moore, qui était en tête de la queue, s'est mise à se lamenter : « Quoi ? Y a pas de p'tits gâteaux ? Ben j'm'en vais vous dire un truc, ça sent vraiment le roussi dans c't'usine », a-t-elle déclaré en allant s'asseoir en boitillant. Une fois installée, secouant la tête en regardant son thé, elle a répété : « Non mais des fois, pas de p'tits gâteaux ! »

Les couturières ont fouillé dans leurs sacs à la recherche de KitKat et de Twix. Elles ont coupé en morceaux les barres chocolatées, tels Jésus et ses disciples multipliant les pains et les poissons.

Mais une barre de KitKat ne pouvait suffire à contenter Mabel. Elle poursuivait sa rengaine. « Si y a même p'us un p'tit biscuit Rich Tea pour aller avec mon thé, ça veut dire qu'y a p'us rien à la banque non plus. »

Mabel n'avait pas allumé sa machine de la semaine. Elle pointait tous les matins puis s'asseyait devant, sans y toucher. Lorsqu'elle avait envie de changer d'air, elle prenait la sortie de secours, s'installait au soleil et remontait ses jupes en disant « Au moins, l'soleil, c'est gratuit ! ». Elle faisait le tour des couturières de temps en temps pour bavarder, mais pas une fois elle n'a levé le petit doigt pour les aider.

« Mabel, ça sert à rien d'pleurer sur les gâteaux, a dit Fidelma en levant les yeux au ciel. Si c'est baisé, c'est baisé.

— Quand tu vois c'te boîte à biscuits vide, tu comprends-t'y pas qu'est-ce qu'y veut nous dire, c't'enfoiré ? Qu'y va même pas piocher un p'tit billet au fond d'sa poche pour nous payer des gâteaux ! »

Les paroles de Mabel se sont logées dans la colonne vertébrale de Maeve. Elle ne voyait pas l'intérêt d'exprimer ce genre de trucs : ça ne faisait qu'aggraver la situation. Se barrer maintenant, c'était comme commencer une neuvaine et s'arrêter au matin du neuvième jour. Maeve savait qu'elle n'était pas la seule personne à redouter de ne pas travailler ; à craindre le poids des heures vides qui vous enfoncent plus profondément encore dans toutes ces pensées qui vous font froid dans le dos.

Lorsque la sonnerie a retenti, tout le monde est retourné à son poste en traînant les pieds. Andy faisait les cent pas, là-haut, sur le palier, bras croisés, le front soucieux.

« Oh là là, qu'est-ce qui s'passe encore ? a fait Mabel. Qu'est-ce qu'y nous veut donc ? »

À mesure que ses employés revenaient, Andy évitait de les regarder. Puis il s'est éclairci la gorge avant de leur dire : « Je suis allé à la banque tout à l'heure pour procéder à l'encaissement du chèque de McAllister et on m'a assuré qu'il était approvisionné.

— Recommencez en anglais, cette fois, Andy », a dit Marilyn.

Andy a serré les lèvres et repris une inspiration profonde. « Le chèque de McAllister a été mis à la banque. L'argent est sur notre compte. »

Explosion de joie : la plus forte et la plus longue que Maeve ait entendue de tout l'été. Affichant un air très satisfait, Andy a attendu que le calme revienne. « Mary est dans son bureau, elle prépare vos bulletins de salaire. Ils seront prêts ce soir, pour que vous puissiez rentrer chez vous avec. La banque sera fermée, mais on m'a assuré que vous pourrez passer les toucher dès demain matin à la première heure.

— Et comment qu'Mary va pouvoir calculer les primes de la s'maine, mince alors ! a demandé Mabel.

— Je pense pas qu'elle va s'cramer l'cerveau à calculer la tienne, l'a raillée Fidelma.

— Mary a déjà calculé vos salaires de base et vos primes de la semaine dernière, a repris Andy. Elle va rajouter vos salaires de base de cette semaine. Vos primes de cette semaine seront additionnées la semaine prochaine. Ensuite tout rentrera dans l'ordre. » Andy a considéré l'assistance, visiblement très content de lui-même. « D'autres questions ?

— Quand c'est qu'on va remett' des p'tits gâteaux dans la boîte ? » a demandé Mabel.

Andy a éclaté de rire, puis il s'est retourné pour remonter dans son bureau.

« Eh, chuis sérieuse avec ces putains d'gâteaux ! » lui a-t-elle lancé, en le fusillant du regard.

Peu avant la sonnerie marquant la fin de la journée, Mary est sortie de son bureau en serrant une liasse d'enveloppes. Elle s'est arrêtée devant la porte pour distribuer les chèques. Mickey McCanny a marmonné un « Merci » avant d'enfoncer le sien dans sa poche arrière. Maeve l'a pris sans un mot, l'a fourré dans la poche de son jean, puis elle est partie.

Mabel fumait sa clope à côté du portail.

« Ça va, Mabel ? Tu vas boire un coup en ville ?

— Ah non. On a encore rien dans l'porte-monnaie. Ces chèques, c'est rien que des bouts d'papier. J'serai pas tranquille tant que j'verrai pas la reine Elizabeth – que le Seigneur la bénisse – au creux d'ma main. »

Elle a écrasé son mégot par terre et elle est partie en boitillant.

En se réveillant le lendemain matin, Maeve a ouvert la fenêtre du salon en grand. On sentait déjà que la journée allait être chaude, le soleil brûlait sur les collines humides, et l'usine se dressait, grise et poussiéreuse, sous le ciel bleu. Maeve aimait la fin d'été, quand il fallait tirer le meilleur de chaque heure ensoleillée de peur que ce soit la dernière de l'année. Elle était tout simplement assise devant sa tasse de thé lorsqu'elle a entendu un tumulte dans la rue en contrebas.

Marilyn Spears et quelques réformés frappaient à la porte de l'usine. Mabel Moore se tenait en retrait, bras croisés, l'air sombre. Maeve s'est soudain sentie très anxieuse. Elle a couru chercher Caroline : « Caroline, lève-toi ! Y a du bazar à l'usine ! »

Elle est aussitôt retournée à toute vitesse à la fenêtre. « Viens voir ! Y a tout un groupe de réformés qui essayent d'enfoncer la porte. »

Caroline est arrivée dans le salon en titubant, aveuglée par la lumière du jour.

Dehors, quelques cathos se joignaient à présent aux réformés.

« Quelle heure il est ? » a demandé Caroline.

Maeve a jeté un coup d'œil à sa montre : « Neuf heures et quart.

— Donc les chèques ont pas été crédités », a-t-elle conclu en croisant les bras à son tour.

Maeve s'est assise lourdement dans son fauteuil et elle a serré les paupières.

« Ça sert à rien, a dit Caroline. Habille-toi, on va voir qu'est-ce qui s'passe. »

Elles ont traversé la rue pour se joindre à la foule sans avoir la moindre idée de ce qu'elles allaient faire. Tandis que Marilyn Spears frappait à la porte, Maeve s'imaginait avec une équipe de tournage, faisant un reportage en direct. « Alors, qu'est-ce qui s'passe ? a-t-elle demandé à Mickey McCanny.

— On est allés à la banque à l'ouverture, a-t-il répliqué en secouant la tête. Z'ont rien voulu savoir. Z'ont dit qu'Andy avait pas rentré un penny c'mois-ci. » Il a fourré une cigarette entre ses lèvres et a tendu le paquet à Maeve. Elle en a pris une et l'a roulée entre ses doigts en songeant au gros chèque d'Invest NI qu'avait reçu Andy, et qui devait très largement couvrir les salaires de l'usine sur un mois. Elle se demandait quelle banque avait bien pu l'encaisser.

« Donc qu'est-ce qui s'passe, là ?

— On pense que Mary est là, a répondu Mickey. Le portail était ouvert quand on est arrivés.

— Et pas trace d'Andy Strawbridge, j'imagine, a dit Caroline en renvoyant la tête en arrière.

— Nan. J'pense pas qu'on le r'verra. » Mickey s'est alors raclé la gorge et il a craché par terre.

« Donc on est tous dans le même bateau.

— Ouais. On flotte sur une rivière de merde et on a pas d'rames. »

Maeve n'était pas en état d'allumer sa clope toute seule. Elle l'a glissée entre ses lèvres et a fait signe à Mickey. Il a allumé son briquet et l'a tendu vers elle. Elle venait de tirer sa première taffe lorsqu'il y a eu du bordel du côté de la porte. Mary a crié quelque chose de l'intérieur, et Magee-le-Chauve a gueulé que tout le monde devait reculer. Mais personne n'a bougé avant que Billy Stone donne de la voix comme s'il s'adressait à un troupeau affamé qui chargeait : « Allez, allez, on recule, ouste ! » Tout le monde a obéi puis s'est immobilisé, a tendu l'oreille pour entendre le bruit de la clé qui tournait dans la serrure à l'intérieur de l'usine.

Mary a enfin ouvert la porte.

« Où qu'est not' pognon ?

— Bande de salopards de voleurs !

— Comment que j'vais nourrir mes mioches ?

— J'ai un emprunt à rembourser.

— Putain il est où ? Où qu'il est, c'connard ? »

Mary s'est recroquevillée face à ce déferlement d'injures. Mabel Moore s'est frayé un chemin jusqu'à la porte parmi la foule et s'est interposée entre Mary et les autres. « Eh, on se calme, là ! Ça sert à rien d'gueuler sur Mary ! Si vous la fermez un peu, on aura p'têt des explications ! »

Mary a serré son cardigan sur sa poitrine et les chiens dans le parking se sont mis à aboyer. Maeve s'est retournée. Quelque chose en elle s'est ranimé en voyant Fidelma Hegarty descendre au pas de course Barrack Street et croiser une patrouille de Rosbifs.

« Pourquoi qu'tu nous as pas prévenus, Mary ? a demandé Mabel. Une semaine à s'faire arnaquer, c'est déjà pas mal. Mais tu l'as laissé continuer la deuxième semaine.

— Ah, chuis tellement désolée, a fait Mary en tirant ses cheveux dans sa nuque. Moi aussi, y m'a eue. J'ai vu les chèques arriver, et lui qu'allait à la banque. J'croyais qu'il était réglo.

— Tu croyais que cette ordure était réglo ?

— Tu pouvais pas vérifier ? »

Mary a remonté ses lunettes sur son nez, regardant toujours par terre. « J'croyais qu'il était réglo.

— Mais enfin, Mary, depuis quand les Anglais sont réglos avec nous ? » a demandé Fidelma Hegarty.

Maeve a remarqué le vrombissement d'un hélicoptère provenant de la base militaire. C'était vraiment chiant de voir combien les Angliches arrivaient fissa dans ce genre de situation, alors qu'il leur fallait des heures lorsqu'un catholique isolé se faisait massacrer la tronche par une bande de réformés.

Marilyn Spears s'est amenée vers Mary, vibrante d'indignation. « Ben moi, j'vais m'prendre une machine en échange de qu'est-ce qu'y m'doit. » Elle a poussé Mary et elle est entrée dans l'usine. La foule a emporté Maeve vers la porte juste au moment où l'hélicoptère se positionnait au-dessus d'eux. Elle a baissé la tête pour éviter de se faire filmer. Puis trois jeeps de l'armée se sont pointées à toute vitesse et se sont arrêtées dans un crissement de freins. Les portes de derrière se sont ouvertes et un tas de Rosbifs ont braqué leurs armes sur la foule. Celle-ci s'est aussitôt calmée, et un silence morose et explosif s'est abattu sur les lieux. Tout le monde gardait un œil sur les armes, auxquelles il était plus difficile d'échapper qu'aux caméras.

« Pas étonnant que ces connards soient de l'aut' côté », a grogné Mickey McCanny.

Une flotte de véhicules blindés de la police a débarqué. Deux flics sont sortis de la première voiture, jaugeant la situation. La sueur dégoulinait sur la figure du plus gros qui semblait avoir été élevé entre une bible et un chapeau melon orangiste. Il s'est approché de Mary.

« Tout va bien ? »

Mary a haussé les épaules. Le flic a regardé autour de lui de nouveau et retenté le coup : « Y a du grabuge ? »

Mary regardait par terre.

« On nous a fait des chèques en bois, a répondu Mabel Moore. L'usine nous doit deux s'maines. Deux s'maines de salaire. »

Le policier a hoché la tête. « Où est le propriétaire ?

— Allez savoir.

— Et qui est responsable de l'usine en son absence ?

— Moi, a fait Mary d'une toute petite voix en tirant encore plus fort sur son cardigan.

— Je pense que le mieux pour l'instant, ça serait de vous aider à sécuriser les lieux », a dit le grand flic à Mary avant de faire un signe à ses collègues, à demi sortis de leurs véhicules, qui serraient leurs armes contre eux, et qui se sont alors rapprochés. « Je vous propose de régler tout ça avec le propriétaire la semaine prochaine, pendant les heures de travail. »

Mary a jeté un regard à Billy Stone, qui a froncé les sourcils à l'adresse de Paddy Quinn. Celui-ci a légèrement incliné la tête. Puis Mary a acquiescé.

« Très bien. On va fermer cette usine pour l'instant. Malheureusement, il faut que vous sortiez tous. »

Personne n'a bougé. La police avait l'habitude que les cathos désobéissent aux ordres, mais Maeve voyait aux regards en coin qu'ils adressaient aux réformés que ça, c'était nouveau pour eux.

« J'ai dit, bougez de là. C'est une affaire à voir avec la direction, ça se résoudra par la négociation entre vos syndicats et le patron. »

Deux autres flics sont lentement arrivés derrière les premiers, et Fidelma et Mabel se sont regardées.

« Y a pas d'syndicat dans cette usine. »

Le grand flic a penché la tête en fixant Fidelma. « Pas de syndicat ?

— Nan, a dit Mabel. C'est nous qu'on parle pour nous. »

Paddy Quinn s'est renfrogné et tourné vers Billy Stone. Maeve s'est demandé si c'était le fait de voir des femmes tenir tête aux prétendues autorités qui les froissait.

Le petit flic s'est avancé en tripotant son arme, comme pour s'assurer que ce n'était pas un accessoire de théâtre. « Si ni le directeur ni le propriétaire ne sont là, je ne pense pas qu'un dialogue constructif puisse avoir lieu.

— Je pense pas qu'un "dialogue constructif" pourrait avoir lieu même si l'proprio était là », a répondu Fidelma.

La foule a grondé d'acquiescement, ce qui a renforcé leur union.

Maeve a vu un Rosbif aboyer quelque chose dans un talkie-walkie, puis une des Land Rover s'est vidée. Les soldats ont pris position à travers le parking pour les encercler.

« Et donc, voilà comment ça s'passe ? » a dit Fidelma.

Maeve s'est enfoncée au cœur de la foule. Jamais de sa vie elle n'avait autant eu envie de faire partie d'un groupe de réformés.

« Faut que je vous demande à nouveau de quitter les lieux, a répété le petit flic. Sinon, faudra qu'on envisage de vous arrêter pour violation de propriété. »

La foule était nerveuse, comme des moutons qui se regroupent face à un chien sauvage.

« D'accord, a dit Fidelma. Venez, vous aut'. On s'occup'ra d'Andy plus tard.

— Ouais, a renchéri Mabel. Inutile de faire perd' leur temps à ces bons officiers. Y z'ont du boulot. À pourchasser les criminels, les terroristes, et tout ça. »

Des voix grésillaient dans les radios des forces de l'ordre, tandis que les soldats observaient la foule rebrousser chemin.

Pendant quelques minutes, ils se sont regroupés à l'extérieur, tout le monde grommelant de son côté, tandis que Paddy et Billy verrouillaient les portes et cadenassaient le portail sous la surveillance des flics. Puis une averse s'est mise à tomber.

« Qu'est-ce qu'on fait main'nant ? a demandé Mabel Moore à Fidelma, qui a haussé les épaules.

— Y a pas d'endroit où on peut emmener tout l'monde pour discuter. Enfin, pas d'endroit neutre. »

Mickey McCanny a donné un coup de pied dans le portail de l'usine, et soudain Maeve s'est rappelé la seule fois de sa vie où elle avait bondi en harmonie avec une réformée. « On pourrait aller au centre de loisirs ! »

Mabel a rentré la tête dans les épaules pour se protéger de la pluie. « J'crois qu'j'ai passé l'âge de jouer à cache-cache. Je rent' chez moi m'faire un thé. »

Elle est repartie en boitillant avec Marilyn Spears, et les autres se sont dispersés. Maeve est remontée à l'appartement en se demandant où avait pu passer Andy, et si on le reverrait un jour.

SAMEDI 27 AOÛT 1994

4 jours avant la fuite des filles

Le soleil s'était déjà caché derrière les collines du Donegal alors qu'il n'était même pas vingt heures trente et, ce soir-là, la morsure de l'automne commençait à se faire sentir. Caroline et Martin s'occupaient de Mémé Jackson pour que Mrs Jackson puisse aller faire le ménage à l'église. Maeve avait proposé à Aoife et James de venir boire un coup chez elle.

« J'imagine que tu seras partie en Angleterre à mon retour de France », a dit James.

Maeve a relevé les sourcils et acquiescé. Elle n'avait pas imaginé que les adieux débuteraient si tôt.

« L'été a passé en un éclair, a ajouté Aoife en contemplant l'usine par la fenêtre.

— C'est vrai, a fait Maeve. J'ai l'impression qu'on devrait être en train de cirer nos chaussures et de s'occuper de nos nouveaux uniformes pour préparer la rentrée, la semaine prochaine.

— C'est fini, les uniformes, Maeve ! a lancé Fidelma.

— Sauf si moi j'finis chez McDo ! »

Fidelma leur était tombée dessus avec du cidre au moment où Aoife débouchait une bouteille de vin. Ça ne paraissait pas du tout la gêner de boire en compagnie des O'Neill. C'était Maeve qui se sentait mal à l'aise.

« Quand pars-tu ? » a demandé James.

Elle a haussé les épaules. Elle n'avait pas encore changé la date de son billet.

« Pour sûr qu'tu peux partir n'importe quand main'nant, pisqu'y a p'us d'usine où aller bosser, a ajouté Fidelma.

— Est-ce qu'on pourrait parler d'autre chose que de mon départ ? a dit Maeve.

— Mais putain, qu'est-ce t'as ? Fout' le camp de c'bled pourri, t'as pensé qu'à ça tout l'été !

— Ouais. Peut-être que j'ai envie de profiter de mes deux dernières semaines ici », a-t-elle dit, comme s'il y avait autre chose à faire que de se préoccuper des Rosbifs.

« Mais c'est qui, ça ? » a demandé Aoife, qui regardait toujours par la fenêtre, en fronçant les sourcils.

Maeve s'est levée pour jeter un coup d'œil. Quelqu'un trifouillait le cadenas du portail de l'usine. « Chuis pas sûre. Viens voir, Fidelma. »

Elle s'est approchée à son tour de la fenêtre et toutes trois ont vu l'intrus ouvrir le portail, se glisser à l'intérieur, puis le refermer et rajuster la chaîne pour faire croire que c'était encore fermé. C'est lorsqu'il a pris la direction de l'usine que Maeve l'a reconnu à son allure.

« Andy Strawbridge », a dit Fidelma, à la fois surprise et satisfaite.

James a bondi pour venir voir Andy entrer dans l'usine et refermer la porte derrière lui.

« Mais que fait-il ? a demandé Aoife.

— Aucune idée », a répondu Fidelma. Puis elle a vidé sa cannette, s'est rassise et a commencé à faire ses lacets.

« Où tu vas ? a demandé Maeve sans réfléchir.

— Faire des heures sup. File-moi tes clés d'secours.

— Elles sont sur la cheminée. »

Fidelma a pris les clés, deux cannettes de cidre, leur a dit « À toute », et elle est partie.

Maeve à son tour a attrapé ses baskets et s'est retournée vers Aoife et James. Ils n'avaient pas bougé. « Vous venez ? »

James a regardé sa sœur, qui a secoué la tête.

Maeve a jeté un coup d'œil dehors. En bas, Fidelma avait ouvert en grand le portail de l'usine et se dirigeait vers le bâtiment de brique austère. Maeve s'est retournée vers ses amis : « Alors ? »

Les O'Neill ne disaient rien.

« Mais on peut pas laisser Fidelma y aller toute seule ! »

James a de nouveau regardé sa sœur, puis a dit en se frottant la nuque : « C'est une violation de propriété privée.

— Quoi ?

— Je sais que c'est un peu poussé, a dit Aoife, mais techniquement, il s'agit d'une violation de propriété privée. Si je me fais prendre en flagrant délit, ce sera inscrit dans mon casier judiciaire et je ne pourrai plus pratiquer le droit. Ma carrière sera terminée avant même d'avoir commencé. »

Maeve s'est assise. « C'est pas juste de laisser Fidelma l'affronter toute seule.

— Maeve, a dit doucement James, être condamnée pour violation de propriété privée ne changera pas grand-chose à la vie de Fidelma. Mais ça pourrait te causer bien plus d'ennuis que tu ne le crois. » Il s'est appuyé sur la table basse branlante, qui a grincé en guise de protestation. Aoife a repris une grande gorgée de vin.

Maeve a posé ses baskets, repris sa cannette de cidre et l'a vidée. « Je peux vivre avec un casier pas vierge, a-t-elle dit en s'essuyant la bouche d'un revers de main. Mais je pourrais pas me regarder dans la glace si je laissais tomber une amie. » Elle a enfilé ses chaussures, puis s'est levée et a descendu l'escalier.

Dans la lumière des lampadaires, le sol de l'usine paraissait orange. Maeve s'est arrêtée au pied de l'escalier et elle a tendu l'oreille. La voix d'Andy ronronnait derrière la porte de son bureau, celle de Fidelma répondant presque sur le même ton de basse. Maeve a pris une inspiration profonde avant de gravir les marches. Elle a ouvert la porte du bureau et Fidelma et Andy se sont retournés, aussi surpris l'un que l'autre.

« Mizz Murray. Je dois avouer que je suis étonné de vous voir également violer une propriété privée.

— Ah, Maeve viole pas plus une propriété privée qu'moi : on est là pour faire des heures sup ! »

Fidelma a toisé Andy, de très bonne humeur, une étincelle dans les yeux, à croire qu'elle était le journaliste Terry Wogan recevant sur son divan un invité particulièrement intéressant. Andy, pour une fois, n'avait pas l'air satisfait d'être là, lui.

« J'espère que vous avez refermé le portail et la porte derrière vous, Mizz Murray, ainsi que votre amie Fidelma a eu la bonne idée de le faire. »

Celle-ci a regardé Maeve en relevant bien haut les sourcils.

« Ouais, ouais. Je voudrais pas que des intrus s'incrustent à vot' soirée d'adieu.

— Donc, c'est rien qu'nous trois, m'sieur Strawbridge. Et pour sûr qu'on peut vous aider à terminer c'que vous avez pas fini d'faire. »

Andy a poussé un soupir plein d'irritation, installé sa veste sur le dos de son fauteuil, puis il s'est assis. « Franchement Fidelma, tout ça ne vous regarde pas.

— Allons, allons, Andy, a-t-elle répondu en s'asseyant sur son bureau, c'est pas très sympa. » Elle a contemplé les formulaires et les livres de comptes qui encombraient le bureau. « Tu veux une cannette, Maeve ? Andy en veut pas pa'ce qu'y conduit.

— Ah, chuis contente de savoir qu'il a des principes, a répondu Maeve en prenant une cannette et en se jetant aussitôt sur la mousse, tant elle avait la bouche sèche.

— Et donc, où c'est qu'vous êtes garé ? J'ai pas vu vot' Jaguar sur l'parking.

— Peu importe où je me suis garé, a-t-il répondu en regardant sa montre. Je vous suggérerais plutôt, mesdames, de déguerpir d'ici.

— Vous attendez quelqu'un ? a demandé Maeve, consciente de sa voix trop aiguë.

— Eh bien, en vérité, oui, Mizz Murray. Et croyez-moi, il vous serait plus profitable de ne pas avoir affaire à ces personnes. »

Maeve s'est aussitôt rappelé sa conversation avec Ciarán Friel. Elle a jeté un coup d'œil à Fidelma, perdant tout à coup son assurance. Soudain, du bruit s'est fait entendre au rez-de-chaussée. Des voix ont résonné, et quelqu'une a gloussé.

Andy a froncé les sourcils et s'est levé. « Avez-vous dit à quiconque que vous veniez ici ? »

Fidelma a secoué la tête en écarquillant les yeux : « J'ai rien dit à personne. »

Andy a ouvert la porte du bureau et il est sorti sans bruit sur le palier.

« Va lui t'nir la jambe », a murmuré Fidelma en poussant Maeve vers la porte.

Celle-ci s'est approchée de lui par-derrière en serrant sa cannette. En bas, des silhouettes se faufilaient entre les tables. Une torche s'est allumée et un rayon lumineux a balayé l'usine, éclairant des gens, des machines à coudre et des chaises.

« Putain, a dit doucement Andy.

— C'est pas eux que vous attendez ? » a dit Maeve.

Il s'est retourné vers elle, furieux. « Il ne s'agit pas d'un jeu. »

Elle a reculé. « J'ai jamais dit que ça l'était, Andy. »

Il s'est avancé vers elle, et Maeve a fait un autre pas en arrière, réalisant trop tard qu'elle était coincée dans la partie sans issue du palier.

C'est alors que la porte du bureau s'est rouverte et que Fidelma est apparue. « Bon allez, Maeve, il est temps qu'tu laisses Mr Strawbridge se remet' au travail. »

Andy l'a regardée, furieux, et Fidelma s'est redressée de toute sa hauteur, prête au combat. Puis il a ricané et s'est retourné vers le rez-de-chaussée, tandis que Maeve profitait de son inattention pour rejoindre Fidelma.

« Ça va ? lui a demandé celle-ci en descendant.

— Ouais, super », a répondu Maeve en essayant d'oublier le regard menaçant d'Andy lorsqu'il avait fait un pas vers elle, sur le palier.

Elles avaient descendu la moitié des marches quand les lumières se sont allumées. Maeve s'est figée et s'est protégé les yeux tandis que l'usine émergeait peu à peu de l'obscurité. Mickey McCanny a levé les mains en l'air, cherchant des yeux les Rosbifs. Mabel Moore s'est réfugiée dans l'escalier, visage crispé, car elle était aveuglée. Marilyn Spears a fixé Maeve en fronçant les sourcils, un bras enroulé autour d'elle comme si elle avait froid, l'autre en visière.

Andy les toisait de là-haut. Maeve retenait son souffle, attendant que quelqu'un passe à l'action, attrape une barre de fer et se précipite vers lui pour lui flanquer la raclée dont ils avaient parlé.

Seule Mabel Moore a bougé. Elle s'est assise en soupirant. « Les rats quittent le navire, pis y r'viennent, pas vrai Andy ? a-t-elle dit avec lassitude.

— Au moins, j'ai quelque part où aller », a-t-il répondu avec un sourire suffisant.

Soudain la porte s'est ouverte et Billy Stone et Paddy Quinn sont entrés. Ils se sont arrêtés net en découvrant leurs anciens collègues.

Maeve aurait voulu que Billy grimpe les marches quatre à quatre pour mettre un pain à Andy. Que Paddy Quinn l'envoie au tapis. Que Mabel lui crache à la figure. Que Fidelma lui arrange le portrait.

« Messieurs, a lancé Andy. Si nous allions conclure notre affaire ? »

Billy Stone a acquiescé, puis il a regardé Paddy Quinn, qui lui a lancé un signe de tête comme pour dire *après vous, très cher*. Maeve les a suivis des yeux, bouche bée, tandis qu'ils traversaient l'usine pour aller retrouver Andy.

« Ah, ben finalement ça marche, l'égalité des chances ! a lancé Fidelma. Lui, là, qui fait la danse du ventre à Invest NI pour obtenir les subventions, et vous aut' qui nous poignardez dans l'dos ? Contente de voir que tous ces efforts pour le rapprochement des communautés ont payé. »

Paddy Quinn s'est arrêté au pied de l'escalier, l'air furieux. « T'as quand même profité d'la situation. Z'avez tous été payés assez longtemps, non ? Bien plus qu'si vous aviez eu qu'les allocs.

— Ben, c'est pas que j'me plaigne, mais y nous manque toujours deux s'maines de paye. C'est pour ça qu'vous êtes ici ? Pour récupérer qu'est-ce qu'on nous doit ?

— Vaudrait mieux que t'ailles voir par là-bas si y a pas quèque chose pour te dédommager en nature », a répondu Billy.

Ils ont suivi Andy dans son bureau. Dès que la porte a claqué, l'usine s'est mise à bourdonner d'une activité frénétique. Maeve a vu Marilyn Spears à quatre pattes tenter de dévisser sa machine à coudre. Mabel Moore fumait sa clope tout en faisant tomber des tas de bobines de fil dans un sac poubelle. Mickey McCanny ramassait des chemises qu'il empilait dans un chariot, tandis que Magee-le-Chauve essayait de détacher du mur un radiateur.

Maeve a pris une grande gorgée de cidre en se demandant ce qu'elle pourrait voler.

« Viens », a dit Fidelma en lui donnant un petit coup dans les côtes.

En passant devant son poste de travail, elle a attrapé une paire de ciseaux et en a donné une autre à Maeve.

« Souvenirs », a-t-elle dit en souriant. Puis elle a pris la porte.

Maeve l'a suivie jusqu'à la rue. « Où on va, Fidelma ?

— Je cherche sa bagnole.

— Hein ?

— La Jaguar à Andy. J'veux trouver où c'est qu'y s'est garé. »

Maeve a compris. Fidelma voulait frapper Andy là où ça lui ferait le plus mal. « J'crois savoir où c'est », a-t-elle ajouté en prenant la direction des garages, près du parking. Et oui, la voiture d'Andy stationnait bien là, à l'abri dans l'ombre, près des garages. Juste à côté de la Vauxhall Astra de Martin.

« Belle caisse, hein ? » a dit Fidelma avec tendresse.

La main de Maeve s'est refermée sur les ciseaux dans sa poche. Elle a regardé autour d'elle : personne dans les parages.

« Elle sera plus aussi belle quand on en aura fini avec elle, a-t-elle dit en brandissant les ciseaux au-dessus du capot.

— Mais putain, tu fais quoi, là, Maeve Murray ? » a lâché Fidelma entre ses dents en lui attrapant la main.

Maeve l'a regardée, interdite. « Quoi ?

— On va pas lui niquer sa bagnole, a dit Fidelma en plongeant la main dans sa poche. J'ai les clés ! »

Maeve a regardé Fidelma appuyer sur le bouton, et la voiture lui a lancé un clin d'œil pour dire qu'elle était prête. Elle est montée à la place du conducteur, a allumé le moteur et baissé la vitre côté passager.

« Viens un peu respirer ça. Ça sent vach'ment bon. Le cuir… et pis un peu du parfum à Andy.

— Mais bordel, Fidelma Hegarty, qu'est-ce que tu fous ? »

Fidelma a calé la cannette de cidre entre ses cuisses. « T'as entendu Billy. Y nous a dit d'chercher quèque chose pour compenser la paye qu'on a pas eue.

— J'pense qu'y parlait des machines à coudre, pas d'une putain de Jaguar ! »

Fidelma a fait vrombir le moteur.

« Ah la vache, écoute-moi ça. »

Maeve a voulu ouvrir la porte côté passager, mais elle était verrouillée.

« Et merde. Ouvre-moi s'te plaît. »

Fidelma a regardé Maeve en secouant la tête comme pour lui dire *aux innocents les mains pleines*.

« Maeve, tu peux pas v'nir avec moi. Faudrait pas qu'les flics t'attrapent dans une voiture volée. Toi, t'as un avenir devant toi. Rent' chez toi et mets-toi au lit. » Fidelma a appuyé sur un bouton et la vitre est remontée. Puis elle a passé une vitesse et elle a filé sur la route de la frontière.

Maeve a entendu résonner la voix de Garth Brooks avant même d'arriver en haut des marches : Caroline et Martin étaient rentrés, mais ils étaient occupés. Elle a attrapé ce qui restait de cidre et s'est enfermée dans sa chambre. Elle a arraché le journal aux gros titres sensationnels qui masquait sa fenêtre, puis elle est restée assise là, dans le noir, à fumer et à boire en observant ses anciens collègues quitter l'usine, chargés de machines à coudre, de radiateurs, de tables et de chaises. Mickey McCanny est sorti en courant, une table à repasser sous le bras, à croire qu'il s'en allait faire du surf. Enfin, Andy est reparti, flanqué de Paddy et Billy.

Maeve savait que l'explosion était imminente. Elle a quitté son poste à la fenêtre pour se mettre au lit. Elle espérait que Fidelma était à des kilomètres de là. Et qu'elle aurait le bon sens de ne jamais revenir.

Le lendemain matin, celle-ci s'est pointée dans le salon de Maeve comme si elle sortait de la messe. « Salut ! a-t-elle dit, puis elle s'est assise sur le canapé et a balancé la clé de secours sur la table basse.

— Mais enfin, où t'étais passée ? a demandé Maeve d'une voix qui ressemblait beaucoup trop à celle de sa mère.

— Chuis allée faire un p'tit tour de l'aut' côté d'la frontière pour voir la famille, a répondu Fidelma en souriant. Ça fait du bien, d'voir la famille.

— Avec la bagnole à Andy ?

— Je vois pas d'quoi tu parles, Maeve Murray.

— Oh, Fidelma, qu'est-ce t'en as fait ? »

Elle a regardé Maeve, a plongé la main dans la poche de sa veste en jean et a jeté une liasse de billets sur la table. Maeve a relevé les sourcils et collé son poing contre sa bouche.

« Oh putain, oh putain de merde. T'es morte, Fidelma !

— Ah, y a pas d'loi qu'interdise de gagner à la loterie, hein ? »

Maeve a éclaté de rire. « Mon Dieu, Fidelma, qu'est-ce tu vas faire de tout c'fric ?

— Y a qu'la moitié, là. Chuis passée chez Mabel Moore tout à l'heure. J'y ai dit de se partager le reste avec les siens.

— Non.

— Si, si. » Fidelma a repris la liasse et prélevé quelques billets qu'elle a posés sur la table. « Voilà pour toi. C'est tes indemnités de licenciement de Strawbridge & Associates Shit Factory. »

Maeve les a aussitôt comptés. « Fidelma. Ça fait bien plus que deux s'maines de paye.

— J't'ai dit. C'est pas juste ta paye. C'est tes indemnités de licenciement. C'est qu'est-ce qu'un syndicat aurait négocié pour toi si on avait eu l'droit d'en avoir un. »

Maeve s'est redressée et a longuement contemplé les billets dans sa main. Puis elle les a fourrés dans sa poche en éclatant de rire. « Mais attends, raconte-moi : comment t'as fait ?

— Le p'tit frère à ma mère, de l'aut' côté d'la frontière, c'est un gros dans l'business des bagnoles, a-t-elle dit en se levant. C'est çui qui m'a appris à conduire. Mais tu gardes ça pour toi. » Elle a encore prélevé quelques billets de la liasse, qu'elle a posés sur la table basse. « Tu donn'ras sa part à Caroline, OK ? » Maeve a hoché la tête tandis que Fidelma rangeait le reste de l'argent. « J'peux pas rester. J'ai encore d'aut' visites à faire. Pis après, j'vais rester tranquille dans mon coin un moment. »

Avant que Maeve ait eu le temps de répondre, Fidelma était

partie. Elle est demeurée là, à caresser les billets. Fidelma avait raison de vouloir se tenir à carreau après pareil coup d'éclat, car la police ne serait pas la seule à la chercher.

Le mardi matin, Maeve était à moitié endormie quand la sonnette a retenti. Elle n'avait pas bougé de chez elle depuis la visite de Fidelma. Donc, elle est restée au lit, laissant Caroline aller ouvrir. Son estomac s'est crispé en reconnaissant la voix de sa mère – une visite juste un poil moins flippante que celle de Ciarán Friel.

« D'accord, j'vais la voir. »

Sa mère n'a pas frappé. Elle a ouvert la porte de la chambre et elle est entrée, piétinant le maquillage, les livres, les ceintures et les chaussures de Maeve pour arriver jusqu'au lit. Celle-ci a serré très fort les paupières et le duvet autour d'elle, prête à résister à la tentative de sa mère pour l'obliger à se lever. Mais il ne s'est rien passé. Elle a entendu qu'on ouvrait un paquet de cigarettes, puis le cliquetis d'un briquet, et une longue expiration. Maeve s'est alors rappelé la semaine que Deirdre avait passée au lit. Elle ne se levait que pour aller aux toilettes, et ne mangeait plus que ce que Maeve lui fourguait en douce, car leur mère lui avait interdit d'apporter de la nourriture là-haut. Le dimanche, celle-ci avait rempli un broc d'eau froide, elle était entrée dans la chambre, avait ouvert les rideaux et vidé l'eau sur sa fille. Deirdre n'avait même pas tressailli. Et elle ne s'était pas levée pour aller à la messe. Elle avait juste passé la journée au fond de son lit mouillé.

Maeve avait hâte que la colère de sa mère éclate, qu'elle la tire hors de son lit par les cheveux, ainsi qu'elle l'avait si souvent fait avec Deirdre, à croire qu'elle tentait d'arracher un mouton enlisé à un fossé plein d'eau. Mais tout ce qu'elle a entendu, c'est sa mère qui ouvrait la fenêtre.

« Un peu d'air frais, ça f'ra pas d'mal. »

Maeve a repoussé le duvet. « Un peu d'air frais dans cette putain d'ville, ça f'rait pas de mal. »

Sa mère s'est assise au pied de son lit. Un calme étrange emplissait la pièce, qui semblait s'être accumulé comme de l'eau qui monte. « Ciarán Friel est v'nu m'voir, hier. »

Maeve a soudain regretté d'être sortie de son sac de couchage. « Ah bon ?

— Ouais. Paraît qu't'as fait des conneries à l'usine. »

Maeve a écarquillé les yeux : « Qui ça, moi ? »

Sa mère a plissé les paupières. « Ouais, toi.

— Y a plein d'monde qu'a fait des conneries à l'usine, a-t-elle ajouté d'un ton boudeur.

— Il a parlé d'une voiture volée. »

Maeve a regardé par terre : « Le seul truc que j'ai volé, c'est une paire de ciseaux.

— Écoute. Je vais t'la faire courte. Y dit qu't'es plus la bienvenue ici, ni main'nant, ni jamais. T'as vingt-quatre heures pour partir. Après ça, y aura des *conséquences*. »

Une saloperie a empoigné le cœur de Maeve et l'a serré très fort.

« Est-ce que tu comprends c'qui s'passe, Maeve Murray ? a grondé sa mère. Tu piges la situation ? »

Elle a acquiescé. Elle savait ce que ça voulait dire de se faire éjecter de la ville. Elle ne pourrait pas revenir mettre ses petits chaussons sous le sapin à l'appartement, ni déposer des fleurs à Noël sur la tombe de sa sœur. Plus de retour à Pâques ou pour les mariages. Plus question de venir faire ses adieux aux veillées ou aux obsèques, sauf si elle consentait à ramper sur du verre pilé devant Ciarán Friel en le suppliant de lui pardonner.

« Est-ce que tu mesures la chance que t'as ? Qu'y t'laissent juste t'en aller ? Y en a plein d'aut' qui l'ont pas eue, alors qu'y z'avaient fait moins qu'ça. »

Maeve a soupiré. Encore cette histoire de chance. Cette putain de chance à la mode des six comtés d'Irlande du Nord.

« J'ai appelé Ulsterbus, a soupiré sa mère. Y disent qu'y peuvent changer ton billet. Et chuis passée voir Donal à l'épicerie en d'mandant qu'y m'donne toutes les livres sterling qu'il avait dans son tiroir-caisse pour qu't'en aies sur toi en arrivant en Angleterre. » Sa mère a posé le vieux sac à main de Deirdre sur le lit. « J't'emmènerai au bus de dix heures, demain matin, à Omagh. » Elle regardait Maeve comme si elle avait encore quelque chose à lui dire. « T'as un cendrier ? »

Plus tard, dans la soirée, Maeve s'est rendue au parc des caravanes pour voir ce que devenait Fidelma. Mais elle n'était pas là et personne ne savait où elle se trouvait. Donc elle est rentrée chez elle, a mis un disque de Placebo et s'est lâchée sur les allumettes. Elle a allumé toutes les bougies parfumées qui se trouvaient dans l'âtre, et puis toutes les chauffe-plats. Leurs petites lumières vacillaient dans la lueur du crépuscule, sur la cheminée, dans des soucoupes sur la table basse, et sur le bord de la fenêtre. À présent installée sur le canapé, elle craquait les allumettes les unes après les autres et les regardait se consumer jusqu'au bout avant de souffler la flamme.

« Pour sûr, on dirait qu'c'est Diwali », a dit Caroline.

Petite, Maeve adorait l'idée de cette fête : la victoire de la lumière sur les ténèbres, de l'espoir sur le désespoir. Mais elle savait le poids d'une veillée…

« Plutôt la veillée avant mon départ pour Londres. Et y a que toi pour pleurer avec moi.

— Ah, Maeve, Martin serait bien v'nu, sauf qu'il a pensé que…

— J'ai le sentiment que j'vais pas mal voir Martin dans les années qui viennent », a répondu Maeve en levant les yeux au ciel.

Caroline a rosi de plaisir.

« J'me d'mande où est Fidelma.

— Ouais, a dit Caroline en fronçant les sourcils. J'm'attendais à c'qu'elle passe te dire au revoir.

— J'espère que tout va bien pour elle.

— Ouais, tout ira bien. Fidelma, elle sait s'débrouiller.

— C'est une boxeuse, pas un char d'assaut blindé.

— Tout ira bien pour elle. Et pour toi aussi. »

Maeve a regardé la cheminée, où était posé son billet pour Londres.

« Oh, Caro, s'est-elle soudain écriée, chais pas c'que j'vais dev'nir là-bas sans toi !

— Tout va bien se passer. Tout va bien se passer. Tu verras.

— Dans un pays rempli de Rosbifs ?

— Y s'ront pas tous en uniforme.

— Ah. Dommage pour moi, y a que comme ça que j'les aime. J'ai pas l'temps pour ces connards qui bossent sous couverture.

— On sait jamais. P'têt que tu vas rencontrer quelqu'un de sympa.

— C'est déjà pas facile de trouver un mec bien, alors un Anglais bien, laisse tomber.

— Mais si, ça existe les mecs bien. Regarde Martin. Et James a toujours été bien avec toi. »

Maeve a renvoyé à Caroline un regard *ah, commence pas avec ça !*

« Oh, Maeve, j'pense quand même que tu devrais y aller. Y part pour la France demain. Et toi, à Londres. J'crois pas qu'ça va vous tuer d'vous dire au revoir.

— J'ai déjà assez dit au revoir. »

Maeve a contemplé ses affaires qui s'entassaient dans le couloir. Elle avait toujours rêvé de se barrer de cette ville, mais jamais elle n'avait pensé qu'elle ne pourrait plus y revenir. C'était une chose de s'enfuir d'un trou pourri ; c'en était une autre de ne plus pouvoir rentrer chez soi en faisant comme si on s'en foutait, ni se pavaner dans ses nouvelles fringues et chaussures, ni venir réactiver son accent ni, surtout, revenir se prendre une bonne branlée pour ne pas devenir une parfaite connasse.

MERCREDI 31 AOÛT 1994

La fuite des filles

Maeve attendait avec ses bagages à l'arrêt de bus près d'Omagh. La ville était envahie de voitures klaxonnant comme des folles, d'hommes et de garçons aux fenêtres qui hurlaient, car l'IRA avait annoncé un cessez-le-feu.

Maeve espérait que cette suspension des hostilités ne se produisait pas trop tard pour Fidelma.

Le bus de Belfast est arrivé et le chauffeur est descendu ouvrir le compartiment à bagages. La mère de Maeve demeurait silencieuse, observant l'afflux des gens en direction du car. Elle n'avait pas dit un mot à sa fille de toute la matinée. Elle a pris un de ses sacs et l'a jeté dans le coffre, elle aurait tout aussi bien pu balancer un cadavre à la rivière. Maeve l'a aidée à charger le reste de ses affaires en se demandant si elle allait mettre fin aux hostilités. Après avoir fini, sa mère a fait volte-face, le visage rouge. « Enfin, j'imagine que c'est toi, ça. »

Maeve a hoché la tête. Il commençait à pleuviner. La queue à côté d'elle se limitait à présent à quelques jeunes qui avaient l'air d'étudiants.

Soudain, sa mère a attrapé Maeve et l'a serrée fort contre elle. « Juste pour que tu saches, lui a-t-elle dit à l'oreille. Chuis allée voir Ciarán Friel ce matin. Chuis entrée et j'y ai dit que tu partais et que tu r'viendrais pas. J'ai fait : elle reviendra jamais dans ce trou pourri. Voilà qu'est-ce que j'lui ai dit. Comme si t'en avais quèque chose à batt' de c'patelin. »

Le conducteur a klaxonné et crié par la portière : « Est-ce qu'elle vient ou est-ce qu'elle vient pas ? »

La mère de Maeve a lâché sa fille et séché ses larmes avant de gueuler : « Elle vient, et toi, t'as pas intérêt à bouger, sinon… » Le chauffeur s'est renfoncé dans son siège et la mère de Maeve s'est de nouveau tournée vers elle. « Une dernière chose, a-t-elle dit en s'essuyant le nez d'un revers de manche. C'est pas d'ta grand-mère que tu tiens ton nom. »

Maeve ne se souvenait guère de Mamie Murray. Une odeur de menthe, le battement de ses yeux gris par la fenêtre, la fine badine de frêne qu'elle gardait près de son fauteuil pour frapper ses chiens et ses petits-enfants quand ils lui tapaient sur les nerfs.

« C'était une vieille peau hargneuse. Le plus beau jour de ma vie, c'est çui où on l'a enterrée », a continué sa mère en faisant la grimace. Maeve a senti son cœur se serrer en comprenant que sa mère essayait de sourire. « J't'ai donné l'nom d'la reine Maeve. La reine guerrière du Connacht. Tu chercheras. Elle en a fait baver à l'Ulster, à l'époque. Y l'ont enterrée debout, sur une colline, face à l'ennemi. »

Les hirondelles volaient au-dessus de leur tête, arrachant de l'air au ciel, à quelques jours de leur migration.

Puis la mère de Maeve a tourné les talons et elle est partie.

Celle-ci s'est essuyé le nez sur sa manche et elle est montée dans le bus. Le chauffeur à composté son billet en grommelant, il retrouvait de sa superbe maintenant que sa mère n'était plus là. Maeve a remonté l'allée en titubant et s'est affalée sur un siège inoccupé. Les portes se sont refermées et l'alarme a retenti quand le car s'est mis à reculer sur le parking. Elle contemplait les familles en larmes qui faisaient au revoir. Sa mère fumait près de la rivière, regard plongé dans l'eau. Maeve s'est laissée glisser sur son fauteuil et a enfoncé le visage dans sa polaire, sentant son cœur se briser.

Soudain, on a frappé violemment à la porte du bus. Le chauffeur a donné un grand coup de frein. « Mais putain ? »

Des coups encore plus insistants ont suivi. Alors le conducteur a ouvert la porte. « Z'avez un billet ? »

L'avant du car a ployé sous le poids de la personne qui montait à bord.

« Maeve Murray. T'es où ? »

Maeve s'est redressée, et elle a levé la main comme si elle était encore à l'école. Fidelma Hegarty lui a fait signe tout en tendant son billet au chauffeur, puis elle s'est frayé un chemin dans l'allée. Elle a laissé choir son sac aux pieds de Maeve et s'est assise lourdement. Celle-ci a senti un relent de cidre dans son haleine. « Chuis tombée sur Marty-sans-Dents au Clock Bar. J'ai failli oublier l'heure.

— Où c'est qu'tu vas ? »

Fidelma a regardé Maeve à croire qu'elle était complètement idiote. « Ben j'vais à Londres, j'en ai ras l'cul de c'bled, moi aussi. » Puis elle s'est approchée de Maeve et lui a dit à l'oreille : « J'vais rentrer dans la police. »

Maeve a essuyé les effluves sucrés du cidre sur son oreille et elle a rigolé. « T'es vraiment mortelle, Fidelma. T'es la reine !

— Dis-moi. Y a des toilettes dans c'bastringue ?

— Ouais. Au fond.

— Génial. » Fidelma s'est pliée en deux, a ouvert son sac de sport et en a sorti deux cannettes de cidre brut. Maeve en a accepté une, qui a sifflé de soulagement lorsqu'elle l'a ouverte. Elle l'a levée vers Fidelma : « *Sláinte.*

— Ah putain, oublie toute cette merde, Maeve, main'nant on dit “À la tienne”. »

Elles ont trinqué, puis le cidre tiède s'est mis à couler dans leur gorge tandis que le car les emmenait vers les rues crasseuses de Londres.

REMERCIEMENTS

Je sais infiniment gré à :

The Arts Council of Ireland, sans l'aide duquel je n'aurais jamais terminé ce livre.

Mehdi, Rónán et Cillian, qui m'ont donné le temps d'écrire et de retravailler ce livre, et l'espace pour penser et y réfléchir.

Ma super-agente Marianne Gunn O'Connor et mes incroyables éditrices, Betsy Gleick et Becky Walsh, dont les retours et la sagesse m'ont permis d'élaguer un manuscrit tentaculaire pour en faire le livre que vous tenez aujourd'hui entre vos mains.

Les magnifiques équipes de chez John Murray Press et Algonquin Books, en particulier Sara Marafini, Alice Herbert, Grace Brown, Mae Zhang McCauley, Stephanie Rene Mendoza, Lauren Moseley et Fiona McDonnell.

Charlie et Mary, Úna, Christine, Mickey, Deci et Pauline, plus encore que je ne puis dire.

Tina et Cinta pour m'avoir formée et calmée à l'été 1995.

Brideen, Julie-Anne, Karen, Carey, Fleur, Clare, Russell, Anja, Sorsh, Roni, Tom et Brendan pour leur soutien moral sur WhatsApp et IRL au cours des différents confinements.

Declan Gallen, Fiona O'Rourke, Marianne Lee, Julie-Anne Graham, Fabi Santiago et Graeme McNabb pour avoir lu des extraits, voire le manuscrit tout entier, et m'avoir adressé leurs critiques.

Quelques autres perchées dans mon genre – Charlene, Fiona, Marianne, Lisa, Olivia et Sheila – pour m'avoir inspirée et motivée via Zoom et leurs SMS.

Le personnel de l'école primaire St Patrick et du lycée St Eugene, en particulier Maureen Kelly, pour avoir fait naître des étoiles dans mes yeux, Danny Glackin pour avoir fait en sorte que tout reste cool, et Colette Rush pour avoir introduit l'art et la couleur à l'école, même lors de la semaine la plus morne et la plus humide.

Mes premiers soutiens, Maria McManus et Patsy Horton (qui ont continué de m'aider et de me prodiguer leurs conseils longtemps après que le financement d'Arts Council s'est tari), l'Irish Writers Centre et Anthony Glavin pour avoir aidé ma carrière à démarrer à l'Irish Novel Fair.

Michelle Sally-Lower pour ses conseils juridiques informels.

Dolly Parton pour m'avoir rappelé qu'il y a des rêves qu'ils ne pourront jamais nous prendre.

Composition : Nord Compo
Achevé d'imprimer
par CPI Firmin-Didot
à Mesnil-sur-l'Estrée, en décembre 2024
Dépôt légal : décembre 2024
Numéro d'imprimeur : 182480

ISBN : 978-2-07-307180-4/Imprimé en France

633695